LA COMMUNICATION
AVEC LES MORTS

SARAH WILSON ESTEP

LA COMMUNICATION AVEC LES MORTS

Traduit de l'anglais
par Simone Mouton di Giovanni

Préface de Monique Simonet

Âge du Verseau

ÉDITIONS DU ROCHER
Jean-Paul Bertrand
Éditeur

Titre original : *Voices of Eternity*, Fawcett Books, a division of Random House, Inc, New York.

Tous droits de traduction, de reproduction et d'adaptation réservés pour tous pays.

© Sarah Wilson Estep, 1988.

© Éditions du Rocher, 1994, pour la traduction française.

ISBN 2 268 01797 4

*A Harold Sherman, le mentor et ami
qui m'a encouragée
et témoigné sa confiance quand j'en avais
le plus grand besoin.*

*Ce livre est dédié avec affection
à son souvenir qui reste vivant.*

1898-1987

Il y a autre chose au-delà.

PRÉFACE

Il me revient souvent en mémoire l'instant où j'ai rencontré pour la première fois Sarah Wilson Estep... C'était en novembre 1989, à Bâle, à l'occasion du grand Congrès International de la Transcommunication Instrumentale. J'étais là, dans ce superbe motel du centre ville parmi cette foule d'expérimentateurs, de chercheurs, et d'intéressés. Personne, mis à part quelques amis français, dont fort heureusement le père François Brune, d'une extrême gentillesse comme à son habitude. Puis je rencontrai le Professeur Ernst Senkowski, physicien allemand, et d'autres scientifiques, tous très aimables.

Je devais présenter mes travaux deux jours de suite. C'est lors de ma première présentation que je fis la connaissance de Sarah... Je savais peu de chose sur elle, excepté qu'elle était experte en transcommunication audio et qu'elle demeurait aux Etats-Unis. Lorsque j'entrai dans la salle qui m'avait été indiquée, je la vis : elle était en train d'expliquer, en langue anglaise, les circonstances de l'enregistrement d'un de ses messages audio de l'au-delà, ceci devant un public très attentif. En compagnie de mes amis, mon magnétophone, mes cassettes (« mes voix », mes « images »...) près de moi dans *une petite valise, je pris un siège tout au fond et j'écoutai dans le plus grand silence... Le mari de Sarah, venu avec elle, nous fit entendre ce message et je le trouvai bien audible. D'autres suivirent, très intéressants... Par ailleurs, je remarquai immédiatement la calme assurance et la simplicité de cette transcommunicatrice. Plutôt petite, brune, d'âge moyen, il émanait d'elle une grande douceur, due sans doute en partie à son expression agréablement souriante, mais, je le sais à présent, à une certaine qualité de son esprit, calme, très équilibré, et à sa bonté naturelle.*

Lorsqu'elle eut terminé, sous les applaudissements de l'assistance, je m'avançai à mon tour vers mon bureau (nous avions chacune le nôtre) pour y déposer mon matériel. Mais, avant de commencer ma propre présentation, je me dirigeai bien entendu vers elle et lui dit, en anglais : « C'était très bien... Parlez-vous français ? »... « I speak only english » (« Je ne parle qu'anglais »), me répondit-elle, toujours en souriant gentiment. Nous échangeâmes alors quelques mots sans grande importance. Et elle quitta la salle, appelée ailleurs, tandis que je prenais place à mon bureau... Lors de ce séjour à Bâle, dans ce motel, je la croisai par la suite une fois, mais de loin : nous étions toutes deux dans un ascenseur différent : elle montait ; je descendais... Un petit signe amical de la main, de nouveau un regard et un sourire chaleureux, et ce fut tout... En apparence. Car, le 23 mars 1990, elle écrivait au Professeur E. Senkowski : « Bien sûr, je me souviens de Monique. Comme vous le savez, nous avions un workshop [1] *ensemble le jeudi après-midi... Nous ne nous comprenions pas très bien, mais nous nous sommes serré la main et j'ai eu une très bonne impression... »*

---

1. Atelier.

Cette sympathie réciproque fit qu'à partir de là, nous nous mîmes à correspondre toutes deux régulièrement. Elle m'envoie aussi, chaque trimestre, le bulletin de son association, l'A.A.E.V.P. [1], *très intéressant, fourmillant de conseils, anecdotes, comptes rendus divers concernant la transcommunication dans le monde, que ses adhérents attendent toujours avec impatience. Outre ces travaux (recherche, correspondance, association), Sarah participe aux États-Unis à différents congrès ou réunions et reçoit parfois des journalistes, ce qui lui vaut bien des articles, comme dans le journal bien connu là-bas :* Fate. *Enfin, tout un ensemble de travaux relatifs à la transcommunication... Je voudrais ajouter que, récemment, comme bien d'autres personnes dans le monde actuellement (et pas seulement des chercheurs), mon amie américaine a reçu un appel téléphonique du grand pionnier pour les voix de l'Au-delà, le Dr Konstantin Raudive, décédé en 1974... Elle a eu la possibilité de l'enregistrer et m'en a envoyé une copie : c'est bouleversant d'entendre cette belle voix grave qui vient d'un autre monde, qui la remercie pour son travail et la prévient que la liaison par téléphone va être développée aux États-Unis... (Elle l'est déjà chez quelques groupes fort avancés au Luxembourg et en Allemagne en particulier). À noter que – c'est Sarah qui me l'a appris – dans le même laps de temps, quelques autres transcommunicateurs ont été prévenus de la même façon, par le docteur Raudive, dont Mark Macy, du Colorado, et l'ingénieur bien connu (inventeur du Spiricom) George Meek, qui demeure en Caroline du Nord. L'appel a duré quarante secondes pour mon amie : elle fut absolument bouleversée et au bord des larmes. Je tiens ici à répéter*

---

1. American Association Electronic Voice Phenoma. 816, Midship Court – Annapolis, Maryland 21401, USA.

qu'actuellement, de par le monde, ce genre de contact par appel téléphonique d'un décédé, d'un invisible, survient de plus en plus fréquemment. Mais, en général, la voix passe difficilement. Exception faite pour les grands centres de recherche cités plus haut...

Dans le présent ouvrage, La Communication avec les morts, Sarah Estep Wilson décrit son cheminement en transcommunication avec une sincérité totale et un souci des détails tel que l'on peut considérer l'ensemble de son livre comme un guide pour les non-initiés. Sa lecture en est facile, claire, et tout y est totalement authentique. J'avais pris un très grand plaisir à le lire dans sa version originale. C'est certainement une très bonne chose, pour toutes les personnes intéressées par les possibilités de communication technologique avec le monde « d'à côté », qu'une traduction en français ait été réalisée.

Monique Simonet

AVANT-PROPOS

CE LIVRE EST UNE REMISE EN QUESTION

Les esprits de ceux qui ont franchi cette étape transitoire que nous appelons « la mort » peuvent-ils impressionner les bandes magnétiques de nos appareils pour nous laisser des messages tangibles ?

Sarah Estep est persuadée qu'ils le peuvent et qu'ils le font ; et elle l'a prouvé à maintes et maintes reprises avec les recherches assidues qu'elle effectue depuis des années.

Toute personne qui rêve de communiquer avec un être cher disparu voudra lire ce livre. En détail et avec beaucoup de franchise, Sarah Estep y relate ses expériences : ses premières tentatives d'enregistrement de voix d'outre-tombe ; ses problèmes avec les interférences de ce que les spécialistes de l'électronique appellent « le bruit blanc » qui l'empêchait souvent d'entendre et de comprendre les voix ; les méthodes les plus efficaces qu'elle a découvertes et avec lesquelles tout un chacun peut essayer de recevoir des messages tangibles de ses défunts.

Sarah Estep note les fragments de pensée tels qu'elle les reçoit, sans se livrer à des déclarations fracassantes et sans essayer de dramatiser. Elle vous invite à partager les succès et les échecs de ses tentatives pour aller au-delà des appels à l'aide émanant d'esprits n'ayant pas encore échappé à l'emprise de leur séjour sur terre.

Pendant de longues heures et de longs mois, l'auteur a procédé à des enregistrements. Puis, écoutant et réécoutant les messages, elle a commencé à sélectionner les voix les plus nettes, qu'elle appelle les voix « de classe A ». Beaucoup répondent à ses questions, certaines s'identifiant comme la voix d'amis et d'êtres chers. Une voix réussissant à nous parvenir en dépit de l'électricité statique est un événement saisissant, une gratification qui récompense des heures fastidieuses d'écoute et d'efforts pour entendre et comprendre le message enregistré.

La qualité de ces transcommunications peut être affinée par nos appareils de plus en plus sophistiqués, plus aptes à éliminer ou réduire le « bruit blanc » et capables d'amplifier la projection des voix.

Sarah Estep explique tout cela avec une grande simplicité qui facilite les premières tentatives de tous ceux qui désirent participer à cette recherche. Il est certain que ce type de communication avec « les esprits » est appelé à progresser et que des contacts objectivement indubitables avec des amis et des êtres chers disparus seront alors possibles.

Harold Sherman,
Sensitive and Founder ESP
Research Associates Foundation

1
EST-CE POSSIBLE ?

> Tout phénomène encore inexpliqué passe par trois stades avant qu'on en accepte la réalité. Au premier, on le trouve risible. Au deuxième, on s'y oppose vigoureusement. Et finalement au troisième, il est accepté comme une évidence.
>
> Arthur Schopenhauer

Que l'on puisse communiquer avec les morts par le truchement d'un magnétophone dépasse l'entendement de certains d'entre nous. L'invraisemblance du procédé jointe à sa simplicité dissuade la plupart des gens d'y recourir. Le concept est trop surprenant pour être accepté.

Bien des idées, au fil des siècles, ont semblé trop ridicules pour mériter qu'on s'y intéresse. Il y a moins de cent ans, on était généralement persuadé que les humains ne pourraient jamais voler ; mais aujourd'hui, nous allons sur la lune et revenons sur terre. Voyages interspatiaux, énergie atomique et greffes d'organe, qui appartenaient au domaine de la science-fiction, sont maintenant des réalités. Communiquer avec ceux qui se sont acheminés vers une autre existence est un des domaines d'étude qui restent ouverts à l'exploration.

De nombreuses découvertes ayant profondément affecté la vie humaine semblent avoir été quasiment le fruit du hasard ; d'autres au contraire sont nées de recherches opiniâtres. Dans presque tous les cas, ce qui semblait impossible en d'autres temps s'est finalement avéré réalisable.

La possibilité d'enregistrer les voix des morts suscita d'abord en moi une totale incrédulité. En enquêtant sur le paranormal, j'ai parfois rencontré le charlatanisme et, plus souvent encore, le besoin de s'abuser soi-même. Il est certain qu'il y a beaucoup plus de gens ayant besoin d'illusions que de charlatans et de fraudeurs. Mais le résultat final est toujours le même : dans la plupart des situations, il n'existe aucune preuve tangible d'activité paranormale.

C'est mon besoin de découvrir la vérité sur notre vie, sur notre monde et sur l'éventualité d'un autre univers qui m'empêcha de rejeter purement et simplement cette allégation de contacts avec l'outre-tombe. Je découvris d'abord que des personnalités connues et dignes de foi avaient soit participé à ces expériences, soit manifesté leur intérêt pour ces enregistrements. Toutes ne s'accordaient pas sur l'interprétation ou l'origine des messages, mais la plupart convenaient que les termes habituels de la physique sont inaptes à les expliquer.

Parmi ces personnalités distinguées se trouvent le professeur Walter Uphoff et sa femme Mary-Jo, auteurs et chercheurs dans le domaine du paranormal ; A.P. Hale, physicien et ingénieur en électronique ; Olga Worall, une guérisseuse de réputation internationale maintenant décédée ; et les écrivains Raymond Bayless, Hans Holzer, D. Scott Rogo et Suzy Smith.

En octobre 1920, Thomas Edison révélait dans la revue *Scientific American* qu'il travaillait à un moyen de communiquer avec les disparus. Selon lui, si un être humain survivait après la mort, il devait forcément, d'une façon ou d'une autre, affecter la matière. Edison essayait donc de concevoir un appareil suffisamment sensible pour réagir au moindre mouvement de l'entité désincarnée. Deux autres pionniers dans le domaine de l'électricité, Steinmetz et Tesla, pensaient eux aussi que, théoriquement, il devrait être possible de communiquer avec d'autres dimensions.

Pour quelles raisons les humains éprouvent-ils un tel besoin de communiquer avec les morts ? Certains refusent d'accepter comme irréversible la fin d'une relation affective ; d'autres ne peuvent admettre l'annihilation totale de leur individualité. L'Eglise catholique est très rassurante sur ce point et la plupart des religions proposent une forme de survie après la mort ; mais nombreux sont ceux qui ne peuvent se satisfaire de préceptes et qui éprouvent ce besoin de preuves tangibles. Trop souvent, leur quête n'aboutit qu'à la déception et à l'échec. A l'origine de leurs recherches, on trouve fréquemment, comme dans mon cas personnel, une expérience qui les a profondément marqués.

J'avais sept ans quand la vie et la mort devinrent pour moi sujets d'interrogation. Quelques années après le décès de ma grand-mère, mon grand-père épousa une femme qui dirigeait, avec son fils, un funérarium dans le nord de l'État de New York. Deux fois par an, nous leur rendions visite et pendant notre séjour, nous habitions chez eux, c'est-à-dire dans le même immeuble que le funérarium. Le chagrin des familles venant veiller ou saluer leurs morts me bouleversait ; mais surtout, le spectacle des cadavres allongés dans leur cercueil m'inspirait une horreur inexprimable. Ce n'était pas les morts eux-mêmes qui m'effrayaient. En fait, il aurait mieux valu – cela aurait signifié qu'il restait en eux assez de vie pour affecter quelque chose. Quand le salon funéraire était vide, je m'y faufilais et restais plantée, muette, près de ces corps étendus. Je savais que les morts étaient vraiment morts et qu'ils ne pouvaient faire aucun mal ; mais leur immobilité absolue dans le silence de la pièce me persuada qu'il y avait peu d'espoir de paradis ou d'enfer au-delà. Je me rendais compte que c'était la mort elle-même que je ne supportais pas, l'idée qu'un jour, moi aussi, je serais étendue dans un lieu semblable. Toute forme de vie me devint alors extrêmement précieuse.

Des années plus tard, j'entrepris d'explorer le paranormal. Toujours sceptique quant à une possible survie, je m'intéressai d'abord, bien logiquement, à la réincarnation. Car, me disais-je, si la réincarnation existe, elle implique nécessairement une forme de survie. Sa vraisemblance est étayée par une grande quantité d'informations, qui ne permettent cependant jamais aux sceptiques de l'admettre comme un fait. Il en va de même pour mes propres recherches. J'ai travaillé avec des enfants et des adultes qui semblaient bien avoir des souvenirs de vies antérieures. Certains témoignaient de caractéristiques très nettes qui semblaient provenir d'une autre incarnation. Mais j'ai invariablement fini par achopper contre la même barrière infranchissable : mes sujets pouvaient être persuadés d'avoir vécu d'autres vies, il me restait toujours des doutes sur l'authenticité de leur expérience.

Je venais d'achever des recherches qui, une fois encore, m'avaient laissée insatisfaite quand je tombai sur le livre de Sheila Ostrander et Lynn Schroeder, *Handbook of Psi Discoveries (Manuel des découvertes dans le paranormal)*. Deux chapitres y étaient consacrés aux phénomènes vocaux et bien qu'ils me parussent incroyables, je me pris d'intérêt pour ce concept.

J'ai pensé alors que si je parvenais à enregistrer des voix, je pourrais, quels que soient le contenu ou la durée

de leurs messages, travailler sur des éléments concrets.
M'informant sur cette pratique, je fus séduite par le fait qu'elle n'exigeait pas d'être un médium ou un surdoué du parapsychique. Avec un équipement adéquat et suffisamment de persévérance, pratiquement n'importe qui pouvait s'y livrer. Je pensais satisfaire aux deux critères. Je disposais d'un vieux magnétophone, d'un micro qui sifflait en des moments inopportuns et d'écouteurs dont le droit était hors service. Quant à la persévérance, le temps se chargea de me l'enseigner, bien qu'il eût peut-être été plus sage de renoncer avec bonne grâce.

M'accordant une semaine pour obtenir des résultats, j'entrepris donc mes premiers essais : j'enregistrerais pendant deux heures tous les matins et tous les soirs. S'il ne se passait rien avant la fin du septième jour, je renoncerais. Ayant lu dans le *Manuel du paranormal* qu'il valait mieux procéder par brefs épisodes, je divisais les deux heures en périodes de cinq minutes. Mon magnétophone mis en marche, je demandais : « Y a-t-il quelqu'un ? » Après un laps de temps d'une minute ménagé pour une éventuelle réponse, j'ajoutais : « Qui est là ? » ; après un nouveau délai d'une minute, je posai ma dernière question : « Où êtes-vous ? » Puis je laissais le magnétophone en marche pendant une minute supplémentaire avant de l'arrêter. L'expérimentateur ne sait s'il a obtenu une réponse qu'en réécoutant la bande magnétique. Très surexcitée, quoique sans beaucoup d'espoir, je la faisais donc défiler après chaque session d'enregistrement. Le quatrième jour, je mourais déjà tellement d'ennui que j'arrivais tout juste à rester éveillée pour ma session de 22 heures à minuit. Seul le délai de sept jours que je m'étais fixé m'incita à poursuivre. Finalement, le matin du sixième jour, je renonçai à poser les mêmes trois questions, me disant que si quelqu'un écoutait, il devait en être aussi fatigué que moi. Pour la première fois, je posai donc la question suivante : « Comment est-ce, là où vous êtes ? » En repassant la cassette, j'entendis, quelques secondes après ma question, une voix qui répondit clairement : « *La beauté* ». Le contact s'était produit.

En dépit de ma joie et de la certitude que cette réponse « *La beauté* » était arrivée par une voie paranormale, je n'étais pas convaincue qu'elle émanât de cette dimension que beaucoup appellent le « monde des esprits ». Aurait-elle pu s'inscrire sur la bande par d'autres moyens ? Je décidai donc de me consacrer à l'étude de ce phénomène, de continuer à expérimenter et à apprendre un maximum de choses sur ces « transcommunications instrumentales ».

Je n'avais jamais, auparavant, participé à des expériences dans ce domaine de la survie post mortem. De nombreuses personnes m'avaient fait part des leurs, mais je n'en avais aucune à raconter. Maintenant, à cause de ce message de « beauté », j'allais être personnellement impliquée.

Recevoir une communication d'une autre dimension est un phénomène stupéfiant. La simple perception de coups, comme en entendent souvent les gens qui participent à des « séances » autour d'une table, est profondément troublante. A plus forte raison la manifestation de l'inconnu par un seul mot sur la bande d'une cassette ! J'ai découvert que la plupart des messages sont de faibles murmures, que je qualifie de « classe C ». On ne peut les entendre qu'avec des écouteurs et ils sont le plus souvent difficiles à interpréter. Les messages de « classe B » sont plus forts et plus nets et peuvent souvent être perçus sans écouteurs. Les voix de « classe A » procurent la plus grande satisfaction. Fortes et distinctes, elles peuvent être copiées sur d'autres cassettes et ne nécessitent pas d'écouteurs.

Au début, des jours entiers passaient sans que s'enregistre la moindre voix. Puis, alors que je perdais courage et que je songeais à abandonner, quelqu'un me parlait. C'était il y a douze ans et depuis, vingt-quatre mille messages m'ont convaincue que je suis en contact avec des entités d'autres dimensions et m'ont fait découvrir beaucoup de choses sur la vie dans l'au-delà.

Ceux qui me parlent expriment aussi bien la joie que la tristesse. Ce qu'ils ont découvert ailleurs a surpris la plupart d'entre eux. Ils se livrent spontanément à des commentaires tout à fait inattendus mais pleins d'enseignements. Ils répondent souvent aux questions précises que je pose. Ils m'ont parfois parlé en allemand et en français, deux langues que je ne connais pas. J'ai noté phonétiquement ces messages dans mon journal afin d'en obtenir une traduction : il s'agissait de réponses à certaines de mes questions. Sur ma demande, ils m'ont fait entendre des notes et des accords de musique. Ils m'ont informée que j'étais aimée et aussi haïe. Ils m'ont assurée de leur soutien, leur protection et leur aide et ils ont sollicité la mienne. Ils m'ont traitée de « sotte » ; informée que j'étais mise à l'épreuve, que je leur étais précieuse et qu'ils comptaient sur moi. Ils m'ont appelée par mon nom, en estropiant parfois la prononciation comme le font souvent mes compagnons terriens lorsqu'ils me rencontrent pour la première fois. Ma vie a été menacée. Ils m'ont déclaré qu'ils veillaient sur moi, qu'ils marchaient à mes côtés. Ils témoignent d'une conscience aiguë de mon individualité, de ma force et de mes faiblesses. A plusieurs reprises, ils m'ont communiqué des informations précognitives par le truchement des voix.

Des amis et des êtres chers se sont manifestés en m'appelant par mon nom et m'ont raconté comment ils

« vivent » maintenant. Par exemple, quelques mois avant sa mort, j'avais parlé de mes travaux à une tante que j'aimais beaucoup. Elle avait besoin, pour être rassurée, d'entendre que son départ prochain ne serait pas la fin et je pouvais lui apporter ce réconfort. Ses craintes s'estompèrent au fil de nos conversations et elle en vint à me dire que, d'outre-tombe, elle essaierait de me faire signe. Elle l'a fait et ses derniers instants ont confirmé les constatations des thanatologues.

Des personnes que je n'ai jamais connues m'ont parlé une fois ou deux par l'intermédiaire du magnétophone avant de poursuivre leur chemin pour ne plus jamais se manifester ensuite. D'autres, prenant une part plus active, restent avec moi et se manifestent souvent. C'est le cas de Styhe. Il parla environ un an après mes premières tentatives, lors d'une de mes sessions matinales. A plusieurs reprises, j'avais sollicité une aide particulière pour mes enregistrements. Mon vœu fut finalement exaucé avec l'apparition de Styhe. A ma demande, il s'exprima par la suite pour la télévision lorsque la station NBC de Baltimore enregistra un spécial dans mon bureau.

Aider les personnes affligées par la perte d'un être aimé, leur apporter un espoir et un réconfort avec la certitude que leurs chers disparus continuent à vivre au-delà de la mort est ma plus belle récompense. Nous réussissons parfois à traverser le pont entre deux univers. Quand un être resté sur terre dit à celui qui l'a quittée qu'il lui manque et qu'il l'aime toujours, et qu'une voix parvenant d'une autre dimension lui répond « Moi aussi, je t'aime », il faudrait être bien dénué de sensibilité pour ne pas être profondément ému.

Les voix qui communiquent avec moi couvrent tout l'éventail de la personnalité humaine. Beaucoup me sont comme des amis. La personnalité d'un « esprit » ne diffère guère de celle d'un humain. Psychologiquement, ils sont pour ainsi dire pareils à nous et les contacts avec eux, une fois établis, sont très enrichissants.

Que dire des dimensions échappant à nos lois physiques ? A cette question aussi j'ai obtenu des réponses. Les voix des esprits m'ont beaucoup appris sur le temps et l'espace, sur différents niveaux de réalité, sur la réincarnation, les ovnis ; mais toutes mes interrogations n'ont pas été satisfaites et il reste beaucoup à découvrir.

Depuis l'enfance, j'ai cherché des preuves de notre survie au-delà de la mort. Cette longue quête a connu de nombreux échecs. Espérant toujours sans jamais être certaine de réussir, j'ai persévéré et, finalement, trouvé des réponses. Ce livre est le résultat de mes recherches et de celles des autres, qui se poursuivent aujourd'hui.

2

L'ARRIÈRE-PLAN
DES TRANSCOMMUNICATIONS

L'enregistrement direct de voix paranormales est un procédé relativement récent. Des voix nous parviennent d'autres dimensions depuis bien longtemps. Mais chacun peut maintenant s'entretenir lui-même avec elles. Il y a une trentaine d'années, il fallait encore s'en remettre à une personne ayant « le don », à un médium affirmant avoir accès à ceux du monde des esprits. Avec un magnétophone, chacun peut aujourd'hui, s'il le désire, être son propre médium.

On trouve dans la Bible des exemples de phénomènes vocaux très anciens. En maintes occasions, des individus y font appel à Dieu et en obtiennent une réponse. En d'autres circonstances, une voix s'adresse à quelqu'un sans avoir été sollicitée, à la manière de nos amis laissant un message inattendu sur notre répondeur.

Dans le Nouveau Testament, au chapitre 10 des Actes des Apôtres, un ange demande à Corneille d'envoyer des hommes à Joppé pour qu'ils fassent venir Simon Pierre. Quand ils arrivent chez Pierre, « ... L'esprit lui dit : "Voici deux hommes qui te cherchent. Debout, descends et va avec eux sans hésiter, car c'est moi qui les ai envoyés" » (versets 19-20).

Dans la deuxième épître aux Corinthiens, (12-2/4), Paul parle d'un homme qui avait été « pris » et enlevé « jusqu'au troisième ciel », où il entendit des « paroles ineffables », ajoutant qu'il ne savait pas si cet homme était « en son corps » ou « hors de son corps ». Ceci atteste que Paul concevait les expériences astrales ou désincarnées de même que différents niveaux du monde de l'esprit – deux notions aujourd'hui au centre d'ardentes controverses.

Selon saint Jean, l'Apocalypse lui a été entièrement révélée par l'ange de Dieu ou directement par Dieu lui-même.

Plus près de nous, médiums et spirites affirment que des esprits leur parlent. Il est regrettable que sous prétexte qu'à maintes reprises, un grand nombre ont été pris en flagrant délit de supercherie, ils soient considérés en bloc comme des charlatans ; car au fil des ans, certains individus ont témoigné de dons authentiques. La connotation de malhonnêteté plane cependant au-dessus de tout le paysage de la parapsychologie. Un médium en qui j'ai toute confiance m'a récemment fait remarquer que « tout le monde pense que nous ne sommes qu'une bande d'escrocs ».

Emmanuel Swedenborg, un savant, philosophe et théologien suédois né en 1688, était aussi un réel génie scientifique. Entre autres choses, il élabora une méthode pour calculer la longitude terrestre grâce à la lune, formula une explication géométrique de la physique et de la chimie, et des théories très proches de celles de la physique contemporaine. Il se consacra aussi en profondeur à des études psychologiques et fit de nombreuses découvertes toujours valables de nos jours.

En réponse, déclara-t-il, à un appel divin, il se tourna enfin vers la théologie. Il affirmait pouvoir facilement pénétrer le monde des esprits, s'y intégrer et s'y trouver aussi à l'aise que dans notre monde ; souvent, disait-il, il contactait des esprits et leur rendait visite dans leur univers. A maintes reprises, Swedenborg fit preuve de perceptions paranormales qui se vérifièrent par la suite. Nous pourrions donc, au moins, prendre en considération certaines de ses déclarations.

Swedenborg ne créa jamais de secte ; mais en 1784, douze ans après sa mort, quelques-uns de ses disciples fondèrent l'Eglise de la Nouvelle Jérusalem. Connue aujourd'hui sous le nom d'Eglise de Swedenborg, elle compte peu de membres mais elle est présente dans tous les pays.

De nombreux médiums comme Eiléen J. Garrett, les sœurs Moore, Joan Sloan, Arthur Ford ou Mme Leonard semblent aussi être entrés en contact avec ceux qui nous ont quittés.

Eileen Garrett pense que la rencontre entre un être terrestre et une entité spirituelle devrait fournir des informations authentiques sur l'au-delà. Ceux d'entre nous qui travaillent sur les voix enregistrées que, pour simplifier, nous appellerons « électroniques », sont convaincus de l'authenticité des informations qu'ils reçoivent – et à tout le moins, de la sincérité des entités qui les leur transmettent.

L'aptitude des médiums à communiquer avec les morts est d'autant plus contestée que même parmi les plus doués, certains se laissent parfois aller à la fraude. Ils utilisent les messages qu'ils reçoivent par voie paranormale ; mais lorsqu'aucun message ne leur parvient, ils créent eux-mêmes les phénomènes et il est souvent difficile de démêler le vrai du faux. Le recours à ces pratiques est, à juste titre, sévèrement blâmé. Le public y a pourtant sa part de responsabilité. En effet, les consultants se détournent volontiers d'un « voyant » authentique qui ne produit pas systématiquement des « résultats » pour s'adresser à un autre qui propose avec régularité des démonstrations spectaculaires. La clientèle de ces médiums devrait être plus patiente et ne pas attendre, chaque fois qu'elle consulte, une « production » automatique dont l'exigence est la cause principale des fraudes.

Des voix peuvent se manifester au cours de deux types de séances. Dans l'une, le médium entre dans une transe et, s'adressant en général à l'un des participants, semble parler par la voix d'un défunt. Cette communication peut durer une heure ou plus. Sans doute la plupart des participants sont-ils dans une tournure d'esprit réceptive : on prend alors volontiers une voix qui nous appelle par notre prénom pour celle de l'être cher disparu auquel elle prétend appartenir. Il existe cependant des cas bien documentés où la voix fournit des informations précises que le médium ne pouvait absolument pas connaître et qui ne peuvent pas être systématiquement attribuées à la télépathie ou à des renseignements tirés par déduction des personnes présentes. On peut, par ces moyens, obtenir un nom ou une bribe d'information, mais difficilement des messages longs et complexes. De plus, les voix parvenant par le truchement d'une transe médiumnique fournissent parfois à l'un des membres de la séance des informations précognitives qui se vérifient par la suite.

L'autre type de séance, plus en rapport avec nos efforts d'enregistrements vocaux, est la communication directe. Dans ce cas, la voix qui parle n'appartient pas au médium. Là aussi, elle s'adresse en général à l'une des personnes présentes. Il fut un temps où une trompette faisait souvent office d'intermédiaire du médium. On pouvait entendre des sifflets ou des coups à l'intérieur de l'instrument ou en toute autre partie de la pièce ; on pouvait voir des lumières d'origine paranormale, sentir une légère brise, une main sur l'épaule. Il arrivait que la trompette se mette à léviter, à voler rapidement à travers la pièce, s'arrêtant ici et là face à tel ou tel, lui donnant à l'occasion une légère tape avant de poursuivre son déplacement aérien. Il s'agissait de trompettes ordinaires ou de porte-voix en métal. Une bande lumineuse ourlait en général le cornet afin qu'il soit visible même dans l'obscurité. En sortaient des voix tantôt à peine perceptibles, tantôt suffisamment fortes pour être perçues clairement par tout un chacun. On n'utilise plus guère ces trompettes, qui restent néanmoins l'intermédiaire préféré de certains groupes.

L'intensité sonore varie aussi avec les voix enregistrées sur bandes magnétiques. Une autre similitude entre elles et les voix directes est que, quel que soit leur moyen de nous parvenir, elles ont rarement assez d'énergie pour s'exprimer pendant une longue période.

Le ouija [1], les tables tournantes, l'écriture et la composition musicale automatiques, les coups d'esprits « frappeurs » ne recourant pas à la voix sont autant de moyens par lesquels les esprits peuvent entrer en communication avec nous. Nombre de parapsychologues sont convaincus que ces phénomènes sont mis en œuvre non par les esprits d'êtres disparus, mais par le subconscient des consultants. Ils ont sans aucun doute raison dans une certaine mesure. Restent cependant les cas où des faits totalement ignorés de toutes les personnes présentes sont énoncés et avérés par la suite. Apparemment, de nombreuses personnes commencent par expérimenter avec le ouija. Quand elles obtiennent des résultats, elles passent parfois à l'écriture automatique ou à l'utilisation de la voix modifiée par les esprits qui la choisissent

---

1. « Ouija » (Etym. : Oui et Ja) est la marque déposée d'un dispositif divinatoire composé de deux planchettes superposées dont l'une est marquée de lettres et de chiffres. Aux Etats-Unis, on le trouve facilement chez les marchands de jouets.

comme véhicule pour entrer en contact avec notre monde. Certaines recherchent indubitablement des effets de nature à attirer une clientèle, d'autres s'abusent en toute bonne foi ; mais quelques-unes semblent d'authentiques médiums.

Au début du siècle, madame John Curran de St Louis, commença à utiliser le ouija avec une amie. Elle sembla bientôt être sous le contrôle de Patience Worth, une jeune fille vivant en Angleterre au début du XVIIIe siècle. Patience « dicta » trois romans et un certain nombre de poèmes à madame Curran, parfois dans un dialecte anglo-saxon. Cette littérature est devenue célèbre dans le domaine de l'écriture paranormale. Les spécialistes qui ont enquêté sur le cas de madame Curran sont tous convaincus de son honnêteté et affirment qu'elle aurait été incapable d'écrire ce qu'elle a écrit, avec les détails exacts relatifs à la vie en Angleterre au début du XVIIIe siècle sans avoir reçu une aide d'ordre paranormal.

Des compositeurs célèbres semblent s'être montrés déterminés à prouver qu'ils survivent à la mort en s'exprimant par l'intermédiaire de médiums et en leur dictant de nouvelles compositions, se faisant parfois connaître par leur nom.

Il y a quelque temps, j'ai procédé à ma propre enquête auprès de plus de deux mille personnes dont j'avais relevé les noms dans le *Who's Who*. Je leur ai demandé de me décrire toute expérience personnelle qui leur semblait de nature paranormale. Un certain nombre relatèrent en détail des incidents qui leur paraissaient inexplicables. Mon enquête a au moins prouvé une chose : les célébrités sont tout aussi sujettes à ce type d'expérience que le commun des mortels !

Le compositeur Donald Martino se vit attribuer le Prix Pulitzer pour *Paradisio Chorus* en 1974. Titulaire de la chaire de composition au Conservatoire de musique de la

Nouvelle-Angleterre à Boston, il me répondit ce qui suit : « Dans ma vie créatrice, j'ai souvent eu la sensation que mon travail était "guidé". En ce qui concerne mes *Paradisio Choruses*, ce sentiment fut tellement intense, tellement soutenu et concret qu'il faut remplacer le terme "guidé" par "contrôlé". »

En Grande-Bretagne, Rosemary Brown affirme être sous le contrôle de compositeurs célèbres. A l'inverse de Donald Martino, madame Brown n'a reçu aucune formation musicale. Elle a travaillé pendant un certain temps à la cuisine d'une école dans l'un des quartiers les plus pauvres de Londres. Dès l'enfance, elle a eu des voyances et vers l'âge de sept ans, une vision dans laquelle un homme à cheveux blancs lui déclara qu'il reviendrait lui enseigner la musique quand elle serait adulte. La même entité réapparut en 1964. Elle reconnut alors le compositeur Franz Liszt. Il commença à lui enseigner le piano et, par la suite, guida ses mains dans la composition de nouvelles œuvres. D'autres compositeurs tels que Chopin, Grieg, Bach et Beethoven se joignirent bientôt à lui, tous désireux de dicter de nouvelles compositions par son intermédiaire.

Madame Brown a interprété quelques-unes de ses quatre cents compositions « d'outre-tombe » pour la télévision et dans les salles de concert, et leur origine est un sujet de controverse parmi les critiques. Un autre prix Pulitzer de musique enseignant dans une université de la côte est m'a fait remarquer que n'importe quel jeune musicien doué pouvait en faire autant. C'est bien possible, mais il est bon de se rappeler que madame Brown n'est pas une « jeune étudiante douée » et qu'elle n'a jamais reçu aucune formation musicale. Son honnêteté a été soumise à une enquête approfondie et tout le monde s'accorde à penser que, quelle que soit la provenance de ses compositions, elle ne peut qu'avoir reçu une aide paranormale.

Nous devons nous souvenir d'une chose lorsque quelqu'un affirme qu'un écrivain, un compositeur ou un artiste célèbre communique avec nous par leur intermédiaire : celui ou celle qui reçoit ces communications présumées fait en quelque sorte office de station réceptrice. Ceux de l'au-delà semblent savoir qui, sur notre plan terrestre, est apte à capter ce qu'ils émettent. Comme nos équipements électroniques, certains récepteurs sont plus performants que d'autres ; mais à l'occasion, même les meilleurs sont victimes de l'électricité statique. Souvent, les communications « d'outre-tombe » sont considérées comme de pâles imitations de celles d'un maître. Mais cela incombe peut-être moins à l'émetteur qu'à la station réceptrice, dont la tâche est pour le moins difficile. Par ailleurs, l'entité qui communique est peut-être plus attachée à faire la preuve de sa survie qu'à produire un chef-d'œuvre supplémentaire.

Un nombre croissant d'individus se livrent aujourd'hui à la méditation, qui leur permet d'atteindre un état de transe superficielle ou profonde. Certains rapportent alors que des esprits leur ont parlé. Ces voix étant « silencieuses » dans la mesure où seul l'individu en transe peut les percevoir, on ne peut ni les nier ni avoir de preuve concrète de leur réalité.

Avec un médium qui entrait dans une légère transe, je me suis livrée à une série d'expériences à l'issue desquelles je notais les messages qu'il avait entendus. En même temps, je laissais tourner mon magnétophone et nous espérions tous deux que ce qu'il entendait serait enregistré. Ce ne fut pas le cas ; mais des voix autres que celles qu'il avait perçues laissèrent des messages relatifs aux situations en cause.

L'intérêt pour les « voix électroniques » est encore relativement nouveau. Dans les années cinquante, George Hunt Williamson semble avoir été le premier à tenter d'enregistrer des voix paranormales. Dans son livre *The Saucers Speak* (*Les soucoupes volantes parlent*), il mentionne qu'un collègue ingénieur radio recevait des messages en morse auxquels ils attribuèrent tous deux une origine extra-terrestre.

En 1956 en Californie, Attila von Szalay enregistra sur bande magnétique des voix dont la présence était inexplicable. De nombreuses personnes, y compris des spécialistes de la recherche parapsychique comme D. Scott Rogo et Raymond Bayless, se joignirent à lui dans ses expériences. Tous furent catégoriques : des voix paranormales, dont certaines très nettes, étaient enregistrées par le magnétophone. Szalay ayant apparemment des dons de médiumnité exceptionnels, ils leur attribuèrent ces manifestations exceptionnelles.

Trois ans plus tard, Friedrich Jürgenson, un peintre et metteur en scène scandinave, constata lui aussi que des voix d'origine inconnue étaient enregistrées sur ses bandes magnétiques. Après son décès, un ami intime, W.M. Hearon, rédigea une rubrique nécrologique pour le magazine *Fate* en mars 1988. Il y rapporte que Jürgenson, ayant enregistré des chants d'oiseaux, entendit clairement en les écoutant une voix masculine très nette dire en norvégien : « ***Voix d'oiseaux nocturnes.*** » Un mois plus tard, d'autres messages étaient enregistrés, y compris une voix féminine qu'il identifia comme celle de sa mère décédée, lui déclarant : « ***Friedrich, on t'observe.*** » De ce moment jusqu'à sa mort en octobre 1987, il se consacra à l'enregistrement de voix paranormales et en vint à penser qu'elles étaient celles de défunts désireux de communiquer avec nous, d'établir une passerelle entre leur dimension et la nôtre. Jürgenson publia sur ses travaux deux livres rédigés en suédois : *Voix de l'univers* et *Le contact radio avec les morts*. Lorsqu'il décéda, âgé de plus de quatre-vingts ans, il était considéré comme le précurseur de la recherche dans ce domaine des phénomènes vocaux.

On doit à Konstantin Raudive, psychologue et philosophe, d'avoir attiré l'attention sur ces enregistrements. Intrigué par la lecture d'un des livres de Jürgenson, il lui demanda de participer à une de ses séances d'enregistrement afin de voir comment il procédait. C'est ainsi qu'en avril et juin 1955, Raudive rendit visite à Jürgenson en Suède. Il en revint convaincu que les voix qu'il avait enregistrées émanaient bien d'esprits. Jusqu'à sa mort en septembre 1974, Raudive se livra chez lui, en Suède et en Allemagne, à ses propres expériences. Quand il mourut, il avait accumulé des milliers d'enregistrements de voix d'origine paranormale.

Le docteur Raudive a relaté ses expériences dans un livre traduit en anglais en 1971 sous le titre *Breakthrough* (*Brèche dans l'au-delà*). L'ouvrage, un peu indigeste, ne reçut pas l'attention espérée : près de trois cents pages y sont consacrées à la transcription des messages dans la langue où ils sont parvenus, accompagnée d'une traduction en anglais. Travailler avec le Dr Raudive ne devait pas toujours être facile. Ses commentaires indiquent qu'il considérait son interprétation des messages comme infailliblement correcte et par ailleurs, il leur attribuait souvent une signification philosophique avec laquelle ceux qui l'entouraient n'étaient pas toujours d'accord. Mais en dépit des controverses qu'il a suscitées, son rôle de pionnier de la transcommunication instrumentale mérite notre considération.

Les travaux de Jürgenson et de Raudive diffèrent de ceux des spiritualistes et autres affirmant être en contact avec le monde des esprits dans la mesure où ils ont montré que des voix *peuvent* être enregistrées, par quels *moyens* et *comment* les employer. Auparavant, nous étions réduits à croire les médiums sur parole quand ils déclaraient que les esprits pouvaient parler. Nous pouvons maintenant en avoir des preuves tangibles, sans nous en remettre à qui que ce soit pour entendre des voix d'outre-tombe, pour leur parler et leur soumettre directement les questions qui nous préoccupent. Si nous le désirons, nous pouvons essayer d'entrer en contact avec ceux que nous aimons et qui ne sont plus ici-bas. Le magnétophone a remplacé le médium. Il est devenu l'intermédiaire entre ce monde et l'au-delà.

3

LES VOIX PARLENT
DE LA MORT ET DU MOURIR

La mort ouvre des portes insoupçonnées.

John Masefield

Depuis la publication du livre de Raymond Moody, *Life After Life* (*La vie après la vie*) en 1975, la mort est devenue un sujet de discussion et de conversation moins gênant, voire même acceptable. Cet ouvrage devint rapidement et resta longtemps un grand succès de librairie. Il établit Moody comme une sorte de prophète. Pour d'autres, comme ses éditeurs de Mockingbird Books à Atlanta, il fut un sujet d'interrogations. Au courant des travaux du Dr Elisabeth Kübler-Ross auprès des mourants, ils lui soumirent le manuscrit de Moody. Elle fit savoir qu'elle avait elle-même, au cours de ses recherches, rencontré à maintes reprises le même type de situations que Moody. Indépendamment l'un de l'autre, Moody et Kübler-Ross avaient fait les mêmes constatations.

At the Hour of Death (*Ce qu'ils ont vu au seuil de la mort*), écrit par les docteurs Karlis Osis et Erlandur Haraldsson et publié en 1977, explore également le mourir, cet instant du passage de la vie à la mort. L'ouvrage présente les résultats de l'enquête comparative des deux médecins sur l'expérience de mourants indiens et américains. Les deux cultures présentent des différences radicales, on pouvait s'attendre à des constatations divergeant considérablement. Ce ne fut pas le cas. Quelles que soient leur culture et leur religion, les mourants font souvent allusion à des amis ou des parents décédés venus pour « les emporter ». Parfois, ils entendent de la musique, ont un aperçu d'autres mondes qu'ils décrivent souvent comme sereinement beaux. Quelquefois, ils rapportent avoir pénétré cet autre monde et avoir été renvoyés sur le plan terrestre parce que leur heure n'était pas encore venue.

Le tableau médical des patients était noté en détail. Mais le type de maladie ou de lésion, la température des patients et, le cas échéant, leurs médicaments, rien ne semble avoir une incidence particulière sur l'expérience de la mort à proprement parler. En fait, plutôt que les malades très fiévreux et/ou sous l'influence d'une médicalisation lourde, ce sont plutôt les patients peu ou pas médicalisés et ceux qui ne sont pas enfiévrés qui relatent des expériences de mort imminente suggérant la réalité d'une existence post mortem.

Le Dr Kenneth Ring, professeur de psychologie à l'Université du Connecticut, a récemment publié deux livres sur l'expérience de mort imminente. Pour le premier, *Life at Death* (*La vie à l'instant de la mort*), le Dr Ring a interrogé plus de cent hommes et femmes qui avaient frôlé la mort de près. Il confirma nombre des constatations des Drs Moody, Osis et Haraldsson. Mais il découvrit aussi ce qu'il appelle « l'expérience fondamentale », qui tend à dérouler une série de cinq étapes. Dans son dernier livre, *Heading Toward Omega* (*Vers Omega*), le Dr Ring continue à explorer la signification de l'expérience de mort imminente.

Bien qu'elles soient peu connues, des études similaires ont été effectuées depuis les années quatre-vingt du XIXe siècle. Sir William Barrett, James H. Hyslop et F.H. Myers se sont tous trois intéressés en pionniers aux visions des mourants et ont témoigné d'indices en faveur de la survivance de la personnalité humaine.

Les sceptiques suggèrent que, tout simplement sujets à des hallucinations, les mourants voient ce qu'ils désirent voir et que la présence d'un être aimé, effective ou non, leur est d'un grand réconfort parce qu'ils sont soumis à une grave tension psychologique. Il arrive sans doute que ce soit le cas ; mais par ailleurs, certains patients – y compris des patients qui ne sont pas conscients d'être à l'article de la mort – mentionnent l'apparition à leur côté d'un « messager » effrayant, prêt à les emporter.

Plus difficiles encore à expliquer sont les cas où le mourant décrit un parent ou un ami dont il ignore le décès. De nombreux cas de ce type ont été enregistrés. Parfois, l'entourage du mourant ignore lui-même que le « messager » est décédé, ce qui exclut la possibilité d'invoquer un phénomène de télépathie.

Les recherches du Dr Moody et celles des Drs Osis et Haraldsson présentent quelques différences. Les sujets du Dr Moody ont été proches de la mort ; ou, cliniquement morts pendant un laps de temps, ils sont « revenus » pour relater leur expérience. Dans *A l'heure de la mort*, Osis et Haraldsson rapportent des cas où les mourants décrivent ce qu'ils voient, puis poursuivent jusqu'à sa fin ultime leur expérience de la mort. Il faut souligner la corrélation entre les récits des deux types de patients.

J'ai souvent essayé d'obtenir des informations complémentaires confirmant ou démentant les constatations déjà effectuées dans le domaine de la survie post mortem. Si les morts avec lesquels je suis en contact relatent le même type d'expériences que les patients des Drs Moody, Osis, Haraldsson et Ring, il semble qu'on devrait alors prendre sérieusement en compte le domaine de la thanatologie, au lieu de continuer à réfuter tous les témoignages comme produits de l'imagination enfiévrée par la tension psychologique et émotionnelle. Ceux qui me parlent sont morts. Ils n'ont plus d'existence physique sur le plan terrestre : ils ont effectué cette transition que nous appelons la mort.

L'enregistrement des voix propose de nombreuses énigmes. L'une d'elles est que lorsque je commence à tenter d'explorer un domaine donné de l'au-delà, j'y suis souvent directement confrontée.

Mon contact avec Paul en est un exemple. Depuis plusieurs jours, je posais des questions sur la mort. Quelle que soit l'entité qui contrôle mes enregistrements dans l'autre dimension, elle me mit alors en contact avec Paul.

Un soir de printemps où je demandais si des amis étaient présents, une entité inconnue répondit clairement : « *Je suis Paul White.* » Lorsque quelqu'un se présente ainsi par son nom, je l'invite toujours à parler lors de la session d'enregistrement suivante, ce que je fis avec Paul. Il répondit immédiatement d'une voix forte et nette de classe A : « *La lumière est tellement "énorme". Que s'est-il passé ?* » La plupart des magnétophones comportent un compteur qui permet à l'utilisateur de se repérer sur la bande magnétique. En repassant la bande, j'ai noté très précisément le point où j'ai entendu le message de Paul et remarqué que, trois unités plus loin, il donnait un message final, répétant le mot « énorme » en disant : « *Tellement énorme.* »

Le message de Paul, parlant de « lumière », ainsi que son intonation, à la fois stupéfiée et désorientée, me donnèrent à penser qu'il venait de mourir. Les ouvrages déjà publiés révèlent que les mourants font souvent état, comme Paul, d'une lumière brillante ou blanche. Ce soir-là, lors de mon troisième enregistrement, j'ai demandé à Paul s'il désirait ajouter un autre message.

La réponse fut : « *C'est la même chose* », indiquant que la lumière était toujours présente.

Le lendemain matin, je m'adressai à nouveau à Paul, lui disant que s'il avait un autre message, je serais heureuse de l'entendre.

Notez bien sa réponse : « *C'est encore la même chose.* »

Pour moi, dix heures séparaient les moments où il avait dit : « C'est la même chose » et « C'est encore la même chose ». Pour Paul, cela semblait n'être qu'un instant.

Selon une théorie que nous explorerons plus loin, s'il existe un monde des esprits, le temps et l'espace y sont différents de ceux que nous connaissons. C'est ce que les messages de Paul semblaient suggérer.

Le cas de Paul commençait à me préoccuper. Serait-il un de ces êtres dont les médiums disent qu'ils se trouvent « coincés » entre les plans terrestre et spirituel ? Quand nous mourons, combien de temps nous faut-il pour passer de l'un à l'autre ? Cet élément reste inconnu. Avant d'entendre Paul, je n'avais jamais réussi à accompagner un être à travers les étapes de la mort. Ceux qui reviennent d'une expérience incomplète semblent indiquer qu'on les parcourt très rapidement. Paul donnait la même impression, mais ma montre indiquait que presque la moitié d'une journée s'était écoulée. De plus, je ne pouvais être absolument certaine que Paul avait conscience d'être mort. Sa voix continuait à refléter la perplexité et j'avais l'impression qu'il commençait à se sentir perdu.

Avec autant de douceur que possible, j'expliquai à Paul ce qui lui était arrivé et que la lumière qu'il voyait était là pour le guider. Je lui suggérai de s'avancer vers elle et de chercher à l'entour un ami ou un être aimé décédé avant lui qui l'aiderait dans cette nouvelle dimension.

Douze heures plus tard, j'interrogeai Paul à nouveau, lui demandant s'il voyait toujours l'« énorme » lumière. Paul ne répondit pas directement. Il semblait parler à quelqu'un d'autre venu pour l'aider, disant : « *Regardez comme elle est devenue blanche !* » La deuxième entité répondait : « *Oui* ». J'en déduisis que Paul progressait vers le plan suivant. Son message indiquait qu'il se déplaçait, qu'il n'était plus immobile.

Là s'arrêta mon contact personnel avec Paul. Deux jours plus tard, j'essayai d'apprendre où il en était. Quelqu'un répondit : « *Deux endroits sont examinés* », ce qui peut signifier que Paul, comme tout un chacun, a pu choisir où commencer sa vie spirituelle.

Que dire de l'être qui vient à la rencontre de ceux qui s'acheminent dans la mort ? Le dernier message de Paul, dans lequel il parle à quelqu'un, suggère qu'il a reçu une aide. Il y a quelque temps, une entité m'a déclaré joyeusement : « *J'ai été merveilleusement, merveilleusement accueillie !* »

Ce guide, cet accompagnateur est décrit différemment par divers individus. Souvent, il s'agit d'un membre de la famille, d'un ami intime, parfois de religieux ou d'*êtres de lumière*. Mes expériences confirment ces témoignages.

Pendant les deux jours où j'ai été en contact avec Paul, j'ai demandé quel est cet *être de lumière* qui vient à la rencontre des mourants. Sur un ton mesuré, quelqu'un a répondu : « *C'est l'un, juste un.* » Autrement dit, un *être de lumière* sert de guide, mais il y en a d'autres.

J'ai répété cette question quelques semaines plus tard et cette fois, quelqu'un répondit : « *Bonne mère des tempêtes. Bonne mère. Voulez-vous m'aider ?* » Cela suggère qu'il existe peut-être une religion où, dans le besoin, on fait appel à une « *Bonne mère des tempêtes* ». Au cours de ce même enregistrement, j'ai demandé quelle aide apporte l'être qui accueille les mourants. Une voix féminine d'une qualité exceptionnelle a répondu : « *Il n'y a rien que nous ne devrions faire.* »

J'ai toujours été troublée par l'idée que les personnes qui se suicident sont condamnées à l'enfer ; d'ailleurs, je ne l'ai jamais acceptée. Ayant cessé de croire, dès l'âge de sept ans, au paradis et à l'enfer conventionnels, le seul endroit où les suicidés me semblaient aller était la terre, comme tout le monde. J'étais plutôt tourmentée par le fait que ces pauvres âmes avaient trouvé la vie si intolérable qu'elles n'avaient pu la supporter. Cela me paraissait suffisant comme enfer.

J'ai donc voulu savoir quelle différence le suicide introduit dans l'expérience de la mort. La réponse à ma question parvint d'une voix inhabituellement forte. Quelqu'un déclara : « *Choc !* » Le même matin, dans un enregistrement antérieur, j'avais demandé si ceux qui mettent fin à leurs jours traversent une expérience difficile. Une voix masculine avait répondu : « *Oui. J'ai expérience à mort.* » Le message lui-même, ainsi que la voix, lente et triste, me donnèrent l'impression que cet individu s'était suicidé. Je demandai alors si un suicidé trouve jamais la paix et le réconfort dans le monde spirituel et ma question amena une réponse rassurante : « *Oui. Accueille lui.* »

Certains textes font allusion à des morts qui ne semblent pas réaliser qu'ils sont morts. Ils savent que quelque chose a changé, que quelque chose est différent, mais ils ne comprennent pas quoi. Différentes raisons peuvent être évoquées, la principale étant que pour de nombreux individus, le moment qui suit la mort ressemble à celui qui la précède. Si nous avons tort de croire que la conscience cesse au moment de la mort, alors il n'est pas surprenant que nous pensions être encore vivants après que nos fonctions physiologiques se sont arrêtées. Si nous nous attendons à nous retrouver devant les portes d'un saint Pierre muni de son registre et qu'il n'en est rien, il est logique que nous pensions que notre heure n'est pas encore arrivée. Inversement, de nombreuses personnes, sachant qu'elles sont mortes, se sentent effrayées et perdues.

Dans leur livre, les Drs Osis et Haraldsson soulignent que tous les mourants n'ont pas une vision de dernier instant. De nombreuses personnes franchissent le pas sans donner signe qu'un ami ou un être aimé est venu à leur rencontre.

Mes propres travaux semblent confirmer ce que l'accompagnement des mourants a déjà révélé aux spécialistes. Les appels à l'aide sont fréquents. J'ai si souvent entendu : « *Aidez-moi. Aidez-moi. Je vous en prie, aidez-moi !* » que j'ai cessé de les compter. Ces appels pourraient être lancés par ceux qui n'ont pas la chance de voir quelqu'un à leur côté au moment du passage.

Après un appel à l'aide, j'ai parfois entendu : « *Voici de l'aide.* » J'ai su alors que tout irait bien. En l'absence de tels mots de réconfort, je fais de mon mieux. Après une brève prière, je suggère à la voix qui appelle de chercher une lumière pour se diriger vers elle le cas échéant, et de chercher aussi un ami, un parent ou un guide amical qui apportera son secours.

Après ces conseils, il m'arrive d'entendre, lorsque j'écoute mes enregistrements : « *Merci* » ou « *Je vous aime.* » Parfois, une voix demande : « ***Aidez-moi à revenir.*** » Je dois alors répondre que cela m'est impossible, expliquer au défunt qu'il a quitté son corps physique et qu'il se dirige vers une autre dimension où je suis sûre qu'il trouvera bientôt un grand bonheur. Je termine en disant que s'il désire me parler à l'avenir par l'intermédiaire du magnétophone, je serai heureuse de l'entendre. Cela a toujours mis fin à ce type de contacts.

La déclaration : « ***Je suis mort*** », souvent enregistrée, est parfois suivie d'un appel à l'aide.

Au printemps dernier, j'ai demandé à Styhe, mon aide personnel mentionné au premier chapitre, s'il y a des êtres qui ne parviennent pas à croire qu'ils continuent à vivre après avoir quitté leur corps physique. Il répondit : « *C'est exact. Il s'en trouve.* »

La douleur des parents ayant perdu un enfant est difficilement supportable. Il est intéressant de savoir que l'expérience de la mort est pour les enfants, même très jeunes, la même que pour les adultes. Ils ont des visions d'un monde heureux. Ils appellent par leur prénom un grand-père, une tante, un oncle qui les ont précédés dans la mort, tendent la main vers eux en souriant. Mais comme les adultes, tous les enfants n'acceptent pas de mourir. La fillette de douze ans d'un de mes amis agrippait la main de son père en le suppliant de la retenir. « Ils viennent me chercher, disait-elle, ils ne comprennent pas que je ne suis pas prête à partir. »

De l'autre dimension, des enfants sont entrés en contact avec moi. Ils semblent toujours heureux, souvent en compagnie d'un adulte. Leurs voix sont en général très nettes, aiguës et pleines de vitalité. J'ai intercepté de brèves conversations entre des enfants et des adultes. Dans l'un des cas, une voix masculine s'adressant à un enfant a crié : « ***Crie à moi !*** » L'enfant a répondu, en criant : « ***D'accord. Garçon.*** »

Dans un autre cas, une femme et un enfant ont chanté leur conversation comme suit :
Femme : « ***Veux-tu m'aider ?*** »
Enfant : « ***D'accord.*** »
Femme : « ***Viens.*** »
Enfant : « ***Je vais venir !*** »

Ces messages entre l'homme et le garçon et entre la femme et l'enfant figurent sur une cassette de trente minutes que j'ai récemment préparée pour Elisabeth Kübler-Ross. Intitulée *Life Beyond Life* (*La vie au-delà de la vie*), elle est destinée à tous ceux qui sont atteints d'une maladie incurable ou qui ne parviennent pas à accepter le décès d'un être cher.

Posant une question sur le sort des enfants qui meurent, je reçus cette réponse : « ***Ils vont dans leur chemin.*** »

Lors de l'enregistrement suivant, j'ai demandé si cela signifiait que les enfants suivent un plan prévu pour eux. Deux voix différentes ont répondu. La première, une voix masculine, a déclaré : « ***Comme cela*** » et quelques secondes plus tard, une voix féminine a ajouté : « ***Je vous en prie, dites-lui.*** »

Ceux qui me parlent de l'au-delà se sentent libres d'exprimer leur opinion sur toutes sortes de situations ; à tel point qu'il m'arrive de souhaiter qu'ils la gardent pour eux. Mais tout bien réfléchi, je dois admettre que leurs commentaires témoignent souvent d'une lucidité supérieure à la mienne, comme l'indique l'exemple suivant.

J'avais lu qu'un parapsychologue bien connu commençait à étudier les expériences de mort imminente. Je décidai donc de lui adresser une copie de mes communications avec Paul White relatives à ce domaine. Je passai quelques heures à en copier l'enregistrement et rédigeai une lettre exposant dans quelles conditions j'avais reçu ces messages. Le même soir, j'informai mes amis de l'au-delà de ma démarche, ajoutant que je posterais la lettre et la cassette le lendemain matin.

Imaginez ma déception lorsqu'en repassant la bande, j'entendis ces mots : « ***Impossible ! Oubliez cela !*** » Au cours de cette session, ignorant que ce message était parvenu pendant le laps de temps que je ménage pour d'éventuelles réponses, j'avais demandé comment le destinataire de ma lettre réagirait. Le commentaire suivit sans délai : « ***Il vient de dire : "Laissez tomber !"*** »

Lors de l'enregistrement suivant, je demandai pourquoi les voix ne voulaient pas que j'envoie ma cassette. Quelqu'un répondit : « ***Il est aveugle.*** »

Le matin suivant, espérant un autre son de cloche, je demandai à nouveau aux voix si elles estimaient inutile que, comme prévu, j'envoie ma cassette et ma lettre au parapsychologue. Quelqu'un répondit d'une voix très nette avec un effet d'écho : « ***Je vous ai dit de ne pas le faire.*** »

J'étais perplexe. Avais-je tort ou raison d'entretenir ces contacts ? Devais-je expédier ou détruire lettre et cassette ? Dans cette dimension comme dans l'autre, personne n'est infaillible et ceux qui me disaient de renoncer se trompaient peut-être. Je décidai donc de procéder à mon envoi. Une semaine plus tard, l'enveloppe me revenait accompagnée d'une courte lettre. Mon destinataire m'informait qu'il était trop occupé pour écouter ma cassette. Le commentaire de la semaine précédente : « ***Il est aveugle*** » prenait tout son sens.

L'été dernier, je fis un étrange enregistrement. Une personnalité connue était morte ce jour-là et je demandai de ses nouvelles au début de la soirée. Sur un fond de voix surexcitées, l'une d'elles se détacha, disant : « ***Il revient !*** » Environ une minute plus tard, une voix aiguë se plaignait : « ***Laissez-moi ! J'ai été retenu ! J'ai été malade !*** »

Etait-ce ou non la personne sur laquelle j'avais voulu m'informer ? Je l'ignore. Mais les messages donnaient l'impression que quelqu'un venait de prendre conscience qu'il avait atteint le plan suivant.

Le soir du 2 mai, la belle-sœur de ma tante Jane m'apprit par téléphone que dans l'après-midi, cette dernière avait été emmenée à l'hôpital par une ambulance. Elle ne pouvait plus respirer sans masque à oxygène. La fin était donc proche. Jane n'avait pas d'enfant, pas de neveu. C'est peut-être parce que j'étais sa seule nièce que nous avions toujours eu des rapports étroits. Nous vivions à cinq cents kilomètres l'une de l'autre et au cours des dix dernières années, nous ne nous voyions qu'une ou deux fois par an, mais nous restions toujours en contact par lettres et par téléphone.

Cinq ans plus tôt, nous avions appris que Jane était atteinte d'un cancer. Après avoir subi une opération suivie d'une chimiothérapie, Jane sembla, pendant quelques années, l'avoir emporté sur la maladie. Mais comme il arrive souvent, elle avait rechuté. Neuf mois avant son décès, elle était à nouveau hospitalisée sans espoir de guérison. Elle reprit cependant des forces et, contre toute attente, rentra chez elle. Jane avait lutté, refusant de céder à la maladie. Quand je lui avais rendu visite à l'hôpital neuf mois plus tôt, elle m'avait tendu un chèque avec son permis de conduire afin que je le fasse valider pour les trois ans à venir.

Certaines personnes nient l'évidence de la mort, à elles-mêmes aussi bien qu'aux autres. Les thanatologues, qui étudient la mort et le mourir, affirment que nous devrions aider les mourants à faire face à leur décès. Je le crois également, mais je crois aussi que nous devrions attendre d'eux le signe qu'ils sont prêts à l'affronter. Les y obliger prématurément n'est pas un acte généreux. Sinon consciemment, les mourants savent subconsciemment ce qui leur arrive. Certains font comprendre à un proche qu'ils aiment et en qui ils ont confiance qu'ils désirent son soutien et sa compréhension pour se préparer à ce qui les attend. Nous devons être réceptifs à ces indices qui peuvent ne pas être réitérés. Et nous devons aussi accepter leur absence comme une expression de la dernière volonté du mourant.

Le refus de la mort n'est pas unilatéral. Il arrive qu'au lieu de rassurer et de soutenir, la personne dont le mourant sollicite l'aide refuse la réalité de la mort prochaine. Cette situation tragique pèse sur les deux parties.

Ma tante Jane avait beaucoup d'amis. Après la mort de son frère Bob, environ dix ans plus tôt, Jane avait continué à associer sa belle-sœur Wynne à sa vie sociale, comme elle le faisait avant le décès de Bob. Jane et Wynne habitaient la même ville et il s'écoulait rarement une semaine sans qu'elles sortent ensemble ou se rendent visite. Néanmoins, lorsque Wynne me téléphona pour m'apprendre que Jane était à nouveau hospitalisée, elle me dit : « Jane ne réalise pas encore à quel point elle va mal. Elle a mis son collier de perles et ses boucles d'oreilles avant de monter dans l'ambulance. »

Je savais qu'il en était autrement. Jane avait commencé à accepter cette mort prochaine peu de temps après avoir quitté l'hôpital, neuf mois plus tôt. Mais elle avait trouvé plus facile de m'en parler dans ses lettres et par téléphone que d'annoncer de front à une personne qu'elle aimait comme Wynne : « Nous savons toutes les deux que je suis en train de mourir. »

Quand elle m'avait fait cette déclaration pour la première fois au téléphone, ma réaction initiale avait été de lui affirmer que tout irait bien. J'avais envie de nier l'évidence, mais je ne l'ai pas fait. Jane trouva un réconfort dans la possibilité de m'écrire et de me parler. Elle savait que j'accepterais tout ce qu'elle me dirait et qu'elle pourrait continuer à compter sur mon affection et ma compréhension.

Jane était au courant de mes recherches dans le domaine de la réincarnation et je suis sûre que c'est une des raisons pour lesquelles elle s'était tournée vers moi. La réincarnation implique la survie de la personnalité humaine et elle avait besoin d'être rassurée sur ce point. Mais à une certaine époque, elle ignorait que mon intérêt pour la survie post mortem m'avait conduite à m'intéresser à un nouveau domaine de recherche – celui des voix paranormales. Ceux qui en sont informés ont parfois mis en cause mon équilibre mental et ma moralité ; Jane acceptait mon intérêt pour la réincarnation, mais je n'étais pas certaine qu'il en irait de même avec les transcommunications instrumentales.

Elle continua à faire face courageusement à l'approche de son décès ; pourtant, je sentais bien qu'elle attendait de moi une confirmation supplémentaire que la mort ne serait pas une fin, mais un nouveau début. C'est alors que j'ai décidé de lui faire partager mes contacts avec ceux qui nous ont quittés. Elle accepta avec gratitude et commença même à envisager son passage dans l'au-delà avec une certaine joie. « J'essaierai de te parler une fois parvenue là où je dois aller », me dit-elle. Je l'assurai que je serais à l'écoute.

Un psychiatre dirait sans doute que, psychologiquement, Jane avait besoin de croire à ces voix et je suis sûre que c'est exact. Mon point de vue est que recourir à ce que nous croyons sincèrement pour répondre à un appel à l'aide n'est pas un geste répréhensible. Et besoin ou non, Jane et quelques-uns de ses amis m'ont parlé de l'autre dimension.

Toute chose a sa raison d'être et je crois que mes relations avec Jane avant et depuis sa mort devaient être partagées. Elle était la première à m'encourager :

« Raconte aux autres ce qui se passe. » Pouvoir encore, de l'au-delà, aider ceux qui, un jour, se trouveront dans la situation où elle s'était trouvée doit être pour elle une source de joie.

Le soir où j'ai appris que Jane avait été hospitalisée, j'ai mis en marche mon magnétophone et informé ceux de l'autre côté que ma tante était mourante. Alors même que je parlais, quelqu'un m'interrompit et demanda : « *Est-ce vrai ?* » Une deuxième personne répondit : « *C'est exact.* » J'ai terminé la session en demandant que mon père et mon grand-père aillent à sa rencontre et la prennent sous leur protection affectueuse. Une voix répondit alors : « *Cela est fait.* »

Le soir suivant, je demandai si des amis étaient présents et quelqu'un répondit : « *Je suis une amie de Tatie Jane.* »

Je posai la même question le matin du 5 mai. Une voix masculine très proche me répondit : « *J'ai rendu visite à Jane.* » Un peu plus tard dans la matinée, j'ai demandé si Jane était consciente d'avoir reçu ces visites et la réponse arriva : « *Oui. Elle silhouette.* » J'ai pensé que Jane n'avait peut-être pas vu clairement ses « visiteurs » mais qu'elle avait perçu leur silhouette.

Jane décéda dans la soirée du 5 mai, dix-neuf ans jour pour jour après le décès de son frère.

Presque vingt-quatre heures plus tard, je procédai à un enregistrement avant de partir pour la ville de Jane. Je lui demandai si elle avait déjà pénétré le domaine spirituel et quelqu'un répondit : « *Oui, elle y est entrée.* » Puis peu après : « *Elle est ici-même* » et quelques secondes plus tard j'entendis : « *Très bien maintenant. Vas-y, parle !* » Un peu plus loin était enregistré le message suivant : « *Je suis bien. Je suis revenue ici maintenant.* »

Au cours des six derniers mois de la vie de Jane, le cancer avait affecté sa voix, qui était devenue rauque.

C'est cette voix rauque qui m'a déclaré : « *Je suis revenue ici maintenant.* » Savoir que Jane et moi pourrions continuer à communiquer m'a procuré une joie difficile à décrire.

Quelques jours après être revenue de son enterrement, je lui demandai si elle était toujours là. La réponse fut : « *Chaque jour.* »

Le lendemain, je recevais ce message : « *Elle est encore en train de revenir.* » Lors de la session d'enregistrement suivante, je demandai une explication de ce dernier message et quelqu'un répondit : « *Elle est en train de guérir.* » J'ai demandé par la suite si le message signifiait que Tante Jane était en voie de guérison. Deux voix répondirent, la première : « *C'est cela* » et la seconde continua : « *Elle va beaucoup mieux.* »

Vingt-quatre heures plus tard, je trouvais le message suivant : « *En avant et stop. C'est ma convalescence ; excepté maintenant, je vais faire plus vite.* »

Je ne pus m'empêcher de sourire. Tante Jane avait toujours été très active. La journée n'était jamais assez longue pour elle et avant de tomber malade, elle m'épuisait avec la seule description de ses activités et de ses projets. Une image mentale de Jane s'imposa à moi, courant, s'activant dans son nouvel univers, demandant à des médecins et à des infirmières de la remettre rapidement d'aplomb parce qu'elle avait beaucoup à faire.

Jane continue donc à vivre sur un autre plan, dans une autre dimension. J'ai été en contact non seulement avec elle mais aussi, de façon tout à fait inattendue, avec un de ses amis que j'avais rencontré il y a plus de trente ans. Ils sont tous deux réunis maintenant et c'est bien ainsi.

Comme je l'ai mentionné au début du chapitre, les recherches sur les expériences de mort imminente remontent aux environs de 1880. Elles nous ont fourni d'importantes informations ; mais c'est seulement aujourd'hui que, grâce aux magnétophones, nous pouvons objectivement entendre les voix des défunts nous parvenant de l'au-delà. Ils peuvent encore exprimer leur amour et leur souci des êtres aimés qu'ils ont laissés derrière eux. Jusqu'à un certain point, ils peuvent nous faire savoir comment se déroule leur vie au-delà de la mort et nous faire comprendre un peu de cette dimension elle-même. On dit que chacun de nous se trouve seul face à la mort. Avec les transcommunications instrumentales, je n'en suis plus très sûre. Il semble bien que nombre d'entre nous peuvent espérer l'amour et le soutien d'un être cher pour notre dernier voyage.

4

LES VOIX NOUS PARLENT DE L'AUTRE DIMENSION

« *C'est tellement joli !* » C'est la réponse que j'ai obtenue, un soir, après avoir demandé s'il était possible, dans l'au-delà, de choisir son lieu de « résidence » à sa guise. Apparemment, la personne qui a prononcé ces paroles était bien là où elle voulait être.

Après avoir acquis la conviction qu'à la mort, les humains se dirigent vers une autre dimension et y poursuivent une autre existence, j'ai éprouvé le besoin d'en apprendre davantage sur cet au-delà. J'ai donc posé littéralement des milliers de questions sur cette dimension que nous appelons le monde des esprits. Par moments, j'ai l'impression que mes contacts dans cet univers ne savent pas trop que faire de moi ; mais la plupart du temps, ils ont l'air d'être contents que je les interroge et de faire de leur mieux pour me répondre, sans aucun doute parce qu'ils savent que je veux partager ce que j'apprends avec un maximum de gens. Je leur ai exprimé mon désir d'être utilisée comme canal de communication entre nos deux mondes et ils ont répondu : « *Tu le seras.* »

Il leur arrive cependant d'être moins approbateurs quand j'insiste sur une question à laquelle ils ne semblent pas désireux de répondre. Au printemps dernier, j'ai dû user leur patience en demandant inlassablement si les esprits pouvaient décider par eux-mêmes de leur emploi du temps. Après plusieurs jours sans réaction, quelqu'un a répondu sur un ton exaspéré : « *Nous faisons du canevas. Assez de questions stupides !* » Mentalement, je me suis représenté un comité de direction décidant de me faire taire.

Plus récemment, j'ai posé des questions sur la peur dans le monde spirituel après qu'un individu inconnu, qui paraissait très proche, eut déclaré clairement : « *J'ai la peur.* » J'ai voulu savoir ce qu'il y avait d'effrayant dans le monde spirituel. Finalement quelqu'un a répondu : « *Arrêtez ce harcèlement !* »

Styhe a montré plus de tact en répondant un jour à l'une de mes questions : « *C'est trop tôt.* » J'en ai déduit que les êtres de l'au-delà estiment que nous ne sommes pas prêts pour certaines révélations.

Lorsque je reçois ce type de réponses, j'exprime toujours mon regret d'avoir insisté, j'expose les raisons de ma curiosité puis je passe à un autre sujet.

Avant de parler plus avant de ce que les esprits disent de leur monde, de leur vie et de la réalité en général, nous devons nous souvenir d'une chose importante. Certains d'entre nous croient qu'on devient soudain omniscient dès qu'on atteint l'au-delà. Il n'en est rien. Ce monde, comme le nôtre, a ses idiots et ses fripons et si vous avez été l'un ou l'autre – ou les deux – ici-bas, vous n'allez pas subir soudain une transformation magique en passant le seuil du monde spirituel. Vous serez toujours la même personne.

Les esprits ne s'accordent pas toujours sur les questions que je pose. J'ai entendu des discussions intéressantes entre plusieurs entités et il m'est arrivé de recevoir jusqu'à trois réponses différentes en moins d'une minute à une seule de mes questions.

pénétrons à la mort. On ne peut assigner au monde des esprits un espace bien défini comme nombre d'entre nous trouveraient intellectuellement plus confortable de le faire.

Ceux qui, par le passé, ont transcommuniqué avec nous, principalement par l'intermédiaire de médiums, ont indiqué que dans leur monde, l'espace et le temps sont très différents de ce que nous connaissons. Les personnes qui affirment avoir découvert d'autres niveaux de réalité au cours d'expériences de décorporation où elles « sortent de leur corps », parlent aussi d'une autre notion de temps et d'espace. Les dons de précognition ou de rétrocognition peuvent être expliqués par le fait que ceux qui en sont doués transcendent les limites de notre plan terrestre et parviennent là où, disent-ils, l'avenir et le passé se déploient et peuvent être contemplés.

Pour réfléchir à cette théorie d'un temps différent du nôtre dans le monde des esprits, j'ai demandé si le passé, le présent et le futur existent dans l'autre dimension. La réponse me parvint sur un ton monocorde : « *Espace posé sur un vide. Rien ne doit être empli.* »

Je n'ai pas compris ce que cela signifiait. Pensant avoir mal perçu le message, je l'ai répété en demandant si j'en avais bien compris les mots. La même voix monocorde répliqua : « *C'est bien cela.* »

J'ai donc réfléchi à nouveau. Le seul sens que j'entrevoyais était que le monde des esprits existait peut-être dans un vide. Je n'avais rien entendu de tel auparavant, mais faute d'une autre idée, j'ai demandé si le monde des esprits existait dans un vide. Ma question ne reçut pas de réponse, mais une voix de classe A déclara sur un ton que je qualifierais d'exaspéré : « *Quel espace ne l'est pas ?* »

Cela me dépassait. J'ai donc renoncé aux questions sur l'espace pour me donner le temps de réfléchir aux messages. Le lendemain matin, me référant à celui du jour précédent : « Espace posé sur un vide... », j'ai demandé si cela signifiait que le monde de l'esprit ne devrait pas être rempli avec l'espace et le temps. Un voix claire répondit immédiatement : « *L'espace est un tel point de vue.* »

Les messages relatifs à l'espace dans l'au-delà reçus en quarante-huit heures étaient passionnants. Qu'en était-il du temps ?

J'avais renoncé à ce type de questions, mais je ne cessais d'y songer. Trois mois plus tard, je demandai à Styhe si dans leur monde, les esprits ont une notion du temps. Il répondit deux fois : « *Oui.* » Je lui demandai alors si le temps leur semblait se dérouler plus lentement ou plus vite que sur notre plan terrestre. « *Il est ceci, plus long* », répondit Styhe.

Un peu plus tard ce matin-là, je lui ai demandé s'il voulait dire que le temps est plus long dans le monde des esprits parce que le champ de leur conscience s'étend indéfiniment alors que, sur le plan terrestre, nous butons toujours sur la certitude d'une fin. Il répondit : « *Oui* » et ajouta, quelques secondes plus tard : « *Comme cela.* »

Par la suite, j'ai demandé si les esprits sont capables de précognition parce que, dans leur monde, le temps et l'espace ont peu ou pas de limites. La réponse fut : « *Comptez-y.* » Voulant m'assurer du contenu de la réponse, je répétai ma question et cette fois, la réponse fut : « *Est ainsi.* » Quelques mois plus tard, je la répétai une troisième fois. Une voix me répondit alors que les esprits « *nous regardent* ». Nous reviendrons sur cette question de précognition au chapitre 8 ; mais en raison des indices reçus, nous devons envisager sérieusement l'idée que, d'une certaine façon, l'avenir existe déjà.

Certains de mes contacts de l'au-delà semblent ne pas avoir conscience de mes limites. C'est un des aspects de la transcommunication instrumentale qui me laisse perplexe. Des voix m'ont déclaré à maintes et maintes reprises que je devrais déjà savoir ceci ou cela, ou que je devrais être capable de faire telle ou telle chose que ceux du monde des esprits sont seuls capables de faire.

J'en ai eu un exemple le printemps dernier. Je venais de poser des questions sur les autres niveaux de réalité, y compris celui du monde des esprits, lorsqu'une entité déclara : « *C'est très différent. Vous devriez venir.* »

Il est vrai que certaines personnes affirment pénétrer le monde des esprits par l'expérience de la décorporation. Au cours de la seule expérience de « sortie du corps » que j'ai conscience d'avoir connue, je n'ai rien fait d'autre que flotter dans ma chambre à coucher. Je regrette naturellement de ne pas avoir été plus aventureuse et de n'avoir visité aucun ailleurs...

J'ai donc demandé comment je pourrais entrer dans le monde des esprits. Plusieurs entités m'ont répondu : « *Est possible. Plus tard est possible.* »

Comme j'aime les fleurs, j'ai voulu savoir s'il existe des fleurs dans l'au-delà comme sur le plan terrestre. « *C'est exact* », dit une voix.

Aimant aussi les animaux familiers, j'ai toujours espéré qu'il était possible d'en avoir dans l'au-delà. En interrogeant à ce sujet, j'ai reçu une réponse d'une voix forte : « *J'en ai eu deux.* »

Certains expérimentateurs de la transcommunication instrumentale disent avoir enregistré des aboiements de chien qu'ils considèrent comme paranormaux. J'ai toujours pensé que le microphone avait simplement intercepté les aboiements du chien d'un voisin. Cela me paraît encore plus logique que la manifestation d'un Médor revenant. Il semblerait pourtant que la joie d'avoir des animaux familiers ne nous soit pas refusée dans l'autre dimension.

Les métaphysiciens nous disent que le monde des esprits et ceux qui l'habitent opèrent à une fréquence plus élevée, à des vibrations plus rapides que celles du plan terrestre, ce qui expliquerait que nous ne puissions percevoir ce monde parallèle au nôtre.

Au printemps dernier, j'ai soumis cette hypothèse aux voix. L'une d'elles, exceptionnellement nette, a répondu : « *C'est vrai.* » Au cours de la même session, j'ai demandé si cela explique que nous ne les voyions pas, et quelqu'un a répondu avec un effet d'écho : « *C'est cela !* »

Cette certitude de plans différents dans l'au-delà est largement partagée. Le nombre de sept est souvent accepté, le premier plan étant le plus bas et le septième le plus élevé. Dans la Bible, la deuxième épître aux Corinthiens (12.2-4), Paul lui-même parle d'un « troisième ciel ». Ceux qui croient à cette multiplicité des plans spirituels pensent en général que les individus sont « bloqués » dans le plan où ils se trouvent lors de leur décès. Ils auraient cependant la possibilité de progresser d'un plan à un autre. En accomplissant de bonnes actions dans le monde spirituel, ou dans une autre vie terrestre en tant qu'âmes réincarnées, ils gagneraient le niveau supérieur. J'ai demandé s'il était possible de passer d'un plan à un autre dans le monde spirituel et la réponse fut : « *C'est possible.* »

J'ai formulé la même question différemment quatre jours plus tard, demandant si un individu va dans un autre lieu en progressant dans le monde des esprits. La réponse fut : « *Va vers l'avant.* »

Quand j'ai commencé à enregistrer des voix il y a une douzaine d'années, les deux messages que je recevais le plus souvent étaient : « *Aidez-moi* » et « *Froid* ». Il m'arrive encore parfois d'entendre le premier, mais rarement le second. Je n'avais pas été surprise par les demandes d'aide, mais je ne m'attendais pas à entendre parler de « froid ». Se pouvait-il que, dans le monde des esprits, un être ait une sensation physique de froid ? Après réflexion, j'ai envisagé deux conclusions possibles.

L'une d'elle est que le froid est vraisemblablement la dernière sensation éprouvée au moment de la mort. Physiologiquement, le corps se refroidit rapidement ; peut-être cette sensation persiste-elle quand nous commençons à nous éloigner du plan terrestre.

La seconde hypothèse est que, s'il existe différents niveaux dans le monde spirituel, l'un d'eux pourrait être humide et froid. Dante décrit les neuf cercles de l'enfer. Le neuvième, qui est le plus bas, est le Lac de glace. C'est la vision d'un poète, mais beaucoup de grands artistes affirment que le meilleur de leur œuvre a une origine divine.

A notre époque, dans une série de trois volumes dont l'un s'intitule *Life in the World Unseen* (*La Vie dans le monde non visible*), Anthony Borgia parle d'un plan inférieur de l'au-delà qui serait lugubre et froid. Ces livres résultent d'une transcommunication supposée entre l'esprit de Robert, prêtre de l'Eglise épiscopale, et un ami de Borgia s'étant exprimé par l'intermédiaire d'un médium. J'éprouve une certaine méfiance vis-à-vis de ce type d'ouvrages comme vis-à-vis de ceux issus d'une écriture automatique ; néanmoins, j'ai trouvé intéressant que la quasi-totalité des révélations de Robert correspondent à ce que j'avais précédemment découvert moi-même.

Lorsque j'ai demandé s'il était possible d'avoir froid dans certaines parties de l'au-delà, une voix féminine a répondu nettement : « *Oui* » et quelques instants plus tard : « ***Vous notez.*** » Ceux de l'au-delà savent que je transcris mes questions et les réponses qu'elles reçoivent, la date et l'heure de leur enregistrement et leur emplacement sur la bande magnétique. Cette voix voulait sans doute s'assurer que je notais bien ses messages. Quand je lui ai demandé si je les avais bien interprétés, la même voix me répondit : « ***Absolument.*** »

La plupart des êtres avec qui je suis en communication me semblent heureusement être des amis ; il y en a pourtant quelques-uns que j'expédie au plus vite. Il leur est arrivé, bien que rarement, de proférer des menaces à mon égard. Je n'encourage pas ce type de personne à prolonger le contact ou à s'épancher en anathèmes. Des êtres ont certainement besoin d'être aidés, mais je doute qu'ils puissent l'être d'ici-bas à l'aide d'un magnétophone.

Que des plans tels que le ciel et l'enfer existent effectivement ou non dans l'au-delà, ou que chaque individu y crée, quand il y parvient, son propre enfer ou son paradis comme nous le faisons sur terre, reste un sujet de discussion. De nombreux théologiens verraient plutôt le ciel et l'enfer comme des lieux physiques, encore que nombre d'entre eux ne soient pas prêts à accepter la théorie des sept plans. Bizarrement, les esprits eux-mêmes ne sont pas catégoriques.

La plupart de mes questions relatives à de subtiles différences de plans dans l'au-delà ont reçu une réponse affirmative. Quand j'ai demandé s'il existait des endroits obscurs pour ceux qui n'avaient pas vécu comme ils auraient dû sur le plan terrestre, deux voix différentes ont répondu, la première disant : « *C'est exact* » et la seconde répétant, quelques secondes plus tard, « *C'est exact.* »

Trois jours après avoir reçu ces messages, j'ai voulu savoir s'il existe de hautes sphères dans l'au-delà pour les êtres d'une plus grande élévation d'âme, et quelqu'un m'a affirmé : « *Oui, cela existe.* »

Cela dit, quand j'ai demandé l'été dernier s'il est vrai que, selon la croyance de Swedenborg, le ciel et l'enfer sont des états et non des lieux physiques, une voix forte et nette répondit : « *Ainsi.* »

J'ai alors demandé si des êtres respectivement en « état » d'enfer et en « état » de ciel coexistent l'un à côté de l'autre dans l'au-delà ; et une voix également nette a répondu : « *C'est exact.* »

Que pouvons-nous déduire de ces messages contradictoires ? Le ciel et l'enfer sont-ils ou non des lieux physiques ? Pourquoi recevons-nous des personnes qui devraient savoir, puisqu'elles sont dans l'autre dimension, des réponses divergentes ?

Ceux qui sont morts et ressuscités ont rapporté une variété de réponses. Certains semblent avoir vu des lieux merveilleux, de vertes prairies peuplées de fleurs et d'esprits amicaux. D'autres, moins chanceux, disent avoir visité des royaumes épouvantables, sinistres, humides et froids où les esprits qu'ils ont rencontrés appelaient à l'aide. Certains y portaient de lourds fardeaux, d'autres s'épuisaient en besognes pénibles et fastidieuses.

Peu après avoir commencé mes enregistrements de voix, je suis entrée en contact avec une femme d'un certain âge avec qui j'avais été très liée dans mon enfance. Elle était morte dix ans plus tôt et cependant, elle répondit à mon premier appel. Je lui ai tout d'abord demandé où elle se trouvait. « *Paradis* », me répondit-elle. Aller au paradis après sa mort avait toujours été la préoccupation essentielle d'Elsie et elle avait vécu en fonction de ce rêve. Il n'était donc pas surprenant qu'elle pense maintenant s'y trouver.

Il y a quelques semaines, un autre individu m'a déclaré : « *Nous sommes au paradis.* » Je lui ai alors demandé en quoi le paradis différait du plan terrestre. La même voix répondit au bout de quelques secondes : « *Je pense les gens sont gentils.* »

Nous pouvons peut-être déduire de tous ces messages que la dimension prochaine est plus complexe que nous ne l'imaginons. J'ai demandé si les mystères persistent dans cet au-delà et on m'a affirmé que oui. C'est tant mieux, car aussi longtemps que les réponses resteront incomplètes, nous continuerons à chercher et à évoluer. Là-bas comme ici, la vie n'est pas statique.

En fait, que le ciel et l'enfer soient effectivement des lieux ou des états de l'être n'est sans doute pas important. Il semblerait que chacun aboutisse à la place qui lui convient. Mais comme ici-bas, chacun aurait aussi l'opportunité d'évoluer et, par ses efforts, d'élever son esprit à plus de bonté et de perfection.

5

LES DEUX CÔTÉS DE LA MÉDAILLE

> Nous nous félicitons parfois, au moment du réveil, de n'avoir fait qu'un mauvais rêve ; il en va peut-être de ainsi dans l'instant qui suit la mort.
>
> Nathaniel Hawthorne

Tout le monde n'accepte pas l'idée que les voix enregistrées par magnétophone proviennent d'une autre dimension. Beaucoup proposent en effet d'autres explications à la transcommunication instrumentale. La plupart des sceptiques concèdent qu'il y a là quelque chose, certains admettant même la présence des voix sur les bandes magnétiques. C'est leur origine qui suscite des discussions passionnées. Comme me l'a écrit Walter Uphoff : « Je ne pense pas qu'il soit facile de garder la tête froide à propos de la transcommunication instrumentale. »

De nombreux parapsychologues aimeraient que disparaissent ces voix trop « non scientifiques », trop liées à l'affectivité. Ils se sentent plus à l'aise – je me hâte de souligner qu'ils ne sont pas tous dans ce cas – dans leur laboratoire, dans des conditions d'expérience contrôlées, avec essais, niveaux de signifiance, etc. Je ne nie pas l'importance de leurs recherches, ne serait-ce que parce qu'elles nous donnent une image plus complète de la personnalité humaine. Mais en ce qui me concerne, j'ai beaucoup de mal à m'enthousiasmer pour des appréciations chiffrées à un millième d'unité près.

Comme nous tous, les parapsychologues sont très occupés. Nombre d'entre eux n'ont pas le temps de s'engager et de se livrer à des expériences personnelles, ou d'essayer de découvrir par eux-mêmes la véritable nature de ces voix. Et je crains qu'ils soient prêts à accepter la parole de quelqu'un comme E. Lester Smith. Dans un article intitulé « Les Voix de Raudive – Objectivité ou subjectivité ? », il déclare qu'à son avis, elles n'ont rien à voir avec les esprits. Cet article parut pour la première fois dans le *Journal of The Society for Psychical Research* (*Journal de la société de recherches parapsychiques*) ; puis il fut repris dans le *Journal of the American Society for Psychical Research* (*Journal de la société américaine de recherches parapsychiques*). Ces deux magazines savants sont lus par la plupart des parapsychologues et par ceux qu'intéresse ce domaine de recherche. Mr Smith a parfaitement droit à son opinion. Mais quand il précise qu'il n'a jamais écouté les cassettes de Raudive, on peut s'interroger sur son objectivité.

Raymond Bayless, un auteur et chercheur renommé et respecté en matière de parapsychologie, a écrit dans le numéro de juillet 1978 du magazine *Fate* (*Destin*) que le refus de la majorité des parapsychologues d'examiner honnêtement les phénomènes de transcommunication instrumentale est absolument incroyable.

J'ai eu moi-même l'occasion de le constater. Au cours de l'été 1978, j'ai assisté à un séminaire de trois jours auquel participait un parapsychologue célèbre. Le matin du troisième jour, le Dr X s'étant assis près de moi dans le hall de l'hôtel où se tenait le séminaire, nous avons commencé à parler. Au cours de la conversation, j'ai mentionné mes enregistrements. Le Dr X me posa toutes sortes de questions, puis il confessa que ces phénomènes l'intéressaient beaucoup et qu'il aimerait y croire, mais qu'en tant que scientifique, il se devait d'être prudent et d'avoir des preuves. Je l'assurai que je comprenais parfaitement son attitude, éprouvant aussi la même exigence. Le Dr X. déclara alors qu'il aimerait entendre la cassette que j'avais apportée. Nous sommes allés dans une salle de conférence vide où, après que j'eus passé la cassette, le Dr X se déclara impressionné et persuadé que j'avais là de « vraies » transcommunications. C'était là, dit-il, le type de voix qu'il aimerait étudier et il me demanda si j'accepterais de participer à des expériences dans son laboratoire, faisant brièvement état du fait qu'à son grand regret, il n'avait jamais trouvé personne qui ait accepté de se livrer à ces essais. Je lui affirmai que je serais enchantée de faire tout ce qui serait de nature à prouver la réalité des voix ; que j'espérais précisément qu'elle serait reconnue par des chercheurs comme lui et que j'étais consciente que cela ne pouvait résulter que de conditions d'enregistrement rigoureusement contrôlées dans un laboratoire. Le Dr X nota soigneusement mon adresse et mon numéro de téléphone, me donnant à penser qu'il me ferait signe à brève échéance.

Quelques jours après être rentrée chez moi, je lui expédiai une cassette de soixante minutes contenant quatre-vingt-deux messages, accompagnée d'une lettre où je lui exprimai le plaisir que j'avais eu à le rencontrer et réitérai mon offre de collaboration dans son laboratoire, quelles que soient les conditions qu'il jugerait adéquates.

Je n'ai jamais reçu de réponse.

Pourquoi ? Nous sommes réduits aux conjectures. La réponse se cache peut-être dans son commentaire du matin de notre rencontre – en tant que scientifique, il doit être prudent et avoir des preuves. Peut-être que, tout bien réfléchi, il décida une fois rentré chez lui qu'il n'était pas « prudent » de s'engager dans le domaine « flou » des transcommunications instrumentales. Nombre de ses collègues auraient sans doute manifesté leur désapprobation et le Dr X n'a peut-être pas souhaité exposer sa réputation aux risques que cette recherche pouvait lui faire courir.

Ce sont des sentiments que je peux comprendre, même si je peux difficilement les partager. Son refus d'examiner la question est typique de l'ensemble des autorités en ce domaine. Les parapsychologues ont beaucoup lutté pour être acceptés comme des chercheurs par les autres membres de la communauté scientifique, au sein de laquelle beaucoup les considèrent encore comme des indésirables. Ils sont donc constamment tenus de se prouver aussi scientifiques – ou plus – que leurs collègues reconnus. La thanatologie étant, dans l'esprit de beaucoup, liée au spiritisme, de nombreux parasychologues ne souhaitent pas s'y intéresser. Ce qui est regrettable. Car bien qu'ils essaient de prouver que le potentiel de la personnalité humaine est plus vaste qu'on ne l'imagine, ils hésitent néanmoins à explorer ce secteur crucial de sa survie après la mort.

Selon ceux qui ne croient pas à une origine paranormale des voix, ces dernières proviendraient de l'*effet Luxembourg* – qui est l'enregistrement sur bandes magnétiques de voix émanant de la radio ou de la télévision alors même qu'aucun poste ne fonctionne à proximité. Supposons que cela se produise une fois sur mille, qu'en est-il des neuf cent quatre-vingt dix-neuf fois qui restent ? L'*effet Luxembourg* est trop rare pour être sérieusement considéré comme l'origine des voix.

Le nombre croissant de radios CB les rend plus aptes à interférer avec les magnétophones que les voix distantes des stations de radio ou de télévision. Je risque peu de penser au message d'un défunt en entendant chanter *La vie en rose* au milieu d'un de mes enregistrements...

Certains pensent que les voix ne sont rien d'autre que les sons dont notre atmosphère est chargée. Rien n'est jamais perdu, pensent-ils, pas même les mots que nous prononçons. Nous n'allons pas examiner ici s'ils ont tort ou raison ; mais même en présumant leur prémisse correcte, je ne parviens pas à comprendre comment ces mots réussiraient à nous revenir juste à temps pour formuler des réponses aux innombrables questions posées par moi-même et beaucoup d'autres.

Certains sceptiques prétendent qu'aucune voix ne figure sur les bandes magnétiques, et qu'il s'agit uniquement de l'imagination de l'expérimentateur et de phénomènes de télépathie ou d'hypnose collective. Il est vrai que certains expérimentateurs entendent toutes sortes de merveilles que personne d'autre ne réussit à percevoir, ce qui soulève la question de l'autosuggestion. Cette dernière ne suffit cependant pas à tout expliquer. En écoutant le pot-pourri de Rorschach, on peut entendre à peu près tout ce qu'on a envie d'entendre. Mais d'innombrables expériences ont eu lieu à l'issue desquelles des tiers ayant écouté des transcommunications instrumentales sont parvenus aux mêmes conclusions que l'expérimentateur. Dans certains cas, ce dernier ne se trouvait pas à proximité et ignorait même qu'on écouterait ses bandes. Par ailleurs, ces voix sont souvent détectées par des oscilloscopes et enregistrées par des imprimantes sensibles à la voix. Ces instruments ne se prêtant ni à l'hypnose ni à la télépathie, il semblerait qu'on puisse écarter ces hypothèses.

Et les extraterrestres ? En 1950, George Hunt Williamson a sans doute été le premier à suggérer que les voix viennent d'un ailleurs dans l'espace ; mais il n'a pas été le dernier.

Raymond Cass, de Bridlington (Yorkshire) est un expérimentateur anglais qui a enregistré beaucoup de voix d'excellente qualité. Dans son livre *Voices of the Dead ?* (*Les Voix des morts ?*), Susie Smith signale que certains des enregistrements de Raymond Cass sont étudiés dans des universités et des organismes de recherche aux Etats-Unis et en divers pays. Mr Cass reçoit parfois des phrases en anglais et en allemand. Comme il comprend et parle couramment cette dernière langue, la traduction de ces messages bilingues ne lui pose pas de problème. Il m'a adressé une de ses cassettes en un point de laquelle une voix déclare venir du « Cosmos ». Cela peut signifier que cette voix appartient à un être extraterrestre, ou que notre monde et celui de l'esprit qui s'exprime ne font qu'un.

C'est ce qui est suggéré dans *The Unobstructed Universe* (*Un Univers sans bornes*) de Stewart Edward White. Ce livre lui a été dicté, par l'intermédiaire d'une amie, par sa femme Betty parvenue dans le monde des esprits. Bien que j'aie, auparavant, émis certaines réserves quant à ce type de livre, ce dernier me semble digne d'intérêt. Dans tout l'ouvrage, Betty souligne qu'il n'y a qu'un seul univers et que la conscience est la seule réalité.

Un ami qui enregistre également des voix a entendu un soir : « ***Hello de Jupiter !*** » Nous nous sommes demandé s'il pouvait s'agir d'un être de cette planète ou d'un esprit malicieux s'amusant à nos dépens. La voix, plus mécanique, légèrement différente de la plupart des autres, évoquait le son des robots électroniques.

Uri Geller, le parapsychologue israélien connu et contesté, affirme avoir établi des contacts et reçu des messages de l'invisible par l'intermédiaire d'un magnétophone. Dans son livre *Uri Geller : My Story* (*Uri Geller : mon histoire*), il raconte que les voix déclarent parvenir d'un astronef appelé Spectra en provenance d'une planète située à des milliers d'années-lumière. Elles se manifesteraient pour diverses raisons ; mais leur but essentiel serait de nous aider à construire la paix dans notre monde et à nous empêcher de nous détruire. Malheureusement, une fois reçus, ces messages s'effacent ou se dématérialisent mystérieusement. Ce qui semble incroyable ; mais des tierces personnes affirment avoir entendu les messages et assisté à l'autodestruction des bandes magnétiques.

En raison de mes propres expériences, dont je parlerai plus loin en détail, je pense que, dans des réalités différentes, des entités sont capables de communiquer avec nous de diverses façons, le magnétophone étant l'une d'elles. Il n'est pas impossible que les entités en contact avec Uri Geller soient exactement ce qu'elles prétendent être. Si nous acceptons cette éventualité, nous devons alors envisager la possibilité que d'autres expérimentateurs enregistrent des messages issus de réalités habituellement considérées comme autres que le domaine des esprits. Cette idée n'a rien d'effrayant. Parmi les messages qui semblent provenir d'entités non humaines – que je les aie reçus personnellement ou qu'ils soient parvenus à d'autres expérimentateurs –, aucun de ceux que j'ai entendus ne suggère pour nous le moindre danger et aucun, à ma connaissance, ne contient la moindre menace. Les théories concernant les ovnis sont légion. Beaucoup de gens acceptent l'idée que, de temps à autre, « quelque chose » se promène dans notre ciel. Si des ovnis viennent d'autres mondes, est-il si inconcevable qu'ils soient non seulement capables, mais aussi, désireux de nous parler par l'intermédiaire de magnétophones ?

La théorie de la psychokinèse est la plus largement acceptée par ceux qui rejettent l'idée que des voix puissent parvenir d'une autre dimension. La psychokinèse, ou effet de l'esprit sur la matière, a été prouvée sous contrôle en laboratoire. Ce serait donc par cet effet que l'expérimentateur affecterait les bandes magnétiques. Si les voix résultent des impulsions du cerveau de l'expérimentateur, c'est qu'il s'agit d'une aptitude plus courante qu'on ne l'imaginait.

Peter Bander, l'éditeur anglais qui fut le premier à publier *Breakthrough*, l'ouvrage de Raudive qu'il avait traduit en anglais, a également publié son propre livre *Carry On Talking* (*Continuez à parler*) où il écrit : « Les chances que des séries d'impulsions électroniques émises par le subconscient se traduisent en sons correspondant, même de façon très approximative, à une langue intelligible quelconque sont mathématiquement tellement faibles et improbables qu'elles ne peuvent être prises en considération. »

J'ai procédé à plusieurs sessions d'enregistrement à la vitesse de 7 1/2 au lieu de 3 3/4, c'est-à-dire deux fois plus vite que la normale ; j'ai ensuite écouté la bande à la vitesse habituelle de 3 3/4 : le texte y est comparable à une version vocale d'un film au ralenti. Mes paroles sont, de justesse, encore compréhensibles ; mais le timbre de ma voix est devenu très grave et on dirait que j'essaie de parler la bouche pleine de bouillie. Il semblerait normal que toute autre voix enregistrée au cours de la même session subisse les mêmes distorsions que la mienne. Eh bien, pas du tout ! Les voix paranormales de ces enregistrements sont pareilles à elles-mêmes, quelle que soit la vitesse employée pour l'enregistrement ou le défilement. Je ne pense pas que mon subconscient, ou celui de qui que ce soit, puisse compenser la différence de vitesse entre l'enregistrement et l'écoute de la bande.

J'ignore comment les esprits procèdent, mais je suis convaincue que ces aptitudes dépassent le cadre de celles des humains.

En 1979, le Dr John Beoff a publié un article intitulé « Volonté, contrôle de la rétroaction biologique et psychokinèse » dans *Parapsychology Review* (*Revue de parapsychologie*). Examinant la possibilité pour l'utilisateur d'un magnétophone d'en impressionner la bande magnétique par psychokinèse, il écrit : « On peut se demander s'il est approprié de parler de "volonté" à propos de psychokinèse. Tout au plus le sujet peut-il souhaiter l'apparition de tel ou tel résultat ; mais il y a peu de chose qu'il puisse réellement mettre en œuvre pour que ce résultat se produise effectivement. »

Une des « preuves » avancées par les adversaires de la théorie de la psychokinèse est que l'expérimentateur peut quitter le lieu de l'enregistrement sans que l'appareil cesse pour autant de capter des voix. Ils demandent alors comment on peut les imputer à l'expérimentateur s'il ne se trouve pas à proximité du magnétophone. Des voix se sont enregistrées dans mon bureau alors que j'étais dans une tout autre partie de la maison, dans mon jardin ou même en voiture entre mon domicile et l'arrêt d'autobus. L'écoute des bandes a révélé certaines voix de classe A, et à plusieurs reprises j'ai entendu deux voix ou plus dont je suis persuadée, en raison du contenu de leur conversation, qu'elles proviennent d'une autre dimension.

Mais en dépit de ces expériences, je ne suis pas certaine de pouvoir être totalement d'accord avec ceux qui affirment que la psychokinèse ne joue aucun rôle dans les transcommunications instrumentales.

Ces derniers mois, j'ai voulu apprendre comment mes amis de l'au-delà parviennent à nous parler et ils ont eu la bonté de répondre à mes questions réitérées. Les pièces du puzzle commencent à s'assembler : pour se manifester, les voix s'aident du magnétisme, de l'énergie psychique que nous possédons tous. Une certaine rémanence de cette énergie permet aux esprits qui s'efforcent de communiquer avec nous de l'utiliser après que nous avons quitté une pièce.

Trop d'éléments s'inscrivent néanmoins en faux contre une influence purement psychokinétique de l'expérimentateur. Tout d'abord, les enregistrements comportent parfois des mots dénués de sens. Je ne doute pas qu'un certain nombre de non-sens encombrent mon subconscient ; je doute néanmoins qu'ils s'exprimeraient par des voix de classe A en des assemblages de sons totalement dépourvus de signification.

Un de mes amis a enregistré un soir une voix affligée d'un énorme « cheveu sur la langue » alors qu'il n'a pas le moindre défaut de prononciation.

Certains expérimentateurs reçoivent des messages dans des langues qu'ils ne pratiquent pas. J'ai déjà signalé avoir reçu des messages en allemand et en français, dont certains avaient un sens une fois traduits. Je doute sérieusement que la connaissance de langues étrangères fasse partie de mon subconscient.

Au cours de certaines sessions, j'en ai appelé au Dr Raudive. Une voix masculine grave m'a répondu plusieurs fois et j'ai demandé au Dr Raudive de prouver son identité en parlant allemand. Il l'a fait et après traduction, les mots allemands répondaient bien à mes questions.

En plusieurs occasions, j'ai entendu le début d'un message ; puis, s'apercevant que j'étais moi-même en train de parler, la voix s'est interrompue pour reprendre après moi, répétant le début de sa phrase et complétant sa déclaration.

Quatre mois après avoir commencé à enregistrer, j'ai demandé à ceux d'outre-tombe si leur monde était dirigé par quelqu'un et, le cas échéant, par qui.

Une voix masculine grave amorça une réponse avec « *il y a* » au moment où je prononçais le mot « monde », puis stoppa en comprenant que ma question n'était pas terminée. Quand je l'achevai avec les mots « qui est-ce ? », la même voix reprit : « *Il y a le Christ.* »

Si extraordinaires que soient les performances du subconscient, je ne pense pas qu'il soit capable de telles adaptations.

Il y a quelques années, des messages me disant que je devrais utiliser un miroir pour mon travail commencèrent à me parvenir. Ils me parurent absurdes ; je n'en tins aucun compte et n'en fis même pas mention à qui que ce soit. Mais les voix insistèrent : « *Prenez un miroir !* », « *Je vous ai dit de prendre un miroir* », « *Parlez dans un miroir* », etc. Finalement, plus pour avoir la paix que pour toute autre raison, j'ai acheté un miroir bon marché et l'ai placé sur mon magnétophone. Un certain nombre de messages témoignèrent immédiatement d'une grande satisfaction. Une voix de classe A déclara : « *Si vous employez ce mode, nous pouvons vous aider.* »

Quelques semaines plus tard, Dan McKee, un expérimentateur de l'Illinois m'appela. « *Sarah*, me dit-il, *j'ai reçu toutes sortes de messages parlant de miroirs* » et je lui parlai alors de ceux que j'avais reçus.

A moins d'un mois de là, Mercedes Shepanek m'appela de Virginie. « *J'ai reçu des messages à propos de miroirs, ces temps-ci* », me dit-elle et je lui racontai que Dan, qu'elle ne connaissait pas à l'époque, et moi-même en avions également enregistrés du même type.

Certains messages très particuliers, comme ceux des miroirs, ne connaissent pas de frontières. A Skye, en Ecosse, Alexander MacRae dirige Skyetech, une entreprise se consacrant principalement à l'analyse et la synthèse de la voix, à la robotique et aux produits de santé. Aux Etats-Unis, il avait fait partie des cadres de Stanford Research et travaillé pour la NASA, participant à l'élaboration du système de communication utilisé sur nos premiers vols interspatiaux habités. MacRae est considéré comme l'un des cinq superspécialistes occidentaux de l'analyse de la voix. Depuis son retour à Skye, il se consacre à des recherches sur les transcommunications instrumentales. Convaincu que nous sommes en contact avec d'autres dimensions, il a enregistré de nombreuses voix paranormales. Dans notre correspondance, j'ai mentionné les « messages miroirs » que j'avais reçus. Or MacRae mentionne, dans une cassette largement diffusée dans le monde entier, qu'il a lui aussi reçu ce type de messages où on lui demandait, comme à nous, de parler face à un miroir.

Ces messages évoquent des cas d'intercommunication bien connus dans la littérature médiumnique. A peu près à la même époque, quatre d'entre nous recevaient des messages relatifs à des miroirs, sans qu'aucun soit conscient du fait que quelqu'un d'autre en recevait de similaires.

Jusqu'à maintenant, pesant le pour et le contre, nous nous sommes surtout penchés sur les raisons techniques de la plausibilité ou de l'implausibilité de transcommunications par l'intermédiaire de magnétophones. Nous aimerions examiner un aspect plus subtil. Moralement, viole-t-on des lois spirituelles ou bibliques en demandant à des esprits d'entrer en contact avec nous ? Certains individus m'ont cité des passages de la Bible dans le but de me prouver que j'accomplis le travail du Malin.

L'hiver dernier, j'ai écrit à un professeur de l'Académie navale d'Annapolis. J'ai pensé que ses compétences en matière d'ondes sonores lui inspireraient peut-être des idées intéressantes pour favoriser la matérialisation des voix sur bandes magnétiques. Le Dr Z me répondit qu'il se demandait si, techniquement parlant, nous étions en mesure de communiquer avec une autre dimension. Puis il ajoutait que la possibilité que je sois en contact avec le monde des esprits ne pouvait pas être exclue. Si c'était le cas, il m'invitait à une « extrême prudence », les Saintes Ecritures déconseillant fortement de sonder ce domaine. A l'appui de ses recommandations, trois citations de la Bible terminaient sa lettre, accompagnées d'une exhortation à fréquenter assidûment son église.

Il a tout à fait raison. De telles mises en garde figurent bien dans la Bible. Mais on peut aussi y trouver des incitations au contact entre l'humain et le spirituel. Heureusement pour nous, être en contact avec les esprits n'était pas mal vu dans les temps bibliques. S'il en avait été ainsi, une grande partie de la Bible n'aurait jamais été écrite. Le problème avec les citations isolées extraites du livre saint est qu'elles permettent de confirmer – ou d'infirmer – pratiquement tout ce qu'on souhaite.

Lorsque la Bible condamne le paranormal, il semble que ce soit en rapport avec des pratiques frauduleuses en vigueur à Canaan il y a des milliers d'années. Mais la totalité des textes bibliques pertinents impose une conclusion : quels que soient les talents que Dieu nous a donnés, ils devraient servir à promouvoir son royaume ici-bas et au-delà.

Il se trouve que la première voix qui m'ait parlé plus clairement que par un murmure fut celle du prêtre d'une église que j'avais fréquentée des années auparavant. Pendant plus de deux mois, tous les messages qui me parvinrent n'étaient que des murmures – parfois assez forts, mais néanmoins des murmures. Puis un beau matin, l'entité articula clairement son nom, bien que je n'eusse pas fait appel à elle. C'était un homme merveilleux, aimé de tous. Je finis par lui demander de me témoigner que j'étais bien en contact avec lui par une preuve l'identifiant indubitablement et il répondit : « *Va en paix* », conclusion de ses services religieux auxquels j'avais assisté.

L'Eglise n'a rien à redouter du paranormal qui, bien employé, peut être un puissant allié. De nombreuses religions postulent l'existence d'une réalité parallèle à celle que nous connaissons. Elles acceptent la possibilité de miracles tels que la guérison de maladies incurables. La survie au-delà de la mort fait partie de la plupart des doctrines. Ces croyances sont confortées par l'ensemble des recherches de la parapsychologie expérimentale et tout particulièrement par la transcommunication instrumentale.

La personnalité de l'expérimentateur semble influencer la nature des messages et le type d'esprit qui vient s'exprimer le plus souvent. Nous aimons à nous associer avec ceux dont les idées et les sentiments s'accordent aux nôtres. Les esprits ne font pas exception. Il semblerait qu'ils choisissent les personnes avec lesquelles ils vont entrer en contact et nous sommes assez nombreux pour le leur permettre. Cela dit, l'expérimentateur doit toujours s'en remettre à son propre jugement pour décider s'il va ou non répondre ou réagir à une suggestion émanant de l'au-delà.

Dans la première épître aux Corinthiens (chapitre 12-7/11), nous lisons : « A chacun est donnée la manifestation de l'Esprit en vue du profit commun. Car à l'un l'esprit donne le mot de la sagesse ; à l'autre il donne le mot du savoir ; à d'autres encore il donne la foi, le don de guérir, de faire des miracles, le don de prophétie, de parler plusieurs langues, d'interpréter d'autres langues. Mais pour tous c'est le seul et même Esprit qui se donne diversement entre les hommes selon sa volonté. »

Comme l'indique cette première Epître aux Corinthiens, chacun de nous a reçu des dons de Dieu. A chacun de décider comment il en fait usage. La transcommunication instrumentale peut être considérée comme un tel don et je m'efforce d'en faire bon usage.

6
LES VOIX PARLENT DE LEUR VIE

> La tombe n'est pas une nuit sans fin
> C'est une avenue, un chemin
> Né du crépuscule
> Qui s'ouvre sur un jour éternel.
>
> Anonyme

Avant de décider, étant enfant, que la tombe était la fin des fins pour tout le monde, je n'étais pas sûre de vouloir aller au ciel. L'idée de voleter de droite et de gauche, de jouer de la harpe et de chanter des hymnes à longueur de journée ne me réjouissait pas du tout. Mes craintes ont été apaisées : les messages que je reçois depuis douze ans m'indiquent que la vie outre-tombe, très affairée, laisse assez peu de temps pour le chant choral.

Certains thanatologues pensent que si une partie de l'être humain survit à la mort, ce doit être dans une sorte de rêve. J'ai demandé un jour si l'existence dans le monde de l'esprit était comparable à ce que, sur terre, nous appelons le rêve. Une voix monocorde forte et claire a répliqué : « *Très différente* » et quelques secondes plus tard, une voix ajoutait : « *C'est tellement différent.* »

Le lendemain, faisant référence à ces deux messages, j'ai demandé à quoi ressemblait la vie dans l'au-delà. La même voix nette et monocorde fit cette intéressante réponse : « *C'est pourquoi handicap personnes sont instruites pour cela.* »

Le lecteur a déjà dû comprendre que ceux qui nous parlent recourent parfois à une grammaire et un vocabulaire inhabituels.

Pourquoi ? Si la télépathie est le langage principal dans le monde des esprits, il est concevable que la grammaire tende à être oubliée et que la communication verbale en souffre. Les esprits nous ont informés qu'ils opèrent à des fréquences différentes ; il est possible que cela s'applique également au langage et que certaines sonorités « passent » plus facilement que certaines autres.

Cette utilisation des mots et cette syntaxe particulières pourraient être expliquées par des tentatives de communication émanant d'autres réalités, c'est-à-dire, émanant d'étrangers s'efforçant de communiquer avec un monde étranger. J'ai été informée à maintes reprises que ces entités me contactaient pour « travailler » avec moi. Le développement du langage pourrait être un des domaines de leurs efforts.

« *C'est pourquoi handicap personnes sont instruites pour cela.* » Ce message me semble signifier que l'individu doit être « instruit » parce qu'il ignore tout du monde des esprits. Les voix enregistrées semblent bien indiquer que c'est en atteignant l'au-delà que nous en apprenons les règles. Le travail des esprits serait plus facile si les mourants savaient déjà ce qui les attend. En passant moins de temps à enseigner aux arrivants leurs nouveaux rôles actifs et responsables, les esprits qui les accueillent seraient plus disponibles pour les tâches où ils sont plus nécessaires.

Lorsque deux 747 s'écrasèrent aux Canaries, entraînant la mort de près de six cents personnes, mon magnétophone enregistra tellement d'appels à l'aide que j'ai renoncé à les compter. Incidemment, les appels, dans ce cas, commencèrent à s'enregistrer presque instantanément par rapport à l'heure de la collision, c'est-à-dire douze heures avant que j'en sois informée de quelque façon que ce soit. Ils cessèrent soudain au bout de trois jours. Il est difficile de ne pas en conclure qu'il fallut tout ce temps aux esprits pour réussir à accueillir toutes les victimes et à les guider dans leur nouvel univers.

Mercedes Shepanek, de Virginie, qui enregistra des voix provenant d'autres dimensions avant son décès en 1986, avait connu une expérience comparable le 14 janvier 1982, lendemain du jour où un avion d'Air Florida s'écrasa dans le Potomac. Elle avait demandé si ceux de l'au-delà étaient informés de la catastrophe et reçu immédiatement un certain nombre de réponses. J'ai entendu ces communications, que j'ai trouvé extrêmement émouvantes : des voix affolées parlent toutes en même temps. Certaines entités semblent perdues, comme si elles venaient tout juste de mourir. En même temps, des messages formulés par des voix plus calmes indiquent qu'on leur vient en aide. Le premier message est : « *... sur cet avion...* » Un instant plus tard : « *Nous avons eu un perdant.* » Puis, « *Voulez-vous les aider ?* » Une entité supplie : « *Rachetez.* » Ce qui est immédiatement suivi de : « *Voulez-vous venir avec moi maintenant ; voulez-vous venir ?* » On peut entendre ensuite : « *Je le fais tout de suite... dans la neige.* » Vient ensuite : « *Recueillez-les... Je ne veux pas qu'ils soient tous tués.* »

La nature des messages semble bien indiquer que Mercedes était branchée sur la catastrophe aérienne du Potomac et le sort de ses victimes.

J'ai demandé en diverses occasions quelle est la différence essentielle entre la vie sur terre et la vie dans le monde des esprits. Une voix me répondit un jour : « *Nous avons tout.* »

Dix jours plus tard, j'ai demandé si le monde des esprits permet de poursuivre les mêmes intérêts que sur le plan terrestre, tels que la musique, l'art, l'écriture. La réponse fut : « *Oui, Estep.* »

Cette réponse confirme les informations que les médiums, au cours de leurs transes, disent recevoir d'esprits désincarnés. Ces derniers témoignent d'une satisfaction évidente de pouvoir continuer, dans l'au-delà, à se consacrer aux domaines qui les intéressaient sur terre et à en approfondir leur connaissance.

Le message « Oui, Estep » fut validé au printemps, quand je demandai si Brahms, Beethoven, Bach et Chopin continuaient à composer et interpréter leur merveilleuse musique dans l'au-delà. La réponse s'enregistra : « *Ils jouent encore la musique pour partager avec leurs frères.* »

Au cours d'une session matinale, j'ai demandé si on peut fréquenter des églises dans le monde des esprits. Une voix monocorde puissante et très rythmée répondit : « *La mienne. Oui, oui, pour mon propre peuple.* » Cette réplique fut une surprise. Je pensais que dans l'au-delà, l'œcuménisme allait de soi. Il semble, au moins pour l'entité qui donna cette réponse et pour « son peuple », qu'il n'en soit pas forcément ainsi.

Plus loin, j'ai demandé si les esprits continuent à adorer Dieu. La réponse fut : « *Certains le font.* »

Lors de l'enregistrement suivant, j'ai demandé s'il existe plusieurs religions dans le monde des esprits. Une voix répondit clairement : « *Un choix pour vous.* »

Quatre mois plus tard, j'ai souhaité parler à nouveau à l'entité qui avait déclaré avoir une église pour « son peuple ». Quelqu'un répondit : « *Oui, il vient.* »

Je lui ai demandé si, dans le monde des esprits, tout un chacun appartient à une église. Vint la réponse : « *Pas. Ils peuvent.* » J'ai alors demandé si cela signifie que tous n'appartiennent pas à une église mais peuvent le faire s'ils le désirent. Une voix décidée et très intelligible répliqua : « *C'est ainsi.* »

Otto, une entité inconnue, m'a parlé à plusieurs reprises. D'une voix forte et claire, il se présente en général en déclarant : « *Ici Otto.* » Je lui ai demandé un jour s'il est heureux dans l'au-delà. Il sembla s'aider d'un fond sonore inhabituel pour déclarer de sa voix forte : « *Joyeux avec mon ami(e). Heureux.* »

Onze jours plus tard, je soulevai à nouveau la question de la réunion d'un esprit dans l'au-delà avec les amis et les êtres qu'il avait aimés sur terre. Quelqu'un répondit : « *Vous pouvez.* » Puis je demandai si les relations familiales s'y poursuivent. La réponse fut : « *Oui, si vous le permettez.* »

Par la voie des médiums, les esprits ont indiqué que les relations affectives du plan terrestre peuvent ou non trouver un prolongement dans l'au-delà, suivant qu'elles étaient ou non satisfaisantes ici-bas.

Sans lien direct avec une de mes questions, une voix me déclara un jour : « *Oui. Nous commençons à vivre.* » Je demandai alors si la vie outre-tombe est plus pleine, plus épanouie que celle du plan terrestre. J'entendis la réponse : « *Terriblement libre.* »

Les esprits nous informent par l'intermédiaire des médiums que nous devons, dans l'au-delà, poursuivre notre développement personnel vers un niveau plus élevé. Après avoir demandé à Styhe si l'esprit continue sa progression outre-tombe à partir du stade de son développement ici-bas, j'entendis sa réponse : « *Cela, il peut.* »

En avril, James, avec qui j'ai eu des contacts suivis, m'avait dit qu'il avait « *ressenti de la haine* ». Deux jours plus tard, je demandai pourquoi les esprits doivent continuer à travailler sur des sentiments de haine dans l'au-delà. « *Ou alors vous n'êtes rien* » fut la réponse.

Lors de la session suivante, je demandai s'il avait voulu dire qu'un être ne travaillant pas à dominer de tels sentiments ne peut progresser. Quelqu'un m'affirma : « *J'ai voulu cela.* » Ce qui semble indiquer que le développement moral a plus de valeur dans l'au-delà que dans les sociétés matérialistes du plan terrestre.

Lorsque je demandai ce que les esprits continuent à haïr dans l'au-delà, quelqu'un répondit : « *La mauvaise chose.* »

J'essayai alors d'apprendre comment les esprits résolvent les problèmes dans leur dimension. La réponse, logique, ne m'apprit pas grand-chose : « *En y travaillant.* » Dans l'enregistrement suivant, je demandai quel était leur plus grand problème et cette fois, une voix répondit : « *Vous trouvez seulement pour faire bien.* » Cela ne ressemblait pas à un problème, mais la réponse étant assez claire, j'ai pensé que ma question avait peut-être été mal comprise. Je me sens parfois en décalage avec ceux qui me parlent.

La nourriture est un sujet qui semble préoccuper certains esprits. Un matin, alors que je demandai qui se trouvait avec moi, une voix répondit sur un ton lent et triste : « *Je certain je n'ai pas nourriture.* » Trois mois plus tard, en réponse à la même question, j'entendis à nouveau : « *Exact ! Je n'ai pas assez de nourriture.* »

La nourriture est-elle présente ou non ? Certains esprits répondent oui, certains non. La majorité d'entre eux ne semble pas très préoccupée par le sujet, comme s'il avait perdu de son importance. Un médium m'a déclaré que l'au-delà ne comporte pas de nourriture telle que nous la concevons, mais une délicieuse espèce de fruit. Dans l'un des livres d'Anthony Borgia, à qui j'ai fait référence au chapitre 4, son ami Robert parle aussi d'un fruit de l'au-delà qui nous est inconnu. J'ai souvent posé des questions à ce sujet et une seule fois, j'ai cru entendre un faible « *Oui* » en réponse.

Les « maisons » ne sont pas une telle source de controverse. Interrogés à leur sujet par les médiums, les esprits répondent toujours de façon positive. En ce qui me concerne, si mes questions relatives aux maisons ont entraîné une variété intéressante de réponses de la part de mes contacts, elles ont toutes conforté l'idée de leur réalité dans l'au-delà.

La personnalité des esprits est un sujet que les chercheurs prêts à accepter l'éventualité d'une survie post mortem n'ont jamais sérieusement étudié. On découvre cependant de plus en plus d'éléments de façon indirecte et je suis persuadée que toute personne assez « courageuse » pour embrasser un tel projet le trouverait aussi fascinant qu'enrichissant. Quelques notions de psychologie des esprits, avant de passer outre-tombe, faciliteraient notre adaptation. Il est intéressant de savoir pour savoir, et découvrir les changements que la personnalité humaine subit au moment de la mort constitue un sujet d'étude valable en soi.

Les réponses que j'ai obtenues à propos des maisons dénotent des différences subtiles dans la personnalité des esprits. Certains ont pris mes questions littéralement et ont répondu littéralement ; d'autres ont évidemment interprété mes questions dans un sens philosophique et leurs réponses sont formulées dans le même sens.

Je me suis fait une règle de recourir au langage utilisé et aux pensées exprimées dans les messages pour le suivi de mes communications. Il y a quelques mois, par exemple, une voix féminine m'a demandé de « *faire un portrait* » d'elle avec mon appareil photo. Depuis, je fais toujours allusion à ce portrait-photo en parlant avec cette entité. De même pour les maisons ou toute autre question. Quand un esprit semble enclin à envisager un sujet sous un angle philosophique, j'adopte le même point de vue. S'il semble avoir une conception « terre à terre », je vais dans le même sens. C'est peut-être une des raisons pour lesquelles une aussi grande variété d'esprits entrent en contact avec moi par l'intermédiaire de mon magnétophone.

De nombreux messages étonnants me parviennent quand, de temps à autre, je laisse mon micro ouvert à qui que ce soit qui désire s'exprimer. Au cours d'une telle session d'enregistrement, quelqu'un a déclaré clairement, sur un rythme lent et mesuré : « *Je ne veux pas rentrer à la maison.* »

Le lendemain matin, j'ai demandé si, dans leur monde, les esprits ont des « maisons ». Une voix a répliqué : « *Cela est très clair* » et quelques secondes après : « *Cela est exact.* »

Vingt-quatre heures plus tard, je tentai d'obtenir une réponse plus précise en demandant si, dans l'au-delà, les maisons sont comparables à nos maisons terrestres. Une voix masculine répondit clairement : « *Nous avons des maisons.* »

Quand mon intérêt gravite autour d'un point particulier, ceux d'outre-tombe vont souvent au-delà de mes questions pour m'éclairer avec des informations inattendues. Je laisse toujours la bande tourner pendant trente ou quarante secondes supplémentaires à la fin de mes enregistrements, car j'ai constaté qu'un ou deux derniers messages me parviennent souvent pendant cette période. Cela s'est produit à propos des maisons de l'autre dimension. J'avais clos ma session du matin quand une voix claire me parvint : « *Un jour, il va falloir que vous partiez. Un jour, vous rentrerez chez vous, je le sais.* »

Ce message induit des conclusions remarquables : les voix me disent que je devrai un jour partir (mourir) et que ce jour-là, je rentrerai « chez moi ».

A la maison ? Où ? La terre est notre « maison » – ou

bien non ? Rappelez-vous le message de ma tante Jane : « *Je suis bien. Je suis revenue ici, maintenant.* »

Ces messages m'ont fait comprendre que je devrais explorer cette question plus avant. Leur contenu évoquait pour moi beaucoup plus que quatre murs et un toit.

Le lendemain matin, je demandai donc si les esprits considéraient leur monde comme leur véritable « maison » et la réponse fut : « *Oui* ».

Le matin du 20 mai, quelqu'un déclara : « *Nous revenons ici.* » Si l'au-delà est leur véritable chez eux, je demandai alors le lendemain ce que représente pour eux le plan terrestre. La réponse inattendue arriva, d'une voix forte et nette : « *La mort.* »

Plus tard dans la matinée, je demandai pourquoi les esprits me contactent-ils si le plan terrestre représente la mort pour eux. La réponse fut : « *Vous devriez savoir.* »

D'une voix surexcitée, James me déclara, un soir de juin : « *Je peux prouver.* » J'avais parfaitement compris les deux premiers mots, mais ayant un doute quant au dernier, je demandai à James le lendemain matin de bien vouloir me répéter ce qu'il pouvait prouver et il répéta : « *seconde maison* ».

En août, alors que je demandai à Styhe s'il était avec moi, il répondit : « *Oui. C'est pourquoi je ne suis pas rentré à la maison.* »

J'ai appris beaucoup plus que je ne m'y attendais avec mes questions sur la « maison » et la vie dans le monde des esprits. Dans le chapitre 9, j'aborde le sujet de la réincarnation. Mais il me semble que nous avons ici de sérieux indices suggérant que l'essence de chaque être se réincarne. Des indices d'autant plus sérieux qu'aucune de toutes ces remarques sur le retour au monde des esprits ne fait la moindre allusion à la réincarnation, pas plus que je n'en fais moi-même. Par leurs messages, les voix impliquent inconsciemment qu'après la mort terrestre, les humains retrouvent, dans l'au-delà, leur véritable demeure alors que pour nous, la vie se situe sur terre.

Le travail jouant un rôle important dans nos vies terrestres, j'ai essayé de savoir ce qu'il en advient dans l'autre dimension. Il semblerait que la vie n'y soit ni exclusivement travail ni exclusivement oisiveté. D'après les messages que j'ai reçus, nous y aurions tous la fonction qui convient le mieux à nos aptitudes et notre caractère.

Lorsque j'entrepris, il y a quelques mois, de poser ce type de questions, quelqu'un me répliqua : « *Nous ne dormons pas.* » Plus qu'une déclaration à prendre littéralement, cela me parut une façon d'indiquer que les esprits ont des vies actives et productives.

En mai, après avoir reçu le message de guérison de Tatie Jane, j'ai demandé si, dans l'au-delà, des médecins et des infirmières aident ceux qui en ont besoin. Deux réponses me parvinrent à une minute d'intervalle : « *Vous cherchez* » et « *C'est exact* ».

Cinq semaines plus tard, j'appelai Jane pour savoir comment elle allait dans l'autre monde. C'est son ami que j'avais rencontré plus de trente ans auparavant qui répondit. J'en fus surprise, car je n'avais guère pensé et moins encore fait appel à lui. Je le saluai avec plaisir car il était pour moi le signe que j'allai bien être en contact avec Tante Jane. Vingt-quatre heures plus tard, je lui demandai s'il était avec moi et il répondit joyeusement : « *Me revoilà !* » Je lui demandai alors quel était son travail dans l'autre monde, et il me répondit : « *J'ai un bon travail.* » Cela ne m'apprit pas grand-chose ; peut-être estimait-il que son travail ou le système du magnétophone rendaient une explication trop difficile.

L'au-delà exige peut-être des médecins et des infirmières pour d'autres tâches que l'aide aux nouveaux arrivants. A l'inverse de toutes les transcommunications dont j'ai pris connaissance, où la maladie semble inconnue, mes contacts m'ont dit que les esprits se sentent parfois malades. Mais il semble s'agir davantage de mal-être que de maladies comme nous les entendons.

A l'époque où je posais chaque jour à Styhe des questions sur l'espace et le temps, il avait fini par me dire, d'une voix lente qui semblait fatiguée : « *Okay. Je faible.* » J'avais alors pris conscience que les esprits pouvaient éprouver une sensation de faiblesse et dû accepter la possibilité que mes appels incessants soient à l'origine de sa lassitude.

Je lui demandai si les appels fréquents de ceux de la Terre fatiguent les esprits et il me répondit : « *Cela affaiblit.* »

Je cessai donc tout contact avec lui pendant deux semaines pour le laisser reprendre des forces. Quand je l'appelai de nouveau et lui demandai s'il se sentait plus fort, il répondit de sa voix nette habituelle : « *Je me sens beaucoup mieux maintenant pour vous.* »

Depuis, je prends la précaution de ne pas abuser de Styhe ou de qui que ce soit d'autre.

Apparemment, comme l'indique le cas de la catastrophe du Potomac, certaines entités ont pour fonction d'accueillir les nouveaux esprits à l'heure de la mort et de faciliter leur découverte de l'au-delà. Qu'avons-nous appris d'autre sur le travail des esprits ?

Comme mentionné au début de ce chapitre, Beethoven et tous les grands compositeurs semblent poursuivre leur activité « *pour partager avec leurs frères* ». J'ai demandé s'ils avaient des pianos et la réponse, de classe A, fut : « *Naturellement. Nous jouons.* »

On m'a aussi clairement signalé, à plusieurs reprises, la présence d'enseignants.

Un soir de juin, après la fin de ma série de questions, un dernier message s'enregistra lentement. Quelqu'un dit : « *Ce groupe sera amené en bas pour voir.* » Le lendemain matin, je demandai si cela signifiait qu'un groupe viendrait dans mon bureau pour me regarder enregistrer ; et la même voix que le soir précédent répliqua : « *C'est une pensée vraie !* »

L'idée était surprenante. J'avais l'impression que mon bureau et moi faisions soudain partie d'un circuit touristique pour esprits et je me représentais un voyagiste d'outre-tombe organisant des visites groupées de mon bureau où ses « touristes » m'observeraient dans mes œuvres. Ce qui n'est pas si étrange puisque, trois matins plus tôt, j'avais trouvé ce message : « *Bonjour ! Estep au travail !* »

Au fil des mois, les raisons de ces « voyages organisés » à mon bureau devinrent évidentes.

Nous pouvons aller au golf et commencer à taper dans la balle ; nous pouvons aussi prendre des leçons pour acquérir une bonne technique de base. Il semble en aller de même pour ceux de l'autre dimension. Certains choisissent la première manière, d'autres la seconde. J'accueille volontiers les deux types, mais je me sens une responsabilité particulière vis-à-vis de ceux qui prennent la peine de venir pour essayer d'en apprendre davantage sur la communication entre esprits et humains.

Quelqu'un qui était évidemment un enseignant a dit un soir à une autre entité : « *Allez-y, parlez. Faites attention avec elle.* »

Le lendemain matin, j'ai voulu savoir pourquoi ils pensaient devoir « faire attention » avec moi. La voix entendue la veille répondit : « *Nous parlerons à elle mieux.* »

Un mois plus tard, lorsque j'invitai ceux de l'autre monde à se joindre à moi dans mon bureau soit pour parler, soit simplement pour m'observer, quelqu'un déclara clairement : « *Nous commencerons par là.* »

Des messages reçus récemment, je peux difficilement ne pas déduire qu'un nombre croissant d'esprits visitent mon bureau soit en spectateurs, soit pour prendre part aux enregistrements et, très souvent, il semble que quelqu'un dirige ces groupes. Ma question sur l'existence d'enseignants instruisant ceux qui désirent communiquer avec nous reçut cette réponse : « *Exact ! C'est exact.* »

Il semble qu'un certain groupe soit assigné au contrôle des enregistrements. Récemment, une voix de classe A a déclaré : « *Travaillez avec Sarah.* » Dix jours plus tard, une voix également forte, s'adressant évidemment à d'autres entités, a dit : « *Attendons. Parlez à Sarah maintenant.* » A un autre moment, deux voix s'exprimèrent ensemble, la première disant : « *Je suis venue ici* », la seconde coupant avec « *Une fois encore* » puis la première voix finissant son message avec : « *Nous sommes venus pour travailler ici.* »

L'été dernier, j'ai demandé à Styhe comment se décide le sort d'un esprit dans l'au-delà. Sa réponse : « *Nous nous asseyons avec lui.* » Je lui demandai alors si son message signifiait que les esprits discutent avec le nouvel arrivant du stade où il voudrait entamer sa vie spirituelle et dans quelle fonction. « *Oui* », me répondit-il.

Deux jours plus tard, j'ai demandé à Styhe si un esprit a la possibilité de visiter plusieurs endroits avant de décider de sa nouvelle vie. Il a répondu : « *Oui. Beaucoup d'endroits.* » Au cours de la même session, j'ai demandé en quoi un endroit diffère d'un autre dans le monde des esprits. Styhe répondit : « *Beaucoup.* » Vous vous souvenez peut-être que lorsque j'ai demandé des nouvelles de Paul White et s'il avait progressé dans l'au-delà, j'avais reçu la réponse : « *Deux endroits sont examinés.* » Ces deux réponses semblent concorder et se conforter mutuellement.

Certains croient que lorsqu'un esprit désire quelque chose, il lui suffit d'y penser. La pensée pourrait littéralement créer ses objets. Cette idée m'a toujours paru difficile à accepter et trop belle pour être vraie. Seules quelques-unes de mes questions à ce sujet ont obtenu une réponse. Les esprits peuvent-ils créer par leurs pensées ? La réponse fut : « *Oui, en effet. Oui, c'est une hypothèse.* » Cela signifie-t-il que les esprits sont en effet capables de créer par la pensée, ou le dernier mot du message fait-il référence à une conception dont les esprits savent qu'elle est en vigueur sur le plan terrestre ?

Deux mois plus tard, j'ai reposé la même question et reçu cette réponse, qui me laisse encore plus perplexe : « *C'est* **praydorus**, *nous pensons. Oui, en effet.* »

Je ne connais pas le mot *praydorus*, que je n'ai trouvé dans aucun dictionnaire. Finalement, je me suis demandé s'il pourrait faire allusion à Michael Praetorius, le compositeur allemand de la fin du XVIe siècle. J'ai posé la question le lendemain matin et une voix monocorde, nette et rapide m'a répondu : « *Je ne vais pas révéler lui. Merci, fermez lui.* »

J'ignore donc toujours si la pensée crée ses propres objets dans le monde des esprits ; mais il semble par ailleurs qu'elle y soit capable d'accomplir beaucoup plus que sur le plan terrestre.

La plupart d'entre nous ont un certain don de télépathie et quelques-uns, particulièrement doués, semblent capables de « lire » les pensées de leurs semblables.

Il en va de même pour les esprits : certains semblent plus « intuitifs ». J'ai été surprise, plus d'une fois, de les entendre commenter, à divers propos, certains sentiments que je n'avais pas exprimés.

J'ai donc demandé, il y a quelque temps, s'il est exact que lorsque nous pensons à eux, ils sont conscients de nos pensées. Une voix répondit : « *C'est un plan divin cela.* »

Mes contacts suivis avec ceux de l'au-delà indiquent que la vie y est bien réglée. La liberté personnelle y règne et chaque esprit y assume les tâches auxquelles il est le mieux adapté. Nos deux univers sont très différents, moins cependant qu'on ne pourrait s'y attendre. L'au-delà s'apparenterait à notre monde, mais transcendé. Et comme dans notre monde, il dépend de chaque individu d'y réaliser le meilleur de lui-même.

7

QUELQUES EXPÉRIENCES

Je voulais savoir si des voix pourraient me parvenir en dehors de mes sessions régulières de questions. J'ai donc décidé de procéder à quelques expériences en différents lieux avec différentes personnes.

En général, je suis un peu réticente vis-à-vis des « séances » dont j'ai entendu parler, de vive voix ou à travers les livres. La silhouette fantomatique flottant à travers une pièce, la main effleurant doucement le front enfiévré de l'oncle Jean ou la voix sépulcrale de sœurette assurant que la vie est belle dans l'au-delà m'inspirent malgré moi une certaine méfiance. En même temps, je me trouve injuste de les présumer frauduleuses. Même si l'on affirme que sur cent manifestations, une seule est authentique, cette centième justifie un examen plus approfondi. Je voulais donc constater tout particulièrement si des voix s'enregistreraient sur mon magnétophone au cours d'une séance de spiritisme. La seule façon d'être certaine qu'il n'y aurait aucune fraude était d'organiser ma propre séance, en choisissant le médium et des amis dont je suis absolument sûre.

Un soir d'automne, Teena Johnston, qui allait être notre médium, et les cinq amis que j'avais choisis s'installèrent donc avec moi dans mon bureau autour d'une longue table étroite. C'était notre première séance – sauf pour madame Johnston. Elle nous recommanda d'être sensibles aux lueurs, aux brises légères ou à tout ce qui pourrait nous sembler inhabituel. Madame Johnston commença à appeler les esprits présents à se manifester à nous. Au cours de ma précédente session de questions, j'avais informé mes amis de l'au-delà de la séance prévue dans la soirée et leur avais demandé de faire un effort particulier pour parler pendant que nous serions réunis : je laisserais mon magnétophone en marche.

Notre séance dura environ une demi-heure. Rien ne témoigna de la visite d'esprits, en dehors d'une légère pulsation qui sembla parcourir la table. En revanche, des voix s'enregistrèrent sur mon magnétophone, beaucoup de voix. Il est vrai que la plupart étaient presque inaudibles ; mais deux d'entre elles, assez nettes et fortes, étaient de classe A et une autre pouvait être entendue sans écouteurs.

La plupart des messages étaient : « ***Venu*** ou ***Venir ici*** ». A un certain moment, madame Johnston nous avait demandé si nous sentions la table vibrer. Séance ou pas, j'étais toujours réservée et j'avais répondu prudemment : « Je ne suis pas sûre. » Ce à quoi une entité avait réagi en affirmant : « ***Si ! Vous le sentez !*** » A plusieurs reprises, madame Johnston avait supplié les esprits, s'ils étaient présents, de soulever la table. Alors même qu'elle disait : « S'il vous plaît, soulevez la table ; soulevez la table, s'il vous plaît », plusieurs voix dont une très forte avaient prononcé : « ***Soulevez-moi.*** » Vers la fin de l'enregistrement, une autre voix forte avait dit : « ***Eloignez-vous.*** » Après quoi, seuls un ou deux mots presque imperceptibles s'étaient enregistrés, à l'exception du message final d'une voix féminine appelant une des participantes par son nom. Etrangement, la personne interpellée n'entendit pas son nom en écoutant la cassette alors qu'il fut perçu par d'autres personnes l'ayant écoutée indépendamment..

En dehors de cette séance, je voulais tenter une expérience avec un médium en contact avec des esprits. Je travaillais donc avec le Dr Robert Leichtman, un médium et auteur bien connu qui vit dans la région de Baltimore. Le Dr Leichtman, spécialiste de médecine interne, avait quitté la Californie pour travailler avec Olga Worrall dans sa clinique de Mount Washington United Methodist Church à Baltimore. Nous nous étions rencontrés un an auparavant à propos d'un cas sur lequel j'enquêtais. Je désirais vivement que, par l'intermédiaire de mon magnétophone, il essaie d'entrer en contact avec un ou plus de ses guides spirites.

L'idée l'enthousiasma et un soir, nous nous sommes donc installés tous les deux dans mon bureau. J'ai d'abord passé quelques-unes de mes cassettes et après les avoir écoutées, il se déclara persuadé que ces voix émanaient bien d'authentiques esprits.

Nous avons alors procédé ensemble à quatre expériences de cinq minutes chacune. Pour les deux premières, le Dr Leichtman entra dans une transe légère pendant laquelle il invita ses amis à parler. A la fin de chaque expérience et avant de réécouter la bande, il nota ce qu'il avait entendu pendant qu'il était en transe. Nous nous demandions si les mêmes messages apparaîtraient sur ma cassette.

Pendant qu'il était en transe, le Dr Leichtman entendit : « *C'est en train de marcher !* », « *Cela marche !* », « *C'est sûr !* » ; puis lors de la seconde expérience, après avoir encouragé ses contacts à parler plus fort : « *Nous sommes en train de crier.* » Ce dernier message est intéressant, car des mois plus tard, alors que j'essayais d'apprendre comment mes esprits amis parviennent à me joindre, quelques entités me répondirent : « *Nous crions.* »

Quand nous avons repassé la bande, rien n'avait été enregistré par le magnétophone pendant ces deux premières tentatives.

Pour les troisième et quatrième expériences, nous avons décidé d'un commun accord que je demanderais aussi aux voix de parler. Au début de la deuxième minute de la troisième expérience, j'ai fait signe au Dr Leichtman que j'allais parler. Au même moment, le magnétophone enregistra une voix, assez forte pour être entendue sans écouteurs, disant : « *Au suivant !* »

Au cours des deux dernières expériences nous parvinrent aussi les messages suivants : « *Ici* », « *Je suis ici* », « *Venez ici... Venez ici* » et « *Darien* ». Le message le plus intéressant était : « *Au suivant* ». Il impliquait soit qu'un ou plusieurs esprits étaient dans mon bureau et m'avaient vue faire signe que j'allais parler, soit qu'ils le devinèrent par télépathie.

On peut se demander pourquoi le Dr Leichtman, aux dons de médiumnité très développés, n'a pas reçu de messages enregistrés. Ce n'est pas étonnant. D'autres médiums ont assisté à mes sessions, certains persuadés qu'au moins un message serait enregistré. Et cependant il n'en fut rien dans la majorité des cas. Nos contacts avec l'au-delà fonctionnent sur le mode auquel nous nous habituons de part et d'autre. Dans mon cas, à travers un magnétophone ; dans celui du Dr Leichtman, par télépathie. D'autres médiums ont leurs propres moyens d'établir les contacts.

Diverses personnes sont venues chez moi écouter certains de mes enregistrements et, en plusieurs occasions, m'ont demandé d'essayer d'entrer en contact avec un de leurs défunts.

J'aborde ce genre de situation avec circonspection.

On ne peut jamais être sûr de ce qui sera enregistré, le cas échéant. De plus, en général, on peut difficilement être certain que l'individu appelé est bien celui qui s'exprime. Le monde des esprits a ses imposteurs, désireux d'être sur la sellette. Les voix qui nous parlent de l'autre dimension ont, comme celles des humains, leurs caractéristiques individuelles ; mais très souvent, elles ne correspondent pas au souvenir que nous gardons de la voix d'un ami ou d'un être cher décédés – ce qui est parfaitement compréhensible, puisqu'elles ont cessé d'être les voix de corps physiques.

Je ne procède à des enregistrements avec mes visiteurs qu'après leur avoir expliqué tout cela. Nous avons parfois obtenu un ou plusieurs brefs messages et dans ce cas, la plupart de mes visiteurs étaient certains d'avoir entendu leurs chers disparus.

Par exemple, une jeune femme qui avait été victime d'une dépression nerveuse quatre ans auparavant, à la suite du meurtre de son frère, me demanda un jour de tenter d'établir un contact avec lui.

Le matin du jour convenu, je priai mes amis d'outre-tombe d'essayer qu'Harold soit présent quand sa sœur Jean lui parlerait le soir-même.

La connaissant, j'étais un peu inquiète de la réaction qu'elle pourrait avoir, que ce soit ou non son frère qui s'exprime. Je lui expliquai donc longuement à quel point il est difficile pour ceux de l'autre côté de s'adresser à nous ; et que même si Harold restait silencieux, cela ne signifierait pas qu'il n'était pas avec nous ou qu'il ignorait que sa sœur essayait de le joindre.

Apparemment, Jean accepta tout cela et comprit que son frère pourrait ne pas parler mais, ajouta-t-elle, elle voulait lui dire qu'elle ne l'avait pas oublié et qu'elle l'aimait toujours.

L'enregistrement se passa bien. Jean parla à son frère

en des termes simples mais émouvants, lui disant à quel point il manquait à toute sa famille et que tous l'aimaient et espéraient qu'il était heureux.

En écoutant la bande, nous entendîmes deux messages très clairs : « *Je t'aime* », puis, une minute plus tard, « *T'aime* ».

Il est difficile de décrire la joie de Jean lorsqu'elle entendit ces messages. La voix, dit-elle, ressemblait à celle d'Harold, en particulier dans le second message et elle est convaincue qu'il s'agissait bien de son frère.

En une autre occasion, après avoir écouté une de mes cassettes, une jeune fille accompagnée de sa mère me demanda si elle pourrait appeler sa grand-mère maternelle, à qui elle était très attachée. Sa mère, que nous appellerons madame Smith, ne s'y opposant pas, nous avons procédé à un enregistrement de cinq minutes et en écoutant la bande, nous avons entendu le message : « *Je suis occupée.* »

Madame Smith était ravie. Elle me raconta que depuis le décès de sa mère cinq ans plus tôt, elle l'avait vue trois fois dans des rêves d'une extrême vividité. A chaque fois, sa mère lui avait dit clairement : « *Je suis heureuse. Je suis très occupée.* » Ce « Je suis occupée » sur la bande semblait prouver que c'était bien la grand-mère qui avait parlé.

Dans une autre situation, je rencontrai madame B. lors d'une conférence. Elle me demanda d'essayer d'entrer en contact avec le fiancé de sa fille, qui avait été tué dans un accident d'automobile un mois avant la date projetée de leur mariage. A l'époque, sa fille s'était tournée vers la Bible pour trouver une consolation. C'était très bien ; mais quelques versets de l'Evangile selon saint Jean l'avaient plongée dans la tristesse : « Et de même que Moïse éleva le serpent du désert, ainsi faut-il que soit élevé le Fils de l'Homme, pour que tout homme qui croit en lui ait la vie éternelle » (3/14-15). Son fiancé, un Oriental, était musulman, et elle craignait qu'il n'ait pas trouvé la vie éternelle.

En rentrant chez moi, je fis plusieurs tentatives pour le joindre. Quelques messages arrivèrent, en rapport avec la situation et les questions posées. Je fis une copie de cette bande et l'adressai à madame B., soulignant que si nous ne pouvions pas être sûres qu'il s'agissait bien du fiancé de sa fille, on pouvait l'espérer, la nature des messages permettant raisonnablement de le penser.

Un jour d'automne où le temps était couvert, je suis allée dans un grand cimetière près de chez moi avec mon magnétophone portable. Je n'avais jamais essayé de faire des enregistrements à l'extérieur, et j'ai pensé qu'il serait intéressant d'obtenir des résultats.

En parcourant ce cimetière où je venais d'entrer pour la première fois, je cherchais deux choses. Premièrement, un endroit aussi isolé que possible, non seulement pour être tranquille, mais aussi parce que je me demandais ce que les employés du cimetière imagineraient en voyant, installée près d'une tombe, une femme en train de parler avec un magnétophone. En outre, pensant que j'aurais sans doute un peu plus de chances d'enregistrer la voix d'une personne décédée depuis peu, je voulais trouver une tombe récente. J'en ai finalement trouvé une : une douzaine de gerbes dissimulaient presque la terre fraîchement remuée.

J'ai enregistré pendant environ dix minutes. Assise sur un banc de ciment près de la tombe de cet homme dont je ne savais rien, je me demandais si lui ou qui que ce soit d'autre pourrait ou voudrait bien parler. J'attendis d'être chez moi pour repasser la bande, afin de pouvoir l'écouter avec un amplificateur et un égaliseur. Je découvris alors que j'avais enregistré des voix.

Etant donné les différences de timbre et de nature des messages, j'ai eu l'impression que deux esprits avaient parlé. Ma première question demandant si l'être qui parlerait était bien enterré là fut suivie de la réponse : « *Oui, j'y suis.* » A la deuxième où je demandais s'il était heureux, il répondit : « *Je suis heureux.* »

J'avais ensuite abandonné le microphone à qui que ce soit qui veuille parler. Une autre voix dit alors : « *Hello... o... o.* » Deux unités plus loin, la même voix ajouta : « *Je veux revenir.* »

Je ne crois pas que les esprits « vivent » dans les cimetières. Ils peuvent évoluer à leur guise et lorsque je me suis rendue près de la tombe de cet inconnu, lui et qui que ce soit qui se trouvait avec lui ont montré qu'ils peuvent nous parler, quel que soit le lieu où nous nous trouvons.

En octobre, un réalisateur de la station de Baltimore de la NBC demanda à me filmer en train d'enregistrer des voix. Il voulait faire un sujet qui serait diffusé après les informations de 18 heures et 23 heures le soir du 1er novembre. En juillet de la même année, j'avais participé, pour la même chaîne, à un débat au cours duquel mon travail avec les transcommunications instrumentales avait été présenté au public. Cette fois, la NBC voulait tourner dans mon bureau et me montrer entourée de mes appareils, parlant aux esprits et, espéraient-ils, en obtenant des réponses.

Je fis remarquer à quel point il était improbable qu'un esprit se manifeste précisément au moment où la caméra se mettrait en marche. Les esprits n'apparaissent pas sur demande et on ne peut jamais être sûr si l'un d'eux parlera et quand il le fera.

Le réalisateur de ce « spécial » me répondit qu'il le comprenait bien mais que, de toute façon, on pourrait au moins me voir opérer. Peut-être pourrais-je leur faire une copie de quelques-unes de mes voix les plus nettes, qui seraient présentées à titre d'exemples. Nous convînmes d'une date pour le tournage, la semaine suivante.

J'ai immédiatement commencé à demander à mes amis d'outre-tombe d'essayer de parler pendant le tournage. Voulant mettre toutes les chances de mon côté, je soulignais à quel point ce serait frappant et de nature à répandre leur message. Au fil de la semaine, ils m'affirmèrent qu'ils m'aideraient chaque fois que je renouvellerai ma demande.

Le matin du tournage, je fis deux enregistrements avant l'arrivée des techniciens. Quelque temps auparavant, Styhe m'avait déclaré : « *Si vous voulez, je viendrai* », et je l'avais prévenu que je l'appellerais d'abord. C'est ce que je fis le moment venu, et d'une voix de classe A, enregistrée par mon magnétophone mais aussi par les appareils de la télévision, Styhe répondit : « *Je vais descendre.* »

Heureusement, ce programme n'était pas transmis en direct, car l'équipe ne se tint plus en entendant la réponse de Styhe. Au moment où je leur déclarai que le message signifiait qu'il était dans mon bureau, toutes les lumières vacillèrent pendant deux secondes et l'équipe technique décida soudain que la démonstration était concluante et qu'il était temps de partir. Il fallut toute la « persuasion » du réalisateur pour les en empêcher.

Au cours de l'expérience d'enregistrement suivante, j'ai suggéré qu'un des techniciens demande à quelqu'un dans l'au-delà de se manifester. L'un d'eux appela un ami du nom de Gordie, en lui disant que s'il était présent, c'était le moment de le faire savoir. En un peu moins d'une minute, une voix rapide déclara : « *Je ne sais pas quoi faire, velum, Gordie.* »

Bien que ce message ne fût pas aussi fort que celui de Styhe, il était clair et avec l'égaliseur, on put l'entendre nettement. Le technicien qui avait appelé Gordie était sidéré d'entendre une réponse mais pour lui comme pour moi, le mot « velum » resta un mystère.

J'en ai par la suite vérifié les différentes significations. Ecrit avec deux l, c'est la forme anglaise du vélin, le papier de qualité supérieure. Avec un seul l, c'est le « voile » tendu en guise de plafond ou de cloison. Ce peut aussi être un large nuage léger, horizontal, « drapé » ou traversé par des cumulus.

Dans la réponse de Gordie, ce mot indiquait-il ce que les esprits doivent traverser pour parvenir de leur monde jusqu'au nôtre : « un voile tendu comme un plafond ou une cloison » ? Quand elles s'adressent à nous pour la première fois, les voix ont tendance à prendre nos paroles à la lettre. Le technicien qui avait appelé Gordie lui avait dit que « c'était le moment de se manifester ». Gordie voulut-il faire comprendre que c'était difficile à cause d'un « voile » entre nos deux mondes ?

Serait-il possible de combiner la transcommunication instrumentale avec la photographie ? Pourrait-on capter sur pellicule une ou plusieurs des entités qui parlent dans mon bureau ?

Un soir, Nancy et Ron Stallings et leur ami Kevin Mack s'installèrent avec moi dans mon bureau. Les Stallings sont les fondateurs du Maryland Committee for Psychical Research (Comité de recherche parapsychique du Maryland) et j'avais déjà travaillé avec eux. Nancy a des dons remarquables de médium et son mari Ron réussit particulièrement bien avec les photographies d'esprits. Comme avant le tournage pour la télévision, j'avais préparé mes amis d'outre-tombe aux expériences photographiques et chaque fois que je les avais mentionnées, ils m'avaient assurée de leur coopération.

Notre session se passa bien. Elle dura environ une heure, pendant laquelle, mon magnétophone en marche, j'encourageai souvent mes amis à se manifester s'ils désiraient laisser un message ou une empreinte sur les photos de Ron et Kevin.

Nancy ressentit puissamment la présence d'entités pendant notre session. Bien que cela ne soit généralement pas son cas, elle se vit cette fois à plusieurs reprises au bord de la transe. A un certain moment, elle sentit un grand froid de la taille aux pieds et demanda à Ron et Kevin de prendre des photos de la moitié inférieure de son corps.

Nous avons fait développer les pellicules normalement chez un photographe. Six des clichés de Kevin comportaient indubitablement une image ; mais il ne s'agissait pas d'un visage humain tel que nous le connaissons.

Par une suite de transitions après la mort, nous changeons de forme pour devenir finalement quelque chose qu'on peut décrire au mieux comme une masse de lumière, qui conserve une pleine conscience ou plutôt, une conscience démultipliée. Je crois que c'est ce que les photographies ont capté.

La forme est celle d'une petite orange légèrement aplatie. Deux extrémités pointues partent du centre, celle du bas étant un peu plus longue. L'entité est en mouvement. Quand on regarde les clichés en séquence, l'entité donne l'impression de tournoyer du genou gauche de Nancy vers son pied droit, avant de s'échapper vers le haut et vers la gauche et de stationner au-dessus d'une petite table qui se trouvait entre nous. Cela évoque les toupies des enfants. Nous n'avions rien perçu de tout cela avant de voir les photographies développées.

En écoutant la bande correspondant à la séance, nous avons entendu vingt-trois messages. Il était donc clair qu'un certain nombre d'entités invisibles étaient présentes dans mon bureau lors de notre session. L'une d'elles au moins avait été capturée sur la pellicule.

Le jour précédent, pendant que j'enregistrais, un éclair blanc avait zébré l'air entre le magnétophone et moi.

J'avais alors demandé s'il indiquait la présence de l'un de mes amis. Une voix de classe A, que j'ai fait entendre à des tierces personnes, me répondit : « *Un visuel quelconque peut venir à vous.* » Trente-six heures plus tard, nous avions ce « visuel » sur la pellicule.

Une fois encore, comme lorsque Styhe avait parlé pour le programme télévisé, ceux de l'au-delà avaient montré qu'ils étaient conscients de ce que j'essayais de faire, capables de prévoir et prêts à apporter leur aide.

Quelques jours après que nous eûmes reçu les photographies, je les ai étalées près de mon magnétophone. Puis j'ai commencé à enregistrer et convié l'invisible à venir voir les photos dans mon bureau. Je fus prise au mot, car au cours de cette session, plusieurs voix s'exprimèrent. Quand j'ai demandé si elles voyaient les clichés, on me fit savoir : « *C'est votre 'sistant.* » J'ai répété la même question et la réponse fut : « *Sûr. Je suis sûr qu'on peut.* » J'ai demandé si le cliché représentait un de mes amis et une voix répondit : « *C'est Rabideu. C'est lui, oui !* » Poursuivant, j'ai demandé qui il était et différentes voix, sur le ton de la conversation, dirent : « *Personne ne le connaît* », « *C'est lui ?* », « *C'est exact* », « *J'en doute* ». Je ne soupçonnais pas que tout cela s'était enregistré avant d'écouter la bande. Chaque message était net et fort, de classe A, et a été copié et réécouté par un certain nombre de personnes.

Au printemps, Ron Stallings me téléphona pour savoir si je pourrais obtenir quelques informations sur un voilier mouillant dans le port d'Annapolis et appartenant à un de leurs amis. Le bateau semblait être victime du mauvais sort. Un de ses architectes était devenu fou pendant la construction. Depuis, divers incidents fâcheux s'étaient produits, dont certains semblaient avoir une origine paranormale. J'acceptai d'essayer de contacter mes esprits amis à ce sujet. Plusieurs messages parvinrent clairement, y compris qu'« *une tempête l'a endommagé* ». J'ai demandé s'il existait un voilier de même modèle et si oui, où il se trouvait. La réponse, de classe A, fut : « *Annapolis.* » Je vérifiai avec Ron, qui déclara qu'il existait bien un voilier de même modèle en Nouvelle Angleterre, mais qu'il n'était pas ancré à Annapolis. Deux semaines plus tard, Ron m'appelait pour me signaler que ce voilier de même modèle venait d'entrer dans le port d'Annapolis.

A la fin du mois d'octobre, une station radio de Baltimore avait demandé aux Stallings de participer à un programme dont les trente dernières minutes seraient consacrées à une séance de spiritisme dans la maison d'Egar Allan Poe à Baltimore. Le folklore local affirme que la maison est hantée et l'animateur du programme espérait bien qu'un fantôme se manifesterait pendant la séance. On me demanda d'essayer d'apprendre de l'au-delà si cette maison était réellement hantée et ce qui était advenu outre-tombe d'Edgar Poe. Pendant deux jours, j'ai tenté d'apprendre quelque chose sur son sort dans l'autre monde. Je ne l'ai appelé directement à aucun moment : j'ai seulement demandé que quelqu'un vienne me parler de lui et obtenu diverses réponses. Et quand j'ai demandé si Edgar Poe avait été surpris par ce qu'il avait découvert après la mort, une voix claire a déclaré : « *Il comprend cela. Sur Febergan.* »

Le lendemain, j'ai demandé si le message de la veille concernait bien Edgar Allan Poe. Une voix forte et stridente déclara : « *J'ai trépassé !* » Cet extrait fut utilisé par la station radio le soir de la retransmission, puis à nouveau par la NBC pour un magazine télévisé lors d'une émission spéciale sur mes recherches.

Au cours du premier enregistrement du 31 octobre, lorsque j'ai demandé si des esprits amis étaient présents, quelqu'un répondit : « ***Febergan. Nous avons notre*** *travail.* » J'avais entendu le mot Febergan pour la première fois le 25 octobre. Qu'il réapparaisse six jours plus tard fut pour moi une confirmation des deux messages antérieurs. Cela suggère aussi que « Febergan » pourrait être un lieu du monde des esprits, peut-être même celui où survit maintenant Edgar Poe.

Au cours de la séance de spiritisme pour la station radio, la plupart des six participants sentirent des brises fraîches et certains dirent avoir entendu des voix à peine perceptibles. Les milliers d'entre nous qui écoutaient le programme à la radio entendirent aussi des murmures. Personnellement, assise dans mon bureau à trente kilomètres de la station, j'ai pensé que les techniciens étaient très bruyants. Mais j'ai enregistré le programme ; et lorsque j'ai repassé la bande avec l'amplificateur, une vingtaine de ces murmures étaient parfaitement perceptibles et, étant donné leur contenu, je ne doute pas qu'ils aient une origine paranormale.

Au cours de ma session du lendemain, j'ai demandé d'où venaient ces messages et entendu : « *Ils travaillent là à leur place. Ils étaient dans leur maison aujourd'hui.* » Huit unités plus loin, une voix ajouta : « *Ils sont morts là !* »

Les lieux hantés sont un inépuisable sujet de controverse. Les sceptiques se moquent de telles idées, persuadés que croire à ce genre de choses est le fait d'ignorants ou de personnes ayant perdu tout bon sens, à supposer qu'elles en aient jamais possédé. Nous avons cependant des preuves que certains endroits sont bel et bien hantés. La maison d'Edgar Allan Poe, mentionnée précédemment, en est un exemple. Un si grand nombre de gens ont vu dans certains lieux des apparitions ou autres manifestations paranormales qu'on ne peut en attribuer la totalité à une hystérie collective.

Parfois, des personnes convaincues qu'elles habitent une maison hantée me demandent de la visiter pour confirmer leurs suspicions. Avec des amis qui sont aussi des investigateurs du paranormal, il nous arrive donc d'enquêter et, de temps à autre, de conclure avec les propriétaires que leur maison est réellement hantée.

Il existe différents types de fantômes. La plupart sont bienveillants et ont peu d'impact sur la vie de ceux qui habitent la maison. Ils semblent, parallèlement à celle des occupants, mener une vie tranquille, ne se faisant que rarement connaître.

La situation est différente lorsqu'un fantôme malveillant occupe les lieux. Les deux types de présence peuvent affecter la matière ; mais le second peut gravement, parfois même tragiquement, changer la vie des habitants.

Les lieux hantés le sont souvent par plusieurs fantômes, qui peuvent être ceux de personnes d'époque et de personnalité très différentes.

Même les fantômes les plus conviviaux me semblent être des personnalités malades qui s'accrochent à un lieu particulier pour des raisons particulières. On dit que les fantômes ignorent qu'ils sont morts et bien que cela soit souvent vrai, j'ai été en contact, par l'intermédiaire de mon magnétophone, avec des fantômes parfaitement conscients d'être décédés.

Les fantômes sont généralement malheureux ; et cependant, ceux qui savent qu'ils sont morts préfèrent rester dans le triste état dont ils ont appris à s'accommoder plutôt que de progresser vers l'inconnu d'une plus grande spiritualité. Parfois, nous parvenons à convaincre ce type de personnalité d'aller de l'avant, les assurant que leurs amis et les êtres qu'ils ont aimés les attendent dans l'autre dimension et qu'ils y seront heureux.

Les personnes qui m'appellent pour que j'inspecte leur maison hantée me demandent parfois de venir avec un exorciste. Je refuse toujours. L'exorcisme peut être efficace en certaines circonstances, mais il risque aussi parfois d'aggraver une situation déjà mauvaise. De plus, je suis plutôt encline à aider ces infortunés à aller vers des vies plus heureuses. Nous devons éprouver autant de compassion pour les morts malheureux que pour les vivants. Il est cruel d'essayer de chasser des âmes égarées d'un lieu qui leur est familier sans leur proposer mieux ; et à moins qu'un fantôme soit prêt à quitter un lieu, tout soulagement issu de l'exorcisme ne peut être que temporaire.

A la suite d'une mort soudaine, violente, inattendue, certaines personnalités tendent à s'incruster à l'endroit où la mort les a frappées. Il est probable que ces types de fantômes n'ont pas conscience d'être défunts. Ils savent que quelque chose a changé mais ne comprenant pas quoi, ils sont désorientés. Tout semble pratiquement comme avant, mais ils se demandent pourquoi la plupart des gens ne remarquent plus leur présence.

Dans le sud du Maryland, des centaines de morts violentes se sont produites dans le parc national de Lookout Point. Situé sur la baie de Chesapeake, c'était le site d'un camp de prisonniers de guerre sudistes établi pendant la Guerre de Sécession par les états du nord. De nombreux confédérés y moururent pendant leur captivité. De plus, un certain nombre de bateaux ont sombré dans les eaux dangereuses entourant le parc. Le phare situé à sa pointe n'est plus en service, mais il comporte deux appartements qui sont habités. Leurs occupants ont rapporté avoir vu des apparitions, entendu des voix et des pas inexplicables et constaté, à plusieurs reprises, que des objets avaient changé de place à l'intérieur de chacun des deux appartements. Les gardiens du parc rapportent également avoir été témoins de phénomènes inhabituels et inexpliqués le long de la baie, près du cimetière et en divers autres points à l'intérieur du parc.

Les Stallings et moi sommes allés deux fois visiter le parc et le phare afin d'enquêter sur les phénomènes paranormaux, qui furent confirmés lors de chaque visite.

J'ai voulu découvrir si les voix de ces esprits pourraient être enregistrées par mon magnétophone et, dans ce cas, si elles révéleraient l'époque ou les époques différentes dont elles étaient issues.

Quelques jours avant d'entreprendre notre seconde visite, j'avais demandé à mes amis d'outre-tombe d'essayer d'entrer en contact avec les fantômes du parc de Lookout Point. Je désirais leur faire savoir que nous allions à nouveau leur rendre une visite amicale pour offrir notre aide au cas où ils voudraient l'accepter, et que nous serions reconnaissants qu'ils veuillent bien parler pour nos magnétophones. Mes contacts m'affirmèrent avoir transmis mon message. Lorsque je leur demandai si les fantômes avaient précisé quel serait le meilleur lieu pour les enregistrer, une voix claire répondit : « *Ils seront à l'intérieur.* »

Nous avons passé plus de six heures dans le phare et recueilli neuf messages. Dans l'un d'eux, enregistré à l'étage dans une chambre à coucher verte, une voix féminine forte et nette demandait : « *Combien vous venir ici ? – car je suis un esprit.* » Ce message est intéressant à plusieurs égards. Tout d'abord, la question prouve que l'entité qui parlait savait que nous étions déjà venus ; ensuite, il suggère que notre enquête sur les « fantômes » du phare n'est pas nécessaire puisque la voix est celle d'un « esprit ».

Les fantômes accueillent généralement les enquêtes comme une intrusion indésirable. Nous étions venus sans être invités et ils auraient préféré que nous les laissions tranquilles.

L'entité qui s'est exprimée a aussi indiqué qu'elle savait qu'elle était morte et qu'il y a une différence entre un esprit et un fantôme. Sans aucun doute, elle espérait nous convaincre qu'elle était la voix d'un esprit, pour que nous cessions de nous intéresser à ce lieu et que nous n'y revenions plus.

A l'étage, je suis entrée dans la salle de bains en disant : « Nous venons en amis ». Une voix a immédiatement répondu : « *Aidez-moi.* » Un instant plus tard, une voix stridente ajoutait : « *Howie* » et terminait avec « *Je ne pense pas à elle* ».

Dans le sous-sol, où avaient eu lieu plusieurs manifestations paranormales, nous nous sommes adressés aux fantômes qui pouvaient s'y trouver, leur disant que bien des années s'étaient écoulées depuis la Guerre de Sécession et que, leur tâche étant accomplie ici-bas, ils devraient se diriger vers le monde des esprits. La voix exceptionnellement forte et claire d'un jeune garçon a répliqué : « *Je voyais la guerre.* » Il nous sembla donc que l'un des soldats était avec nous.

Naturellement, nous n'avons entendu tous ces messages qu'en écoutant les cassettes avec l'amplificateur.

Un après-midi de l'automne dernier, une femme inconnue que nous appellerons Jones me demanda de venir inspecter sa maison, où des événements bizarres et un peu effrayants avaient pris place.

Quelques soirs plus tôt, divers objets s'étaient mis à voler à travers la maison, certains fort loin après avoir effectué un virage. Pendant que madame Jones faisait la cuisine, un bloc de savon avait volé de la salle de bains à l'étage jusqu'en bas de l'escalier et, dans la cuisine, l'avait frappée dans le dos. Spontanément, la porte électrique du garage s'était ouverte et fermée à plusieurs reprises et le moteur de la voiture s'était mis en route deux fois. La fenêtre de sa chambre s'était ouverte et fermée et les rideaux avaient été arrachés des tringles et laissés en lambeaux. Devant partir en voyage, madame Jones avait étalé tous ses vêtements sur le lit de la chambre d'invités ; elle les trouva éparpillés dans toute la pièce. Avec son fils Dan, âgé de dix-sept ans et seule autre personne habitant cette maison, ils s'étaient précipités vers sa chambre à coucher et avaient vu une de ses chaussures s'élever du plancher et voler au-dessus de la commode. Au même moment, ils avaient entendu un grand coup provenant de la chambre de Dan et, s'y précipitant, avaient constaté que la porte avait été projetée contre le mur si violemment que la poignée y avait laissé un trou.

La plupart des objets avaient atterri dans le séjour en bas de l'escalier, certains se brisant sous le choc, certains autres sans le moindre dommage, bien que quelques-uns fussent en verre.

Le calme semblant revenu, ils voulurent aller se coucher. Madame Jones trouva alors un couteau de cuisine planté dans son matelas et ils décidèrent de quitter la maison. Après qu'ils furent montés dans la voiture pour se rendre chez un neveu, la porte du garage avait « refusé » de s'ouvrir et ils s'étaient trouvés prisonniers à l'intérieur du garage. La porte montait un peu mais dès que madame Jones reculait la voiture, la porte se rabattait. Acculée et complètement terrorisée, madame Jones avait finalement réussi à forcer le passage dès que la porte s'était levée. A peine la voiture était-elle dehors que la porte retombait à quelques centimètres devant elle. Madame Jones affirme que « la chose » les a poursuivis sur l'autoroute. Son fils a failli tomber de la voiture quand la porte s'est ouverte soudainement. Quelques minutes plus tard, les lunettes de madame Jones jaillissaient de son sac à main, lui passaient devant le visage et heurtaient la fenêtre de son côté.

J'ai interrogé madame Jones pour savoir si elle avait une idée sur l'origine de ces phénomènes. Elle pensait qu'ils pourraient être dus à sa mère, décédée une douzaine d'années plus tôt. L'un des premiers incidents inhabituels avait été la découverte d'un livre appartenant à sa mère sur le sol de la salle de bains, alors qu'elle l'avait rangé dans un placard de sa chambre à coucher. Au plus fort des manifestations paranormales, une clochette qu'elle conservait dans la salle à manger et qui avait aussi appartenu à sa mère avait sonné violemment. Par ailleurs, madame Jones déclara qu'un des objets qui avaient volé de l'étage au séjour était une photo de famille sur laquelle figurait sa mère. Le cadre en verre était resté intact et elle pensait que c'était sans doute sa mère qui l'avait empêché de se briser.

J'écoutai ces détails, mais je ne fus néanmoins pas convaincue qu'il s'agissait de la mère de madame Jones. Les esprits attendent rarement douze ans pour se manifester quand ils ont des raisons de le faire de façon aussi violente. Je pensais plutôt à un poltergeist.

Le poltergeist est un phénomène fascinant sur lequel on a beaucoup écrit. De nombreux cas ont été étudiés. Ils ont montré que dans les maisons où ils se produisaient, vit souvent un adolescent entre onze et dix-huit ans, souvent plus ou moins perturbé sur le plan émotionnel et mal à l'aise dans le monde qui l'entoure.

Examinant le problème de madame Jones, je découvris qu'elle en avait plusieurs à résoudre. Son fils Dan, qu'elle qualifiait de « gentil garçon », avait un tempérament violent et elle finit par admettre que tous deux se disputaient beaucoup. De plus, le meilleur ami de Dan, qu'il avait connu toute sa vie, avait été tué deux mois auparavant dans un accident d'automobile. Un mois plus tard, parce qu'il n'allait pas régulièrement à l'école, madame Jones en avait retiré son fils pour lui trouver un travail. Le garçon ne s'était jamais remis de la mort de sa grand-mère maternelle, qui l'avait élevé pendant les cinq premières années de sa vie. Bien qu'elle soit décédée depuis douze ans, il pleurait encore sa disparition et voulait savoir pourquoi elle l'avait abandonné. La mort accidentelle de son ami lui avait inspiré les mêmes sentiments et il allait souvent sur sa tombe.

Avant de conclure mon entretien avec madame Jones, je lui suggérai qu'il pourrait s'agir d'un phénomène de poltergeist, qui prend souvent place là où réside un adolescent. Je lui expliquai également que des énergies négatives, engendrées par la situation tendue entre son fils et elle, étaient peut-être responsables de la récente explosion de violence. Madame Jones écouta avec intérêt et sembla soulagée de pouvoir conclure que sa maison n'était sans doute pas « hantée ».

Trois soirs plus tard, je visitais la maison de madame Jones, accompagnée par Tom et Linda Roers d'Annapolis, éditeurs du magazine de métapsychologie *Second Sight* (*Voyance*), et ma fille Becky, tous équipés de nos magnétophones.

Nous abordions une situation sur laquelle j'avais depuis longtemps envie d'enquêter pour découvrir si des voix d'origine paranormale s'y manifesteraient. J'espérais avoir la réponse le soir même. Les Roers s'étaient également munis d'appareils photo pour voir si les phénomènes perturbant la maison des Jones apparaîtraient sur la pellicule.

Madame Jones et son fils nous accueillirent en souriant sur le pas de la porte et nous annoncèrent que ces phénomènes avaient pris fin. Quand je lui demandai à quoi elle attribuait ce changement, elle répondit qu'elle avait tenu compte de mes conseils et que Dan et elle ne s'étaient pas disputés depuis notre conversation trois jours plus tôt.

Après que nous fûmes assis dans le salon, madame Jones nous expliqua à nouveau qu'il ne s'était rien produit depuis trois jours, en dehors d'un curieux incident sur le trajet de retour de son travail. Sachant que les voix de l'invisible peuvent s'exprimer à tout moment et faire leurs commentaires au fil de nos conversations, j'ai alors demandé à madame Jones et à son fils si nous pouvions enregistrer ce qu'ils avaient à raconter. Ils nous donnèrent volontiers leur accord.

Madame Jones travaille dans une grande administration à environ quarante kilomètres de son domicile. Elle s'y rend en voiture, sa radio toujours en marche. L'après-midi précédent, alors qu'elle venait de quitter son travail, la radio de sa voiture commença à répéter les mêmes quelques mesures de musique. Elle avait d'abord pensé que le disque était abîmé et que l'animateur de la station allait rapidement y remédier. Mais il n'en fut rien et les quelques mesures se répétèrent sans interruption jusqu'à ce qu'elle arrive chez elle, une vingtaine de minutes plus tard. Peu après que la musique eut commencé à bégayer, elle entendit une voix pareille à celle d'un jeune enfant pleurant et suppliant : « *Aidez-moi. S'il vous plaît, aidez-moi.* » Les pleurs et les supplications continuèrent, en même temps que la musique, jusqu'à la maison.

J'ai interrogé madame Jones sur le genre de la voix. Elle réfléchit un instant et déclara que c'était une voix féminine. Je lui demandai également à partir de quel endroit elle avait commencé à entendre cette voix. « Eh bien ! Pas très loin de l'endroit où vivait ma mère », répondit-elle.

Nous avons passé en revue les incidents de la semaine et essayé de mieux comprendre les problèmes de Dan. Depuis son plus jeune âge, il faisait des cauchemars qui se répétaient de façon alarmante. Toujours les mêmes cauchemars : un homme, toujours le même, le poursuivait dans et autour de la maison et, finalement, tuait sa mère avec un couteau de boucher.

Après avoir discuté avec les Jones, notre groupe parcourut la maison, invitant les voix à nous parler par l'intermédiaire des magnétophones. En écoutant les bandes le lendemain, chacun de nous découvrit de nombreuses voix féminines et masculines. Deux messages : « *Nous avons besoin d'aide* » et « *Au secours, Mary* » s'étaient enregistrés pendant que madame Jones nous racontait l'incident avec la radio de la voiture. Les autres étaient : « *Je viens d'arriver près de lui* », « *Sombre* », « *Je devrais être près d'une cuisinière* », « *Ralph est ici* », « *Traces de pas* », et « *Nous pouvons vous tuer si nous voulons* » – ces deux derniers messages s'étant enregistrés dans le garage où avait eu lieu l'incident de la porte.

Dans une récente conversation téléphonique, madame Jones m'a affirmé qu'avec son fils, ils s'efforçaient de faire régner la bonne entente et que le calme était revenu.

Quelle conclusion tirer de tout cela ? Les Roers, Becky et moi sommes d'accord pour penser qu'il s'agissait bien d'une sorte de phénomène de poltergeist provoqué par le déséquilibre émotionnel de Dan et les rapports difficiles entre sa mère et lui. Cette tension avait introduit des entités qui, ayant peu progressé dans le monde des esprits, se « nourrissaient » vraisemblablement de leurs énergies négatives.

Mais était-ce authentique ? Madame Jones pourrait-elle nous avoir inventé une bonne histoire ? Ni elle ni son fils ne nous le donnèrent à croire pendant les trois heures que nous avons passées avec eux. Rien ne nous a permis de penser que Dan ou madame Jones aient fabriqué des éléments de leurs récits.

Ceux qui habitent les domaines de l'invisible sont parfaitement capables d'affecter un signal sonore et de faire entendre leurs voix dans un programme radiophonique. Tous ceux qui utilisent un fond de radio savent que l'altération des signaux est extrêmement courante. De plus, nous ne pouvons oublier les messages enregistrés pendant que madame Jones nous parlait : « ***Nous avons besoin d'aide*** » et « ***Au secours, Mary*** », qui vont tous deux dans le sens de ses récits.

A l'automne, la station de Baltimore de la chaîne de télévison ABC me demanda ainsi qu'aux Roers de participer à un magazine du soir. La chaîne voulait que Linda et moi interrogions le ouija [1] dans une maison de ferme vieille de deux cents ans dans la région d'Annapolis. Bien qu'il arrive que d'authentiques informations paviennent par la voie du ouija, je suis assez réticente vis-à-vis de cet accessoire. Quoi qu'il en soit, Linda et moi avons donné notre accord.

La session eut lieu le soir, avec des lumières tamisées et un feu dans la cheminée. Linda et moi avons posé un certain nombre de questions aux esprits qui pouvaient être présents. Mon petit magnétophone portable était par terre à côté de moi pendant les quinze minutes de la séance. Après que Linda eut demandé : « S'il vous plaît, donnez-nous votre nom si vous avez vécu ici dans les années 1800 », la planche ouija épela le nom « Frank ». En écoutant mon enregistrement, j'ai constaté qu'au moment précis où Linda posait sa question et où le ouija donnait sa réponse, une voix masculine bien timbrée prononçait le mot « ***Frank*** » sur ma cassette.

La séance de spiritisme, les sessions avec les médiums, les visiteurs dans mon bureau, la visite au cimetière, la contribution de Styhe pour la télévision, les photographies, l'enquête sur le voilier, le programme

---

1. Ouija : voir note chapitre 2.

radio, la visite du parc et du phare hantés, le phénomène de poltergeist et, finalement, la session avec le ouija ont montré que les voix réagissent à nos sollicitations. Les esprits nous ont prouvé que s'ils désirent et peuvent parler, ils le font n'importe où, dans n'importe quelles conditions, avec qui que ce soit qui fasse appel à eux. Ils sont partout ; ils nous entourent ; ils sont avec nous ; ils font partie de notre vie. Ils ne nous ont jamais quittés.

8
LES VOIX DÉMONTRENT LEURS DONS DE VOYANCE, DE CLAIRAUDITION ET DE PRÉCOGNITION

Et par un sens autre recevez le savoir.

John Dryden

Clairaudition : perception auditive par des moyens paranormaux.
Voyance : perception visuelle extrasensorielle d'un objet, d'une personne ou d'un événement.
Précognition : cognition paranormale d'un événement futur qui ne peut se déduire du déjà connu.

Les voix de l'au-delà démontrent, pratiquement chaque jour, qu'elles ont des capacités de clairaudition. Elles entendent ce que je demande et, le plus souvent, elles y répondent. Certains expérimentateurs prétendent que ces entités d'outre-tombe ne nous entendent pas, mais qu'elles perçoivent et répondent à nos questions par télépathie. C'est sans doute vrai dans une certaine mesure, mais ce n'est pas toute la vérité. Ceux de l'au-delà semblent s'aider de moyens qu'ils nomment

« oreilles » pour nous entendre. Quels pourcentages de réponses émanent de la clairaudition ou de la télépathie est difficile à déterminer. Comme parmi les humains, sans doute, certains esprits sont plus doués que d'autres pour la télépathie et pour eux, les « oreilles » sont peut-être de moindre importance. Une grande part d'entre eux cependant semblent dépendre d'elles et se plaignent de leur nombre insuffisant.

Au mois de juin, par exemple, une entité inconnue nommée Peggy est entrée en contact avec moi. Elle m'a très souvent parlé et cependant, j'ai découvert assez peu de chose sur elle. Elle m'a confié avoir eu un mari et des enfants et continuer à prendre plaisir à coudre dans l'au-delà. De temps à autre elle me fait signe, s'adressant à moi d'une voix ferme et claire. Ainsi en juin où, comme d'habitude, elle annonça sa présence avec : « *Peggy ici.* »

Lors de mon enregistrement suivant, je lui fis part de mon plaisir de l'entendre et lui demandai comment elle passe le temps quand elle ne coud pas.

Peggy savait que je m'adressais à elle, mais elle ne parvenait pas à me comprendre puisqu'elle a dit : « *Je ne peux pas entendre.* »

Quelques unités plus loin, une voix masculine déclara : « *Nous n'avons pas assez d'oreilles.* »

Trois matins plus tard, alors que je demandais si, pour nous entendre, les esprits utilisaient des moyens qu'ils appellent « oreilles », quelqu'un répliqua : « *Je vous entends* », et ajouta le message que j'ai déja cité : « *Bonjour ! Estep au travail.* »

En juillet, j'ai essayé d'apprendre des esprits comment ils nous entendent, demandant si, pour y parvenir, ils employaient quelque chose de comparable à nos écouteurs. « *C'est exact !* » fut la réponse.

Un de mes amis qui a étudié les voix pense qu'elles n'entendent pas à proprement parler et qu'elles répondent aux questions perçues par télépathie. Le lendemain matin, j'ai donc demandé s'il en est bien ainsi. Une voix d'un rythme et d'une qualité remarquables répondit : « *Cela n'est pas possible.* »

Vingt-quatre heures plus tard, espérant obtenir des précisions, j'ai demandé si elles nous entendent formuler nos questions. Une voix nette répliqua : « *Nous vous avons entendue.* » Plus tard, au cours de la même session, j'ai demandé si elles pouvaient aussi percevoir nos pensées télépathiquement. Quelqu'un répondit : « *Oui, nous pouvons.* »

Deux de ces réponses semblent contradictoires, ce qui n'est pas inhabituel. L'une des voix a répondu : « *Cela n'est pas possible* » et l'autre : « *Oui, nous pouvons.* » Ce qui suggère que tantôt nos voix sont entendues et tantôt ce sont nos pensées qui atteignent l'au-delà.

Un incident tendant à prouver que les esprits entendent s'est produit au printemps dernier. Au début d'un enregistrement, il est indispensable de baisser le volume de l'amplificateur ; sinon, le microphone émet une stridulation qui s'apparente aux sirènes des voitures de police américaines. Un matin, j'avais oublié de baisser le volume et le hurlement de sirène emplit immédiatement mon bureau. Avant que j'aie eu le temps de tourner le bouton du volume, une voix nette et rapide demandait sur ma bande : « *Qu'est-ce que c'était que cela ?* »

Si les esprits me percevaient par télépathie, ils auraient su ce qui se passait, comme je l'ai su instantanément. Mais il n'en fut rien. Ils ont entendu un son inhabituel qu'ils ne savaient pas identifier et, comme nous le faisons dans les mêmes circonstances, se sont demandé ce qu'il pouvait bien être.

De temps en temps, j'abuse des bonnes dispositions de mes amis en leur chantant quelque chose. Dans l'ensemble, ils s'efforcent d'être aimables et patients, mais je n'ai jamais reçu de compliments. Avant de commencer, je sors mon recueil et annonce que je vais leur chanter une de mes hymnes favorites et que je serais très contente s'ils chantaient avec moi.

Au mois d'avril dernier, alors que j'étais en train de chanter, une voix déclara : « *Il faut qu'on l'aide.* »

Il est vrai que dans ce domaine, j'aurais besoin d'aide. Etait-ce le sens du message, ou une entité en encourageait-elle une autre à se joindre à moi ? Nous ne le saurons jamais. Mais il semble clair qu'elles m'entendaient chanter.

Quelques jours plus tard, j'entamai la même hymne et, comme toujours, j'invitai mes amis à chanter avec moi. Cette fois, quand j'eus terminé, une voix me déclara : « *Tu n'en trouveras pas une seule* », signifiant sans aucun doute que personne n'était disposé à m'accompagner.

J'ai cessé de chanter pendant deux mois. Puis en juin, décidant que ma susceptibilité était déplacée, j'ai ressorti mon recueil d'hymnes. Mon magnétophone était en marche et j'avais laissé le microphone à qui voudrait s'exprimer. Le recueil d'hymnes devant moi, je suis restée tranquillement assise à mon bureau pendant quelque temps avant d'annoncer, en faisant mon invitation habituelle, que j'allais chanter.

En écoutant la bande de cette session, j'entendis deux voix. La première, une voix féminine, avait demandé pendant que le micro était ouvert – avant donc que je commence à chanter : « *Avez-vous une nouvelle chanson ?* »

Deux minutes plus tard, pendant que je chantais, une voix féminine différente commenta : « *Elle y va bien* » et immédiatement, la première voix féminine qui avait demandé une nouvelle chanson rétorquait : « *Elle y va faux.* »

Ce petit incident m'enchante parce qu'en l'espace de quelques minutes, il démontre les possibilités surprenantes de nos amis esprits.

D'une part, par voyance, ils « voient » mon recueil d'hymnes ouvert sur le bureau. Il semble même qu'ils « voient » quelle hymne j'ai choisie, puisqu'une entité demande une « nouvelle chanson. »

Puis, quand je commence à chanter, deux esprits conversent et expriment leurs opinions respectives, auxquelles ils parviennent en m'entendant chanter par clairaudition : « *Elle y va bien* » et « *elle y va faux* ».

La deuxième opinion est tout à fait justifiée, car j'ai toujours tendance à détonner.

Certains diront que les entités perçoivent par télépathie que je me mets à chanter faux. Nous ne pouvons écarter cette hypothèse ; mais je n'ai pensé à aucun moment que « j'y allais bien. » J'en conclus donc que les deux messages résultaient bien d'une clairaudition.

Dans mon enregistrement suivant, je leur ai demandé s'ils avaient vu mon recueil ouvert avant que je commence à chanter. Sur la bande, une voix masculine grave réplique : « *Vous pouvez le dire* » et répète, deux unités plus loin : « *Vous pouvez le dire.* »

Lorsque j'ai demandé si, dans l'au-delà, les esprits chantent, quelqu'un a répondu – et je n'ai aucune idée de ce que cela peut signifier : « *Oui, en breker en verge* [1] »

Les voix ayant demandé une nouvelle chanson, je décidai, le lendemain matin, de leur en chanter une. Deux ou trois voix s'exprimèrent après que j'eus fini. La première déclara : « *Cela me plaît.* » A peu près une minute plus tard, une autre voix ajouta : « *Estep a chanté* » et immédiatement, une troisième voix : « *Oui, elle a chanté.* »

---

1. *Sic*. Message non traduit.

Lorsqu'une entité de l'au-delà entre en conversation avec moi, je n'en suis malheureusement consciente qu'après avoir écouté mes enregistrements ; autrement, je pourrais réagir immédiatement à ce qui m'est dit. Au printemps dernier, par exemple, j'ai demandé un soir si des amis se trouvaient avec moi. Quelqu'un a répondu : « *Je ne crois pas vraiment. Je n'ai pas vraiment regardé.* » Quand j'ai demandé, quelques instants plus tard, qui se trouvait là, la même entité, ayant évidemment inspecté les alentours et vu une entité présente dit : « *Sam est là.* »

Dans un autre cas, je finissais mon enregistrement en disant : « *Merci de m'avoir parlé ce matin* » et une voix dit : « *C'est exact.* » Je continuais avec : « *J'espère que vous reviendrez.* » La même voix monocorde m'a assurée : « *Oui, je reviendrai.* » Je terminai en disant que j'espérais que d'autres amis pourraient parler la prochaine fois. A quoi la voix des deux messages précédents répondit : « *Vous avez seulement juste moi.* »

Ni dans mon esprit ni dans celui d'aucun de ceux qui ont entendu la bande, il n'y a aucun doute qu'une entité inconnue d'outre-tombe conversait avec moi et répondait par clairaudition à chacune de mes remarques. Non seulement ces voix bénéficient de clairaudition, mais aussi de voyance.

Il y a quelques années, alors que mon magnétophone était en marche dans mon bureau, j'arpentais une autre partie de la maison en essayant de décider où j'allais installer une nouvelle commode de cèdre. Au bout d'un certain temps, je suis retournée dans mon bureau, j'ai arrêté mon magnétophone et écouté la bande. Le son de mes pas y était parfaitement audible, de même qu'une voix nette disant : « *Tourne à droite.* » Il est vrai que j'avais pensé fugitivement à placer la commode de cèdre dans la pièce de la chaudière qui se trouvait à ma droite et que cette idée aurait pu être perçue par télépathie ; mais il est également possible que les voix m'aient vue faire les cent pas et qu'elles aient estimé que la pièce de la chaudière serait un bon emplacement pour la commode.

En janvier, j'ai quitté mon bureau quelques instants après avoir laissé le micro aux entités qui voudraient parler. Sur la bande, on entend mes pas quittant la pièce et quelqu'un demandant très fort : « *Où va-t-elle ?* »

Cela ne peut être qu'un exemple de voyance et non de télépathie : quand j'ai quitté la pièce, je savais pertinemment que j'allais mettre mon linge dans la machine à laver ; or la remarque de l'entité prouve qu'elle ignorait où j'allais au moment où je suis sortie.

Une expérience du même type a pris place six semaines plus tard. Cette fois, contrairement à mon habitude, j'ai arrêté mon magnétophone sans annoncer que j'allais sortir. Quand je suis revenue, j'ai commencé mes enregistrements matinaux comme toujours – en donnant mon nom, l'heure et la date du jour. Une voix, ressemblant à celle de mon ami d'il y a six semaines, interrompit en demandant : « *Où êtes-vous allée ?* » Il est évident qu'il savait que j'étais sortie mais qu'il ne savait pas, comme je le savais moi-même, où j'étais allée. Ce qui m'intrigue le plus dans cet épisode, c'est qu'il n'ait pu m'« emboîter le pas » jusqu'à la cuisine où il aurait pu me voir mettre les tasses du petit déjeuner dans le lave-vaisselle. La plupart des esprits qui me parlent se montrent aptes à me suivre et à voir ce que je fais.

Un soir de l'été dernier où ma gourmandise a eu raison de ma volonté, je suis allée faire un tour en bord de mer où j'ai acheté une boîte de pop-corn caramélisé. Je me sens toujours coupable dans ce genre de situation et, partant du principe que ma culpabilité dure d'autant moins longtemps que j'élimine plus vite l'objet du délit, je l'engouffre en général rapidement. Mais ce soir-là, je me suis prélassée avec un livre et mon pop-corn pendant une bonne heure avant d'enregistrer. J'avais à peine commencé qu'une voix forte et nette me déclara sur un ton chantant : « *Vous adorez le pop-corn !* »

Que dire après cela ? Il m'arrive de me sentir comme un poisson dans un aquarium : je sais depuis un certain temps que pratiquement aucune de mes actions n'échappe à mes amis d'outre-tombe. Dans l'ensemble, c'est une sensation agréable et chaleureuse ; mais parfois aussi, j'aimerais bien qu'ils montrent un peu plus de tact.

Les compliments, humains ou autres, sont toujours plaisants à entendre. Ceux des amis d'outre-tombe témoignent de temps à autre de leur don de voyance. La nuit du 9 juillet, je terminai ma session quand quelqu'un dit : « *Etes bien ce soir.* »

Le lendemain matin, je demandai si le message du soir signifiait que mon apparence était agréable. Une voix masculine répéta immédiatement le message reçu douze heures plus tôt : « *Etes bien ce soir* » et ajouta, quelques unités plus loin : « *C'est ainsi.* »

Un soir d'octobre où j'avais mis une robe de chambre neuve pour faire mes enregistrements, j'ai laissé le magnétophone en marche quelques instants pour d'éventuels messages à la fin de la session. Pendant cette période, une entité déclara clairement : « *Vous êtes vraiment jolie.* »

Il y a deux mois, j'ai fait plusieurs expériences avec un micro sans fil, auquel j'ai renoncé parce qu'il n'a pas donné les résultats espérés. Deux jours plus tard, j'ai repris mon micro habituel. Tandis que je parlais des enregistrements médiocres obtenus avec l'autre micro, Styhe interrompit avec : « *L'ai vu. Etais dans bureau avec vous.* »

Un autre incident dénotant une conscience de l'ordre de la clairaudition, et peut-être de la voyance, met en jeu ma tante Jane. Peu de temps après sa mort, elle m'avait dit qu'elle serait avec moi « *chaque jour* » et bien que je ne puisse vérifier cela de façon irréfutable, nos rapports très proches se perpétuent.

Un soir, ayant reçu de sa belle-sœur un coup de téléphone concernant le testament de Jane qui allait être enregistré, je me rendis compte que je n'avais pas vu ce testament depuis un certain temps et crus l'avoir perdu. Après une recherche brève mais fiévreuse, je le retrouvai et le rangeai là où je serais sûre de le trouver rapidement quand nous en aurions besoin.

Quelques jours plus tard, je demandai si des amis se trouvaient à l'entour. Une voix nette, de classe A, répondit : « *Tatie Esther.* » Ce nom n'est pas sans intérêt puisque ma tante, que tous ses amis appelaient Jane, s'appelait en fait Esther Jane. Personnellement, je l'ai toujours appelée Tatie Esther et notre habitude s'est perpétuée après son décès. En général, ses associés de l'au-delà parlent d'elle en l'appelant Jane ; quand elle s'exprime elle-même, elle se présente soit sous le nom de Jane, soit sous celui d'Esther. Quoi qu'il en soit, j'avais laissé le micro ouvert à qui voudrait parler et, même si je l'ignorais au moment de l'enregistrement, « Tatie Esther » était avec moi ce matin-là. Une voix forte et claire, de classe A, déclara : « *Je veux lui parler. L'héritage.* »

Après avoir écouté mon enregistrement avec l'amplificateur, je commençai le suivant en disant à ma tante que je venais de l'entendre et lui demandai ce qu'elle voulait dire à propos du testament.

Une voix masculine annonça : « *Elle est là.* » Puis une unité de compteur plus loin, ma tante dit d'une voix de classe A : « *Trouve-le !* »

Ces messages sont intéressants pour diverses raisons. Tout d'abord, leur nature me convainc qu'ils émanent bien de ma tante. Ils montrent ensuite d'une part, qu'elle a su que, pendant un bref instant, j'ai cru avoir perdu le testament et l'ai fiévreusement cherché, et que d'autre part, elle ignorait que je l'avais retrouvé.

Cela s'explique peut-être par l'état d'émotion dans lequel j'ai commencé à chercher, sans savoir si j'allais retrouver le document. Dans son univers, ma tante a dû percevoir mon inquiétude. En retrouvant le testament, j'ai été soulagée mais l'intensité de ce sentiment ne fut en rien comparable à l'anxiété que j'avais d'abord ressentie.

Cet épisode indique que nos chers disparus restent bien conscients de notre existence et des expériences que nous traversons. Peut-être que plus la joie ou la détresse liées aux événements sont profondes, plus elles se transmettent au-delà.

Les esprits ont témoigné de dons de voyance, de clairaudition et de précognition concernant d'autres membres de ma famille. L'hiver dernier, pendant que j'enregistrais en bas, mon fils Bob jouait au premier étage avec notre chienne Misty. Au lieu de l'appeler par son nom, Bob l'a appelée « trésor ». Une voix féminine remarquablement forte s'est alors exclamée : « *Qui, moi ?* »

J'ai copié ces messages et les ai fait écouter à des tierces personnes qui s'accordent toutes sur leur contenu, bien qu'elles en proposent des interprétations variées. En l'occurrence, il semble clair que cette entité féminine a entendu mon fils par clairaudition.

La voix marque l'étonnement, comme si elle pensait qu'on venait de l'appeler « trésor ». Il faut aussi envisager une plaisanterie. Bien que ce soit assez rare, je me suis parfois demandé si certains esprits me taquinaient. L'« esprit des esprits », quand il se manifeste, est habituellement assez sacarstique et, le plus souvent, l'expérimentateur se demande si l'entité plaisante ou non.

Dans l'ensemble, ils ne font pas preuve d'humour. Ils peuvent se montrer gais, enjoués, mais ils ne semblent pas connaître la plaisanterie. Ils répètent très souvent qu'ils viennent dans mon bureau pour « travailler ». Un matin, une voix s'adressant à quelqu'un d'autre déclara : « *Si vous descendez pour travailler, asseyez-vous n'importe où.* » Ce message est d'une qualité si exceptionnelle qu'il figure souvent sur les copies que j'utilise en démonstration. Pour eux, passer de l'au-delà à notre monde est une chose importante et ils prennent les enregistrements très au sérieux. Ceux d'entre nous qui croient entrer en contact avec le monde des esprits et ceux qui en acceptent la possibilité envisagent cette communication comme une réalisation importante. Il est tout à fait possible qu'il en aille de même dans l'autre monde.

En juillet se produisit un incident témoignant de voyance vis-à-vis de ma fille Cindy. Je procédai à mon second enregistrement du matin quand j'ai entendu une voix féminine nette et proche dire : « *Estep. Hello, Cindy ! C'est bien !* » C'était une voix de classe A, que j'ai copiée pour une cassette de démonstration. Ce message a son histoire.

Cindy, qui travaille à Washington, D.C., passait quelques jours de vacances avec nous. Au moment où le message parvint, elle faisait sa valise pour rentrer chez elle à Arlington.

L'entité féminine qui me connaissait bien savait que, réticente à accepter quoi que ce soit sans preuves, je me demanderais s'il s'agissait de ma fille ou d'une autre Cindy, à moins d'entendre le nom « Estep ». Elle le prononça tout d'abord pour éliminer le moindre doute. Je précise qu'à aucun moment, je n'avais mentionné la présence de Cindy à la maison.

Voulant lui exprimer son approbation et sachant qu'une heure plus tard, Cindy serait partie, l'entité avait conscience de devoir lui parler immédiatement ou de ne plus en avoir l'occasion. Cette motivation était apparemment assez forte pour que le message parvienne au bon moment, et suffisamment clair pour ne laisser aucun doute.

Une semaine plus tôt, Cindy avait pris la décision de retourner à l'université en septembre pour finir sa licence. C'est une décision que l'esprit qui venait de parler aurait chaudement approuvée – d'où le message « *C'est bien !* »

En l'entendant, j'ai soupçonné l'identité de l'esprit et sans rien en dire, j'ai demandé, lors de l'enregistrement suivant, qui s'était adressée à Cindy de cette manière. La réponse de classe A fut : « *Mamie Wilson.* » Mamie Wilson était ma mère.

Un autre fait concernant Cindy eut lieu récemment. De nature précognitive, il se produisit sous une pluie battante. La voiture qui la suivait ne put freiner et heurta celle de ma fille à l'arrière. Projetée contre son volant, Cindy sortit indemne de l'accident en dépit d'un millier de dollars de dégâts matériels.

Le lendemain matin, Cindy me demanda si les objets inanimés dégagent une aura et je lui répondis que certains spécialistes l'affirment. Elle me raconta alors que quelques instants avant le choc, elle avait ressenti une envie compulsive de tourner à gauche plutôt que de rester sur l'autoroute. Au même moment, une lumière violette était apparue au centre de son volant. Ecartant ces impressions, elle avait continué son chemin. La lumière avait semblé s'estomper un instant et avait recommencé à luire de plus belle. Une minute plus tard, c'était l'accident.

Cindy était informée du monde du parapsychisme en raison de mes activités, mais en dehors des prémonitions de tout un chacun, elle n'avait jamais, auparavant, vécu d'expériences qu'on puisse qualifier de paranormales.

J'ai pensé que cette sensation prémonitoire de devoir quitter l'autoroute lui avait été inspirée par quelqu'un de l'au-delà. La lumière violette n'était pas une aura ; elle témoignait de la présence d'un esprit qui, n'ayant pas réussi à lui faire modifier son trajet par télépathie, était resté dans la voiture pour la protéger au moment de l'accident. Je dois mentionner que Cindy conduisait alors la voiture qu'elle avait héritée de ma mère lors de son décès.

Après cette conversation avec Cindy, je me suis enquise de la nature de cette lumière violette. Une voix de classe A répondit : « *Mamie Wilson était là.* » Par la suite, les esprits précisèrent qu'ils étaient présents pour éviter à Cindy d'être blessée.

Le lendemain, quand j'ai demandé comment ils savaient qu'un accident aurait lieu, une voix forte et nette répondit : « *Je peux voir.* »

Cette réponse en conforte une autre reçue des mois plus tôt. J'avais demandé comment les esprits savaient certaines choses à l'avance et entendu : « *Je regarde.* »

Certaines personnes qui commencent à enregistrer des voix essaient de les utiliser comme une ligne privée branchée sur l'avenir, dans l'espoir d'être informées des événements et de s'y préparer à l'avance.

La précognition soulève la question du libre arbitre. Quelle est sa limite ? Quelle est celle de la prédétermination ? Je pense que nos vies tiennent un peu de l'un et de l'autre, mais je ne me risquerai pas à établir des pourcentages.

La précognition existe et ses effets ont donné lieu à des milliers de témoignages ; et si certains restent invérifiables, de nombreux autres ne peuvent être aussi facilement écartés. En laboratoire, grâce à des générateurs électroniques aléatoires, des expériences sous contrôle ont également été effectuées, dont certains parapsychologues estiment qu'elles démontrent la réalité de la précognition.

En ce qui me concerne, j'interroge rarement les voix sur l'avenir. Tout d'abord, parce que je ne suis jamais certaine que la réponse reçue soit valable, tout dépendant de qui elle émane.

D'autre part, cela ne me semble pas « bien » de recourir aux esprits à des fins utilitaires. Leur importance est d'un autre ordre. Ils savent que je communique avec eux pour m'instruire sur leur monde et leur vie dans l'au-delà, autant pour moi-même que pour en faire bénéficier mes semblables. Ils approuvent cette préoccupation et je suis sûre que c'est une des raisons pour lesquelles j'entends souvent : « *Nous vous aiderons.* » Je ne crois pas qu'ils coopéreraient de la même façon si je voyais en eux des magiciens à exploiter pour mon service personnel.

Nous ne pouvons négliger le rôle de l'autosuggestion dans la prémonition. Si je rêve ou si un parapsychologue m'annonce que je vais avoir un accident de voiture et que cela se produit réellement, s'agit-il d'un cas de réelle précognition ou d'un exemple de prédiction réalisée par autosuggestion ? Ridicule ? On pourrait le croire. Il est évident que je ne vais pas consciemment provoquer cet accident ; mais le subconscient est capable de choses étonnantes et pas toujours souhaitables.

La précognition authentique est une prévision d'un événement futur qui ne peut se déduire du déjà connu. Elle doit être strictement vérifiée et sa nature totalement exempte de toute autoréalisation consciente ou inconsciente. Le meilleur exemple est celui d'informations sur un événement à venir qui ne vous concerne en rien et dans la réalisation duquel vous ne jouez aucun rôle.

C'est ce qui m'est arrivé il y a quelques hivers. Nous appellerons l'esprit en jeu « Jack Shipley ». L'autre personne concernée est Martin Ebon, un conférencier bien connu, auteur de près de soixante-dix livres dont certains ont pour sujet les phénomènes paranormaux.

C'était un matin de janvier et, comme d'habitude, j'étais devant mon magnétophone. Mes questions concernaient la musique : « S'il vous plaît, donnez-moi le nom de compositeurs dans l'au-delà. » En moins d'une minute vint le nom de « *Jack Shipley* ».

Je me demandai, en écoutant ma bande, qui était ce Jack Shipley. Je ne connaissais aucun compositeur de ce nom, qui avait été clairement articulé ; je le notai donc dans mon journal comme celui d'un « invité de passage ». Lors de l'enregistrement suivant, je lui laissai le micro au cas où il désirerait laisser un message. Il n'en fut rien.

Ce soir-là avait lieu le banquet annuel d'une des sociétés dont je fais partie. Martin Ebon y avait été invité à faire une causerie sur la vie après la mort. J'avais mes réservations et je me réjouissais à l'avance d'assister à cette soirée.

L'après-midi, le temps changea et la neige commença à tomber, suivie d'une pluie glaçante. Les stations radio recommandèrent d'éviter à tout prix de prendre la route à moins de nécessité absolue. Seuls des insensés s'y risqueraient et je décidai de ne pas en faire partie : je n'irais pas au banquet.

Au fil de l'après-midi, je me sentis de plus en plus mal à l'aise. J'allais et venais d'une pièce à l'autre, intérieurement très agitée. Ce n'est pas du tout dans mon tempérament et je me demandais quelle pouvait être la cause de mon trouble. J'avais l'impression de devoir faire quelque chose mais je ne savais pas quoi. Soudain je me suis arrêtée net et j'ai décidé : « Je vais au banquet. »

Je me sentis immédiatement soulagée comme si, en dépit de la neige et de la pluie glaçante, j'avais pris la bonne décision. Je me préparai à la hâte car j'avais à peu près une heure de route et tout juste le temps de faire le trajet.

A l'issue d'un agréable dîner, Martin Ebon se leva et parla d'une façon détendue et amusante, tenant toute l'assemblée en haleine.

Il évoqua les divers médiums, célèbres ou non, qu'il avait rencontrés et comment certains semblaient en contact avec le monde des esprits. Il remarqua qu'il était parfois difficile d'être sûr de leur authenticité, ajoutant que même ceux qui semblaient mériter la plus grande confiance pouvaient, à l'occasion, succomber à la fraude.

Ebon poursuivit : « Il y a quelques années, j'étais très lié avec un médium qui suscitait la controverse mais dont je pensais qu'il avait des dons réels. Il s'appelait Jack Shipley. »

Il me fallut quelques instants pour intégrer la remarque. C'était l'évidence, la preuve même de la vie après la mort qu'il venait de fournir. Ebon est un homme prudent qui refuse de prétendre qu'il détient des preuves. Il se borne à dire que les indices en faveur de la survie post mortem s'accumulent de plus en plus.

Très bien. Je partage sa circonspection. J'ai toujours remis en question tout ce que j'ai constaté depuis douze ans. J'y cherche toujours d'autres réponses, d'autres explications. Je me fais constamment l'avocat du diable. Je n'en ai pas moins acquis la conviction que les esprits communiquent bien avec nous et s'efforcent de nous faire savoir qu'ils survivent.

C'est ce que Jack Shipley, le médium controversable, a fait depuis l'au-delà. Les dons qu'il possédait sur terre se sont développés. Tout d'abord, il avait la précognition du fait que son ami Ebon allait le mentionner à propos de survie post mortem. Ce qui n'est pas si étonnant dans la mesure où ceux du monde des esprits restent plus en contact avec nous que nous avec eux. En revanche, il est réellement surprenant qu'il ait su que, moi qui ne le connaissais pas, j'irais au banquet, j'entendrais Ebon parler de lui et me rappellerais avoir reçu son message le matin même.

N'oublions pas que le mauvais temps m'a presque empêchée d'assister à cette réunion ; que c'est seulement après plusieurs heures d'une inquiétude et d'un mal-être tout à fait inhabituels chez moi que j'ai décidé d'y aller. Jack Shipley l'a su et d'une façon qui m'échappe, m'a amenée à m'aventurer dans la tempête de neige. J'ai accepté d'être guidée et j'ai reçu un cadeau d'une valeur inestimable.

Oui, les voix démontrent leurs dons de voyance, de clairaudition et de précognition. Elles nous entendent, nous voient et savent parfois ce que recèle le futur. Et si nous le voulons, elles partageront leurs dons avec nous.

9

LES VOIX ET LA RÉINCARNATION

> L'âme est immortelle et revêt successivement beaucoup de corps.
>
> Platon

La question de la réincarnation préoccupe l'humanité depuis la nuit des temps.

Comme l'indique la citation ci-dessus, le philosophe pensait que l'âme revit « dans une multitude de corps ». Environ deux mille trois cents ans plus tard, Nietzsche écrivait dans *Ainsi parlait Zarathoustra* : « Toutes les choses reviennent éternellement et nous-mêmes avec elles. Nous avons déjà vécu un nombre incalculable de fois et toutes choses avec nous. »

Pendant une bonne partie de sa vie, Mark Twain a cherché une femme aux cheveux blonds à laquelle il pensait avoir été marié dans une autre vie. Le général Patton était certain d'avoir été un soldat romain il y a deux mille ans et d'avoir participé aux guerres napoléoniennes. Thoreau l'écrivain et Edison l'inventeur croyaient tous deux avoir connu d'autres existences.

Ceux qui croient à la réincarnation ne constituent pas une frange négligeable de l'humanité. Cette croyance fait partie intégrante de l'hindouisme, une des plus anciennes religions du monde. C'est également, pour les Indiens Tlingit du sud-est de l'Alaska, un concept familier qui façonne leur vie sociale et religieuse.

Les esprits ne sont pas omniscients ; mais, pour diverses raisons, je suis persuadée qu'ils sont mieux placés que nous pour être informés de la réincarnation. Tout d'abord, beaucoup de jeunes enfants affirment se souvenir de vies antérieures, sur lesquelles ils donnent des détails précis et vérifiés. Cette mémoire, qui s'efface le plus souvent avec l'âge, persiste toute la vie chez certains individus. Par ailleurs, nous arrivons tous sur le plan terrestre à l'état de nouveau-nés après avoir traversé, pour naître, une « mer d'oubli ». Si nous avons connu d'autres existences, les souvenirs en sont presque toujours effacés en même temps que ceux des expériences plus récentes connues dans le monde des esprits.

La plupart d'entre nous ont rencontré ou parlé à quelqu'un qui se rappelle une vie antérieure de cent ou deux cents ans. N'est-ce pas étrange qu'on ne rencontre jamais personne qui parle d'une vie connue trente ou quarante ans plus tôt ? Les sceptiques prétendent que cela s'inscrit en faux contre la réalité d'un monde des esprits et démontre bien que la réincarnation est l'invention d'esprits malades.

Nous ne pouvons que tabler sur les indices accumulés en faveur de la réincarnation et essayer, après un examen attentif, d'en tirer une conclusion aussi intelligente et objective que possible.

L'entrée dans le monde des esprits ne peut être comparée à notre arrivée sur le plan terrestre. La plupart d'entre nous quittent la terre à l'âge adulte à l'issue d'un long apprentissage et atteignent l'au-delà avec des facultés relativement intactes. De ce niveau atteint sur le plan terrestre quitté quelques instants plus tôt, nous nous avançons dans l'au-delà. Comme nous le verrons dans un instant, il semble que les esprits puissent, dans une certaine mesure, opérer des choix en matière de réincarnation, ce choix impliquant un certain savoir.

Contrairement à tous mes espoirs, certains esprits semblent tout ignorer de la réincarnation. Dans son livre *Talks with the Dead* (*Conversations avec les morts*), William Welch demande à Mark, son guide spirituel, si la réincarnation existe. Mark ne semble pas connaître la réponse mais promet de revenir plus tard avec les informations demandées. Ce qu'il fait, déclarant que la réincarnation n'est pas la façon « normale » de faire les choses.

Je ne puis que présenter les informations que je tiens de mes propres transcommunications et laisser chacun décider pour lui-même s'il accepte ou refuse ce concept ou si, dans le doute, il s'abstient.

J'ai commencé à poser des questions sur la réincarnation peu après mes premiers enregistrements et les réponses que j'ai reçues ont toutes été positives : « *L'homme revient* », « *Il peut revenir* » ou « *Il revient* ».

Elles m'ont donné satisfaction et espérant découvrir beaucoup d'autres choses, je suis passée à des sujets différents. Mais je reviens de temps à autre à la réincarnation, et des voix de plus en plus fortes et capables de s'exprimer me communiquent des informations supplémentaires.

J'ai fait état, au chapitre 4, de messages qui m'apparaissent comme de sérieux indices de la réalité de la réincarnation. Ils parlent d'humains qui regagnent le domaine des esprits après la mort. Je ne vais donc pas insister à nouveau sur ces témoignages. Mais je désire souligner que bien que les esprits ne parlent spécifiquement ni de réincarnation ni de retour sur terre, on peut induire ces concepts du retour au monde des esprits. On ne peut retourner qu'en un lieu qu'on a d'abord quitté. Je pense aussi au message de James déclarant qu'il pouvait « *prouver* » qu'il a une « *deuxième maison* ».

Fin mars, j'ai demandé si, du monde des esprits, tout le monde revient sur terre pour vivre une autre vie. La réponse « *Oui* » s'est enregistrée avec un effet d'écho.

Dans mon deuxième enregistrement de ce même matin, j'ai demandé pourquoi, en présupposant la réincarnation comme un fait, est-il nécessaire que l'être humain revienne sur terre. Une voix féminine a répliqué : « *Il devrait revenir.* »

Deux jours plus tard, j'ai posé la question suivante : si un être humain se suicide, doit-il regagner le plan terrestre pour y revivre la situation même pour laquelle il s'est donné la mort ? Une voix forte de classe A a répondu : « *Oui, Estep, oui.* »

Voulant être doublement sûre de cette réponse, j'ai reposé la même question lors de la session suivante. Cette fois, une voix également de classe A a répondu : « *Oui. Il faut qu'il veuille revenir.* »

Une théorie affirme qu'avant de se réincarner dans un nouveau corps terrestre, une âme choisit les parents dont elle souhaite être née. Certains cas du Dr Ian Stevenson le suggèrent, comme il le relate dans son livre *Twenty Cases Suggestive of Reincarnation* (*Vingt cas en faveur de la théorie de la réincarnation*). L'idée est la suivante : du monde des esprits, nous voyons un panorama des foyers où nous pourrions naître. Nous choisissons alors telle ou telle personne ou famille en raison d'affinités particulières lors d'une incarnation antérieure, ou parce qu'il nous apparaît que tel environnement sera propice à notre développement personnel. J'ai toujours trouvé cette théorie difficile à accepter. En dépit de mes réserves sur ce possible choix de parents avant la naissance, j'ai cependant demandé s'il existait de fait, et quelqu'un a répondu : « *Oui.* »

Selon une autre théorie, nous pouvons choisir, pendant que nous sommes dans le monde des esprits, la direction que nous souhaitons donner à notre nouvelle existence terrestre. Autrement dit, nous pouvons choisir, par exemple, de revenir avec les dispositions nécessaires pour devenir musicien. J'ai posé des questions pour savoir s'il en allait bien ainsi et obtenu la réponse : « *Ce n'est pas tout à fait exact.* »

Nous sommes nombreux à nous interroger sur cette transmigration de l'âme humaine du plan des esprits au plan terrestre. Reviendrait-elle habiter un corps humain ou, à l'occasion, un corps animal ?

J'ai donc demandé si l'âme réintègre toujours une personnalité humaine. Sur un rythme extrêmement cadencé, quelqu'un m'a répondu : « *C'est exact. Merci.* » Trente secondes plus tard, voulant très évidemment être sûre que ce message particulier serait bien enregistré, l'entité a ajouté : « *Notez bien !* »

Un matin de mai se produisit un incident assez amusant. Alors que je venais de demander qui se trouvait avec moi, trois messages s'enregistrèrent. Le premier : « *Debout. Je viens pour parler* » ; puis, une minute plus tard, « *Ici Ben* » et enfin « *Ici Franklin* ». La netteté, de classe A, des deux derniers messages ne laisse aucun doute quant à leur contenu.

Qui avais-je là ? Benjamin Franklin ? Sans m'embarrasser de formalités, je demandai s'il se pouvait que j'aie entendu Benjamin Franklin dans mon enregistrement précédent.

Une voix suraiguë d'une rare intensité émotionnelle répondit : « *Il est toujours sur terre !* »

Ignorant que ce message venait de s'enregistrer, j'ai demandé si M. Franklin avait un message pour moi et quelqu'un a répondu : « *Je me sens très bien.* » Ces messages, de très bonne qualité, étaient faciles à comprendre.

S'agit-il donc de Benjamin Franklin ou d'un imposteur ? Je ne peux exclure définitivement le premier, mais je pense plutôt au second. Il est intéressant que notre « plaisantin » ait choisi Franklin. Un de mes ancêtres, James Wilson, était un ami et associé de Benjamin Franklin. Se pourrait-il qu'une entité spirituelle en syntonie avec mon subconscient se soit amusée à me jouer un petit tour ?

Il est clair que quelqu'un entendit de l'au-delà cet échange entre le soi-disant Benjamin Franklin et moi ; et la perspective que je puisse l'accepter sans remise en question le bouleversa tellement qu'il me déclara, sur un ton jamais entendu auparavant ni par la suite, que Franklin était toujours sur terre.

Benjamin Franklin croyait lui-même à la réincarnation. A vingt-deux ans, il avait déjà rédigé sa propre épitaphe montrant que, non seulement il en acceptait le concept, mais qu'il voulait vraiment revenir. Le texte disait :

> *L'Œuvre ne sera pas perdu car il réapparaîtra,*
> *En une nouvelle Edition plus élégante*
> *Révisée et corrigée par l'Auteur.*

Le message « Il est toujours sur terre » me semble indiquer que les esprits savent qui et où nous sommes. Il m'apparaît aussi comme une preuve supplémentaire de la réincarnation parce qu'elle est administrée « inconsciemment ». Comme les messages parlant de « retour », la notion de réincarnation ne peut être déniée et que les esprits l'infèrent seulement de façon « inconsciente » lui donne d'autant plus de réalité.

Je suis en contact suivi avec un individu se prénommant Jeffrey qui affirme avoir été mon frère dans une vie antérieure. J'ai d'abord pris cette affirmation pour un nouveau moyen d'attirer mon attention, mais je n'ai pu m'en tenir facilement à cette attitude. Jeffrey me parle depuis plusieurs années, au fil desquelles je me sens de plus en plus proche de lui. Quand je traverse un moment difficile, Jeffrey manifeste presque invariablement sa présence en annonçant clairement son prénom. Il me répète sans cesse qu'il est présent dans mon bureau et, contrairement à ce qui se produit avec la plupart de ceux qui me parlent, je sens sa présence quand il est près de moi. Les autres esprits semblent connaître Jeffrey. Juste avant son prénom, j'ai entendu à plusieurs reprises des messages tels que : « *Voilà son frère* » ou « *Voilà Jeffrey* ». Récemment, j'ai demandé si Jeffrey et moi nous retrouverons face à face quand le moment sera venu pour moi de gagner le monde des esprits. Une voix de classe A d'excellente qualité indiqua que ce serait probablement le cas en disant : « *Nous l'avons marqué.* » Au cours de la séance de photographie mentionnée au chapitre 7, j'avais demandé qui était avec nous. Une voix avait répondu : « *Jeff. Nous l'avons vu. C'est bien.* »

J'ai demandé au printemps dernier si une personne effectuant une sortie du corps avait la possibilité de visiter d'autres plans de réalité. Un ton monocorde cadencé répondit : « *Oui. C'est l'arrêt en arrière, mais vous ne le savez pas.* » A l'époque, la réponse m'avait paru intéressante, mais je n'en avais pas tenu compte car je n'en saisissais pas le sens.

Plus récemment, alors que j'appelais Jeffrey, une voix m'indiqua qu'il effectuait un « *arrêt en arrière* ». Interrogé sur le sens de cette expression, Styhe me répondit d'une voix forte et rythmée : « *S'est produit avant lui.* » Le lendemain matin, il ajouta : « *Je vois avec.* »

M'efforçant de tirer un sens de tout cela, je demandai alors à Styhe s'il voulait dire qu'un « arrêt en arrière » permet de voir et de revivre les événements d'une vie antérieure. « *Oui* », répéta-t-il plusieurs fois.

Sur le plan terrestre, quelques personnes sont douées de rétrocognition, une connaissance d'événements passés qui ne peut découler de la connaissance du présent. D'après ce que j'ai cru comprendre des explications de Styhe, certains individus de l'autre dimension seraient capables d'examiner le passé et d'y percevoir des instants de leurs vies antérieures.

Existerait-il un rapport entre les expériences de décorporation pour explorer d'autres niveaux de réalité et l'« arrêt en arrière » permettant de visiter des vies antérieures ? J'ai été immédiatement frappée par le fait que dans ces deux situations, on pénètre une réalité différant de celle à laquelle on a conscience d'appartenir.

Dans l'ensemble, mes tentatives pour découvrir quelque chose de la vie sur terre de Jeffrey et de mes autres contacts ont été décevantes. Ce qui a pu leur arriver antérieurement sur le plan terrestre n'engendre chez eux que des réponses évasives. Mais si, comme certains l'affirment, nous traversons des vies successives, peut-être est-il normal d'oublier les détails des incarnations précédentes. La « mer de l'oubli » agit peut-être des deux côtés du « voile ».

J'hésite à assumer une attitude d'omniscience vis-à-vis d'une question philosophique aussi profonde que la réincarnation. Je peux seulement dire que les indices que j'ai rassemblés me permettent, personnellement, d'en accepter la notion. Je doute que des preuves formelles soient jamais produites pour ou contre sa réalité. En dernier ressort, chacun doit faire son propre chemin et trouver ses propres réponses à ses propres interrogations, quelles qu'elles puissent être.

10

LES VOIX NOUS INSTRUISENT

Ceux qui nous parlent depuis l'autre monde témoignent d'un vaste champ d'intérêts. La difficulté de passer d'une dimension à l'autre est réelle et cependant, les esprits réussissent à nous communiquer assez d'informations pour que ce monde des esprits émerge de l'obscurité qui l'a si longtemps soustrait à notre regard.

Les esprits sont bien plus aptes que nous à transcender les barrières séparant nos deux univers et j'ai la chance d'être en mesure de recevoir leurs communications.

Dès le début, je leur ai exposé mes raisons de vouloir entrer en contact avec leur univers. Ils m'ont fait confiance et m'y ont largement associée, sans essayer de le déguiser ni de le présenter comme un éden où l'amour et les rires règnent en permanence. Il leur serait facile d'en dissimuler les aspects les plus sombres : ceux qui appellent à l'aide, ceux qui, à l'occasion, témoignent de haine ou de violence pourraient être tenus à l'écart. Ce n'est ni ce qu'ils désirent ni ce que je souhaite.

Je voulais découvrir l'au-delà, y compris sous ses aspects les moins séduisants. Les réponses aux innombrables questions que j'ai posées m'ont toutes apporté une plus grande compréhension de cet univers si proche du nôtre. J'ai aussi beaucoup appris en assistant simplement en témoin à certaines situations de l'au-delà, comme si un contrôleur d'outre-tombe chargé des messages avait décidé d'autoriser ma présence et je suis reconnaissante que la communication entre nos deux univers soit entretenue.

Je suis constamment étonnée de voir à quel point ceux de l'au-delà restent pareils à nous en dépit de leurs aptitudes décuplées. Comme parmi nous, certains en font meilleur usage que d'autres.

Les messages suivants sont des exemples de réponses obtenues à la question que je pose en ouverture de mes sessions d'enregistrement : « S'il vous plaît dites-moi si des amis sont présents » :

« *Oui, Estep.* »
« *Oui, des amis sont là. Ken Ken, Californie.* »
« *Fréquence de service. Nous aidons.* »
« *Vous presque fini.* »
« *Je suis mort.* » « *Vous aide.* »
« *Je sais une bonne chose.* »
« *Herr Hufbaron.* »
« *Je ne le connais pas.* »
« *Ceci est très différent. Vous devriez venir.* » « *C'est exact.* »
« *Juste moi.* »
« *Ici Gladys.* »
« *Hello. J'espère cela.* » « *Ici Jean Pruitt.* » « *Merci.* »
« *Vous êtes mise à l'épreuve.* »
« *Espère vous remercier.* »
« *Oui. J'aimerais vous parler.* »
« *Oui, elle est nouvelle.* »
« *Vous avez un autre vide avec vous.* »
« *Estep, vous avez.* »

« *Ici Fraülein.* » « *Je suis Fraülein.* »
« *Oui, ici même.* »
« *Nous vous parlons.* »
« *Estep, merci* » (*N.d.T.* : en français dans le texte).
« *Quatre. Nous sommes là à nouveau.* »
« *Faites-le parler. Allez le chercher pour qu'il parle.* » « *Attendez !* »
« *Vous avez des amis.* »
« *A-t-il dit qu'il vient ?* »
« *Ai six.* »
« *Me Johnson a parlé trop longtemps.* » « *Je vous ai entendu.* »
« *Trois. Je trouve trois.* »
« *Vous avez moi.* »
« *Hello, Sally.* »
« *Je suis second(e).* » « *Oui. Je suis premier(e).* »
« *Ai sept.* »
« *Oui. Pouvez-vous m'entendre ?* » « *Vous revenez ici.* » « *Et dites que vous arrivez.* »
« *Vous prenez soin d'Edgar Cayce.* »
« *Je peux dire qu'on aime le "canaliser".* » « *On peut dire que c'est vrai.* »
« *C'est vrai.* »
« *Vous avez les Myers.* »
« *Ouais.* » « *Oui. Descends à travers l'espace.* » « *Vous avez raison.* »
« *Tenez ma main.* »
« *Oui, quatre gars.* » « *On n'a pas vraiment.* » « *Descendez de là.* »
« *Eileen.* » « *Dean ici.* »
« *Le baron Saysegey.* »
« *Près de l'horloge.* »
« *Vous m'aimez toujours bien.* »

Sollicités après avoir laissé ces messages, la plupart des esprits n'y ont rien ajouté, à quelques exceptions près. Ces échanges de questions et réponses sont de bons exemples de certaines conversations bilatérales.

Quand j'ai demandé ce qu'était la « *fréquence service* », quelqu'un a répondu : « *Servir Dieu.* »

J'ai voulu savoir si la « *bonne chose* » mentionnée me concernait et, dans ce cas, ce qu'elle était. « *Elle vous concernera* » fut la réponse.

J'ai déclaré à Herr Hufbaron que s'il le désirait, je serais heureuse de saluer quelqu'un pour lui. D'une voix forte il a répondu : « *Certes ! Otto Pouchkine.* »

Je me suis naturellement demandé s'il s'agissait d'un parent d'Alexandre Pouchkine, mais je n'ai rien appris à ce sujet.

Interpellée, Gladys a répondu : « *Hello... Hello... Hello. Vous m'avez manqué.* » Je l'ai alors interrogée sur son identité. Une voix différente a répondu : « *C'est une bonne question.* »

Vingt-quatre heures après le message : « *Vous êtes mise à l'épreuve* », j'ai demandé sur quoi portait le test. « *Votre capacité* », a répondu une voix masculine.

La déclaration « *Vous avez un autre vide avec vous* » est assez fascinante. Le mot « vide », toujours prononcé de la même façon traînante, a été employé dans d'autres cas comme vous vous en souvenez sans doute. Au début, j'ai pensé que ceux qui s'adressaient à moi pénétraient un vide pour me parler. Au cours des semaines et des mois qui suivirent, j'ai exploré cette question avec les voix. J'ai longtemps reçu des réponses positives, dont beaucoup étaient de classe A. Dans l'enregistrement consécutif à ce message, j'ai demandé si mes amis se plaçaient dans un vide pour pouvoir parler. « *C'est cela* » fut la réponse. Au cours du même enregistrement, j'ai essayé d'apprendre comment ils créaient ce vide et reçu, en partie d'une voix de classe A, cette longue déclaration qui m'a vraiment laissée perplexe : « *Exige camion et pour sortir dans la marge à travers un vide vous entrez par camion.* »

Dans le troisième enregistrement de cette matinée, j'ai demandé s'ils créent un vide dans leur monde comme nous le faisons ici. « *Oui. C'est exact !* » fut enregistré. J'ai aussi demandé s'il leur était indispensable de créer ce vide pour pouvoir nous parler. Quelqu'un chanta d'une voix nette : « *Oui. Nous faisons cela.* »

Quatre mois plus tard, je questionnais Styhe pour savoir si, récemment, il avait eu du mal à créer un vide et il répondit : « *Peu fréquent.* » La fois suivante, j'ai demandé si cela signifiait que la création d'un vide était peu fréquente. L'associée de Styhe a répondu : « *Ne faisons pas cela* » et dix unités plus loin Styhe a précisé : « *Nous n'aimons pas faire cela. Nous n'avons pas.* »

Créent-ils ou non un vide pour nous parler ? J'en ai discuté avec mes amis plus versés dans les sciences que je ne le suis, et ils m'ont signalé que les ondes sonores ne peuvent se propager dans un vide parfait.

Pourquoi ce message « *Vous avez un autre vide avec vous* » ? Peut-être le mot vide a-t-il un sens différent de celui que je lui attribue. Bien que l'existence de ce « vide » ait été confirmée par des messages ultérieurs de voix qui semblaient catégoriques, ce concept reste une énigme.

Quand j'ai laissé le micro à Fraülein dans l'enregistrement suivant son message, une voix féminine a dit : « *Je suis là. Oui, je suis là. Je suis là.* »

Vingt-quatre heures après le message « *Quatre. Nous sommes là à nouveau* », j'ai demandé aux voix si elles pouvaient me dire qui étaient les « quatre ». « *Nous pouvons* », me répondit-on très fort. Mais aucune précision n'a suivi. Ma question a sans doute été prise littéralement. Peut-être aurais-je obtenu une réponse si je l'avais formulée comme suit : « S'il vous plaît, dites-moi qui sont les quatre. »

C'est ce que j'ai fait avec le message : « *Ai sept.* » Je me suis enquise des noms des sept qui se trouvaient dans mon bureau. La réponse fut « *Poppy York* », un nom que j'avais enregistré auparavant.

« *Vous prenez soin d'Edgar Cayce* » est un message intéressant. Je le crois authentique parce que la voix n'a pas prétendu être celle de Cayce. Elle s'adressait à quelqu'un d'autre, comme pour signifier qu'il faudrait l'aider à venir assister à l'enregistrement. Je n'ai malheureusement compris ce message qu'une semaine plus tard. Je m'en suis excusée, déclarant que si j'avais su qu'Edgar Cayce était avec moi, je l'aurais prié de bien vouloir parler. J'ai demandé ensuite où il se trouvait dans le monde des esprits. Une forte voix de classe A répondit : « *Clarifiez cela.* » Quelques unités plus loin, une voix différente, toujours de classe A, dit : « *C'est mon homme. Disciple.* »

Edgar Cayce, un des plus étonnants médiums qui aient jamais vécu, s'efforce donc toujours de prouver la survie post mortem. Le Dr Robert Leichtman a écrit une série de livres intitulée *Heaven to Earth* (*Du ciel à la terre*). Des personnalités bien connues se sont manifestées par l'intermédiaire de son ami, D. Kendrick Johnson. Dans le premier livre de cette série, *Edgar Cayce returns* (*Edgar Cayce revient parmi nous*), le Dr Leichtman parle de ses longues conversations avec Cayce s'exprimant par l'intermédiaire de Mr Johnson.

Le long message parlant de « canaliser », évidente allusion aux communications entre le monde des esprits et le nôtre, a été transmis par trois voix distinctes – deux voix masculines et une féminine – et sur un rythme irrégulier, les deux dernières parties du message étant précédées d'un double coup frappé. Cela ressemblait plus à une conversation à trois qu'à un message s'adressant directement à moi.

Dans la session suivante, j'ai demandé si les voix peuvent se syntoniser avec une personne de leur choix sur le plan terrestre. Toujours de classe A, une voix répondit : « *Oui, nous pouvons.* »

Quand j'ai demandé si les Myers avaient un message pour moi, ils répondirent : « *Merci. J'espère que nous pouvons vous aider.* »

Dans l'ensemble, j'essaie d'orienter chaque session vers le domaine que je désire explorer. Mais tous les un ou deux jours, je laisse le micro ouvert à ceux de l'au-delà qui désirent adresser spontanément des messages. Tous ceux qui suivent, de classe A, se sont enregistrés à la suite de mon annonce : « *Le micro est à vous.* »

« *C'est différent.* »

« *Aidez-moi.* »

« *Sally, Sally, hello.* » « *En train d'enregistrer.* »

« *Pas encore le moment.* »

« *Traversez.* » « *Laissez Doll passer.* » « *Que puis-je dire à ?* »

« *Estep.* »

« *Mon "telephet* [1] *"* » « *Passez.* »

« *Sally, je vous aime.* » « *Bonne nuit.* »

« *Très triste.* »

« *Heureux.* » « *Okay si nous vous parlons.* »

« *Je veux vous parler. Je suis médecin.* »

« *Margo.* » « *Vous allez réveiller les enfers !* »

« *J'écoute. J'écoute.* » « *Rentrez dans cette maison. Rentrez dans cette maison.* »

« *Vous ne demandez pas qui parle toujours ?* »

« *Devinez !* » « *Oui.* » « *Vous êtes maintenant "spidelade* [2] *" dessus.* »

---

1. Mot inexistant, donc intraduisible (*N.d.T.*).
2. Id.

« *Il y a quelqu'un en liberté là-bas.* »
« *Laissez quelqu'un parler.* »
« *Corey a essayé.* »
« *Cette triste maison.* »
« *Nous vous remercions.* »
« *Aidez-moi à déménager.* »

Je réponds à chaque message et parfois, une communication additionnelle parvient de l'au-delà. Ces messages-réponses ont leur histoire, qui ajoute souvent à leur signification.

Un 20 juin, ma fille subit une intervention chirurgicale. Le message « *Je veux vous parler. Je suis médecin* » s'enregistra ce soir-là, à 20 h 55. La voix, masculine, était nette et forte, d'une excellente qualité. Il est évident qu'un esprit, au courant de l'opération de ma fille, me faisait savoir qu'il veillait sur elle.

Une spirite est venue à la maison écouter mes enregistrements. Au cours de la soirée, elle déclara avoir vu une entité nommée Margo. Ne connaissant personne de ce nom, je l'ai sollicitée le lendemain et par la suite. En général, elle réplique d'une voix claire, mais ne livre pratiquement rien d'autre que son nom. Le 26 juin, quand j'ai laissé mon microphone ouvert, elle a annoncé « *Margo* » de sa voix forte et stridente. Trois unités plus loin, une voix différente la tança : « *Vous allez réveiller les enfers !* » Cette exclamation est révélatrice de la psychologie des esprits. Bien qu'il y ait des exceptions, la plupart d'entre eux ne se considèrent pas comme morts.

– « *J'écoute. J'écoute.* »
– « *Rentrez dans cette maison. Rentrez dans cette maison* » est une conversation entre une voix féminine et une voix masculine, dans laquelle chacune a répété deux fois son message.

« *Vous ne demandez pas qui parle toujours ?* » est aussi un message qui fait réfléchir : il semble me rappeler ce que j'avais oublié de faire ce matin-là – à savoir m'informer sur l'identité de ceux qui s'expriment après avoir demandé si des amis sont avec moi. Dans la session consécutive à ce message, j'ai demandé qui avait posé cette question et quelqu'un a répondu avec emphase : « ***Vous demanderez juste un(e).*** »

Une entité du nom de Corey Bingham m'a parlé à plusieurs reprises. Corey m'a suivie du Maryland au New Jersey, puis à nouveau au Maryland à la fin de l'été. Sa voix est claire et nette et j'ai essayé d'établir avec lui un contact suivi ; mais pour une raison qui m'échappe, nous ne sommes toujours pas sur la même longueur d'onde. Tout ce qu'il a réussi à me dire sur son passé est qu'il m'a rencontrée à un pique-nique – dont je ne garde aucun souvenir.

Un soir où j'ai annoncé que j'aimerais entendre un message de qui que ce soit qui veuille s'exprimer, une voix a répondu : « ***Corey a essayé*** », sur un ton légèrement réprobateur. Puis, une unité plus loin : « ***Merci. Attendez maintenant.*** » J'ai alors demandé s'il était avec moi et j'ai entendu : « ***Entrez.*** »

A la fin de chaque session, de nombreuses voix décident de s'exprimer comme si elles pensaient soudain que c'est leur dernière chance et se lançaient pour dire ce qui leur « passe par la tête » pendant les quelques instants où je laisse mon magnétophone en marche. Les messages suivants, de classe A, ont tous été enregistrés après que j'ai annoncé : « ***Cette session se termine.*** »

« *Merci.* »
« *Je veux.* »
« *Espère vous voir.* »
« *Vous êtes très jolie.* »
« *Je suis très jolie.* »
« *Nous sommes malheureux quand vous partez.* »

« *Bonne nuit, Estep.* »
« *Oui ; enregistré.* »
« *Ce n'est pas juste.* »
« *Nous essayons d'aider.* »
« *Ce tambour il semble échouer.* »
« *La brave grand vendeur. Bigs bra bravit* [1]. »
« *Passez une bonne nuit.* »
« *Nous vous aimons vraiment bien. Vous êtes très jolie. Nous comptons vous.* »
« *C'est beaucoup mieux. Oui cela va m'aider.* »
« *Gut night (Bonne nuit).* »
« *Nous la chérissons.* »
« *Estep.* »
« *Laissez-moi vous remercier.* »
« *J'allais dire. Revenez.* »
« *Hello. Si vous voulez, je viendrai.* »
« *Que pensez-vous ? Je sont regret.* »
« *Où vous aller ?* »
« *Avec vous. Ce n'est pas clair.* »
« *Faire un tour à pied après dix (heures). Margo.* »
« *Elle m'est arrachée.* » « *Que dites-vous ?* »
« *Nous vous reverrons.* » « *Nous ne pouvons promettre de faire cela.* »
« *Avons-nous un des fidèles ?* »
« *Attendez-moi.* »
« *Prenez une photo.* »
« *Je serai ici.* »
« *Revenez.* »
« *Bonne nuit !* »

Il m'arrive de répondre à ces messages lors de la session consécutive à leur enregistrement – le plus souvent dans les douze à vingt-quatre heures qui suivent.

---

1. Mots inexistants, donc intraduisibles (*N.d.T.*).

Mes réponses restent en général sans suite à cause du laps de temps séparant les deux sessions. Mais il y a quelques notables exceptions qui, à mon avis, contribuent à prouver que certaines entités de l'au-delà sont en permanence conscientes de notre existence et du moment où nous revenons à notre magnétophone.

L'origine de certains messages cités plus haut est intéressante, comme le démontrent leur histoire.

Un soir tard, après que j'eus annoncé la fin de ma session, se sont enregistrés un coup mat et sonore et une voix prononçant le prénom de l'une de mes filles. Le lendemain matin, je suis retournée à mon magnétophone avec ma fille, qui m'a demandé si quelqu'un avait un message pour elle. Thelma, une de ses amies qui avait été tuée quelques années auparavant, prononça clairement son propre nom. Ma fille lui demanda alors si elle avait un message et celle-ci répondit : « *Je veux* » à deux reprises pendant l'enregistrement et une autre fois juste à la fin de la session. Il n'y eut pas d'autre message.

Autre histoire : un soir, alors que je terminais ma session, une voix masculine déclara sur un rythme accéléré : « *Vous êtes jolie.* »

Comme c'est agréable, ai-je pensé, tout heureuse, en allant me coucher.

Le lendemain matin, je procédai à trois enregistrements et reçus un certain nombre de messages très nets, de classe A ; mais rien de mon admirateur de la veille.

Le soir, je fis mes enregistrements habituels. A 21 h 55, je venais d'annoncer la fin de la session quand une voix féminine d'excellente qualité dit, sur le même rythme que la voix du soir précédent : « *Je suis jolie.* »

J'ai dû en conclure que le message de la veille était destiné non pas à moi, mais à cette entité féminine qui réagissait vingt-quatre heures plus tard. Le même type de chose s'était déjà produit avec les enregistrements de

Paul White. Ce qui est un argument supplémentaire en faveur d'une différence de nature du temps dans nos deux univers. La voix féminine semblait très satisfaite, comme si on venait à l'instant même de lui déclarer : « *Vous êtes jolie.* »

Je me suis fait une règle de répéter les messages que je reçois, afin de ne laisser aucun doute à leurs auteurs sur ce que j'ai ou n'ai pas perçu. C'est ce que je venais de faire un soir quand un nouveau message arriva : « *Oui, enregistré* », qui me sembla destiné à signaler à d'autres esprits que j'avais bien reçu leurs communications.

J'ai exprimé un soir ma déception de n'avoir reçu aucun message net et fort pendant plusieurs jours. Juste au moment où j'allais arrêter mon magnétophone, une voix blessée mais d'une clarté inhabituelle déclara : « *Nous essayons d'aider.* »

Douze heures après avoir reçu « *Ce tambour il semble échouer* » sur un rythme lent et cadencé, j'ai demandé ce que cela signifiait. La réponse fut : « *Il est mieux à nouveau.* » Cette voix, forte et claire, avait un timbre très particulier. Sept unités plus loin, la voix entendue le soir précédent interféra en disant : « *Nous échouons avec coppia.* » Je n'ai toujours pas compris la signification de ces messages, mais je soupçonne qu'ils ont un rapport avec leurs moyens de transmission et de réception. Leur nature et l'emploi répété du verbe « échouer » me donnent l'impression d'un lien entre les deux messages.

Le message « *Le brave grand vendeur. "Bigs bra bravit"* » m'est venu de mon ami français de l'au-delà. Il m'a d'abord parlé pendant que j'étais dans le Maryland et m'a suivi dans le New Jersey. J'ai compris le sens des deux premiers mots avec l'aide de mon dictionnaire et pensé qu'il voulait peut-être me dire qu'il avait été un « bon », un « brave », ou un « honnête » vendeur. Je n'ai pu que noter phonétiquement la deuxième partie du message, ce qui nuit sans doute à son intelligibilité. Le mot « bras » peut évoquer la force, l'assistance. Faisant appel à mon imagination, j'ai pensé qu'il pourrait s'agir d'un message promettant aide et coopération !

« *Nous vous aimons vraiment bien. Vous êtes très jolie. Nous comptons vous.* » Ces trois messages, exprimés par la même voix, se sont enregistrés en quelques secondes. M'y référant vingt-quatre heures plus tard, j'ai demandé ce que signifie « *Nous comptons vous.* » La même voix que la veille a hurlé : « *Je vous aime bien ! Je suis près de vous.* » Demandant lors de la session suivante si cela signifiait qu'elle était dans mon bureau, j'ai obtenu la réponse : « *C'est exact.* »

J'ai expérimenté pour essayer de découvrir le meilleur procédé de réception des voix. Elles semblent plus claires quand j'enregistre par l'intermédiaire de ma radio. Un matin, à la fin de ma session, je leur ai donc annoncé que j'emploierais cette méthode. Une voix lente et réfléchie m'a répondu : « *C'est beaucoup mieux. Oui, cela m'aidera.* »

Le message « *"Gut" night* » (Bonne nuit) vient sans aucun doute d'un ami allemand, en réponse à mon « *Good night* ».

Bien que je ne lui en aie rien dit à l'époque, j'ai reçu un jour de Styhe un message dont la signification m'a échappé ; jusqu'au jour où, quelques mois plus tard, une autre de ses communications m'a aidée à comprendre la précédente. A la fin de la session de ce matin-là, j'ai avoué à Styhe que j'avais enfin saisi le sens de son message antérieur et il a répondu en disant : « *Nous la chérissons.* »

Un matin de septembre, devant me rendre à une réunion, j'ai interrompu très tôt mes enregistrements, expliquant, à la fin de la deuxième session, pourquoi je devais cesser si rapidement. Quelqu'un me demanda alors : « *Où vous aller ?* » De toute évidence, cette entité était consciente de mes préparatifs mais n'avait pas entendu mon explication.

Margo, comme je l'ai signalé, se contente généralement d'annoncer son prénom. Un soir, pourtant, il fut précédé de : « *Faire un tour à pied après dix (heures).* » J'ignorais si c'était une suggestion à mon adresse ou une indication de ce que Margo avait fait.

Le lendemain matin, voulant m'assurer que ce message venait d'elle, j'ai demandé si elle avait bien prononcé ces paroles dix heures plus tôt. « *Oh, oui !* » répondit-elle. Pendant ma session suivante, j'ai alors demandé si elle voulait que je fasse un tour à pied et elle répondit affirmativement. J'ai essayé en vain de découvrir pour quelle raison.

Jusqu'à la session avec les Stallings, toutes mes tentatives pour photographier mes amis de l'au-delà échouèrent, comme l'illustre l'incident suivant.

Un soir, alors que je terminais mon enregistrement, une voix féminine qui semblait émaner d'une personne à mon côté dit : « *Prenez une photo.* » Avant qu'elle ait le temps de changer d'avis, j'ai attrapé mon polaroïd toujours à proximité. Mais où viser ? me suis-je demandé. C'est une sensation bizarre d'essayer de prendre une photo de quelqu'un qu'on ne voit pas. Finalement, j'ai proposé à mon sujet de se placer devant un tableau magnétique blanc. Ignorant si cela lui demanderait un certain temps, j'ai attendu quelques secondes et – A Dieu vat ! – j'ai annoncé : « *Allons-y ! Je vais appuyer sur l'obturateur.* » Quand j'ai développé mon négatif, je n'ai rien vu d'autre que mon tableau blanc.

Le lendemain matin, j'ai présenté mes excuses à mon amie pour n'avoir pas réussi à faire sa photo.

Avec la même voix, comme si elle était toujours près de moi et qu'elle me rendait responsable de cet échec, elle répondit : « *J'étais venue ici !* »

Mes amis de l'au-delà me saluent souvent d'un « Bonne nuit » lorsque je termine mon dernier enregistrement de la journée. La fin de l'émission télévisée consacrée à mon travail me montrait assise devant mon magnétophone, concluant ainsi : « Merci d'être venus ce soir et bonne nuit. » En moins de trois secondes, une voix paranormale très nette avait répliqué : « **Bonne nuit !** »

Jusqu'à maintenant, les voix de l'au-delà ont partagé nombre de leurs pensées et de leurs expériences avec nous. Elles ont parlé de la mort et du passage entre la vie et l'au-delà. Elles nous ont permis d'avoir des aperçus de leur univers et de la vie qu'elles y poursuivent. Elles ont démontré leurs dons de voyance, de claireaudition et de précognition. Elles ont répondu à certaines de nos questions, entre autres sur la réincarnation.

Une théorie prétend que nous disposons d'un corps physique doublé, en quelque sorte, d'un corps astral. A l'instant de la mort, le corps astral se séparerait du corps physique et s'acheminerait vers une autre dimension. J'ai demandé si cette croyance est légitime et une voix nette m'a répondu : « *Vrai.* »

Le lendemain, j'ai abordé la théorie suivant laquelle un fil d'argent[1] relierait le corps astral au corps physique. Ce fil permettrait la décorporation grâce à laquelle on peut se déplacer en tout point de notre monde et même en d'autres univers. Aucun mal ne pourrait leur advenir tant que les deux corps sont reliés par le fil d'argent. Lorsqu'une sortie du corps prend fin,

---

1. Souvent appelé « corde d'argent ».

ce fil d'argent réunirait les deux corps en toute sécurité. J'ai demandé s'il est vrai qu'au moment de la mort, ce fil se rompt pour laisser le corps astral s'échapper librement et la réponse fut : « *Vous avez raison.* » Pendant la même session, j'ai demandé si c'est bien la rupture du fil d'argent qui permet à un être d'évoluer dans le monde des esprits. Quelqu'un répéta à plusieurs reprises : « *C'est exact.* »

Au printemps dernier, j'ai exploré avec mes amis d'outre-tombe la question des autres mondes et dimensions. Combien de dimensions ? La réponse, de classe A, fut : « *Vous devriez demander à Swann.* » C'était une référence claire à Ingo Swann, un parapsychologue californien très connu qui a souvent démontré, sous le contrôle strict de laboratoires, son aptitude à la décorporation. Ce qui montre bien à quel point ceux de l'au-delà sont au courant de nos efforts.

Certaines personnes admettent que d'étranges manifestations prennent place dans ou près de maisons hantées mais le scepticisme leur interdit de les attribuer à des fantômes. Elles préfèrent y voir les effets de l'empreinte psychique que nous laissons à notre mort et concéder que ces empreintes peuvent, à l'occasion, affecter la matière.

J'ai parlé au chapitre 7 de mes contacts avec les fantômes qui semblent occuper la maison d'Edgar Allan Poe à Baltimore. J'ai également décrit mes visites au Parc national de Lookout Point au sud du Maryland. Je suis persuadée que ces deux sites recèlent plus que des empreintes psychiques. Souvenez-vous que lorsque j'y ai questionné une entité invisible à propos des voix paranormales enregistrées dans la maison d'Edgar Poe, cette entité m'a déclaré : « *Ils travaillent là à leur place. Ils étaient dans leur maison aujourd'hui.* » Nous ne devons pas oublier non plus l'interaction entre certains fantômes et nous lors de la visite du phare de Lookout Point. Mon magnétophone y a enregistré les commentaires spontanés de quelques fantômes. Ils se sont montrés conscients de notre présence et de la teneur de nos conversations. Leurs remarques, pertinentes par rapport à la situation du moment, ne pouvaient résulter d'une rémanence d'empreintes psychiques vieilles de plus de cent ans.

A l'aide de mon magnétophone, j'ai essayé de découvrir si les inexplicables manifestations des maisons hantées résultent d'interventions volontaires d'entités désincarnées. J'ai reçu certaines réponses troublantes. Le premier message fut celui d'une voix très nette suppliant : « *Libérez-moi* » ; et j'ai dû me demander si je n'étais pas de nouveau confrontée à la situation même que je voulais explorer et si ce « *Libérez-moi* » ne venait pas précisément d'un fantôme.

Au cours du même enregistrement, j'ai tenté d'apprendre si les fantômes existent ; quelqu'un a répondu : « *Exact !* » J'ai demandé ensuite s'il se pourrait que des entités, conscientes de hanter un site, souhaitent parfois être libérées afin de gagner le monde des esprits. Quatre réponses de classe A s'enregistrèrent : « *Exact !* », « *C'est exact* », « *Notez bien, Estep* », « *C'est exact.* »

Après avoir écouté ma cassette et entendu les réponses, je les ai répétées aux entités, comme j'ai coutume de le faire. Toujours de classe A, une voix a commenté : « *C'est fait.* »

Trois jours plus tard, j'ai demandé si les fantômes qui hantent un site sont toujours conscients de le faire ; quelqu'un a répondu : « *Oui, je le suis.* »

Ignorant que cette remarque venait de s'enregistrer, j'avais ajouté que les fantômes semblent parfois continuer à se percevoir comme des personnalités du plan terrestre. La réponse fut répétée deux fois : « *C'est exact.* »

J'ai alors voulu savoir pourquoi des individus ignoreraient qu'ils sont morts et reçu cette réponse mystérieuse : « *Parce que nous avons une maison à plusieurs niveaux.* » Quelques unités de compteur plus loin, quelqu'un a approuvé en ajoutant : « *C'est exact.* » Un instant plus tard, une dernière réponse parvint : « *Je ne pouvais pas l'oublier* [1]. »

Cette dernière remarque expliquerait pourquoi un fantôme au moins a refusé de gagner le monde des esprits : il voulait rester près d'une femme qu'il ne pouvait oublier. Souvenons-nous du fantôme Howie, à Lookout Point, déclarant : « *Je ne pense pas à elle.* » En entendant cette remarque, je m'étais demandé si Howie essayait de m'en convaincre ou de s'en convaincre lui-même.

Un mois après le message « *Libérez-moi* », une voix claire m'a répondu : « *Laisse Joy* » après que j'eus proposé à ceux de l'au-delà de me poser les questions qu'ils souhaitaient poser.

Lors de l'enregistrement suivant, j'ai fait savoir à Joy que j'avais noté son prénom et que si elle voulait me poser une question, j'essaierais d'y répondre. Elle répliqua presque immédiatement : « *Vous pouvez me libérer.* »

En écoutant la bande, il m'a semblé reconnaître l'entité entendue le mois précédent et lors de la session suivante, j'ai demandé si elle était la voix qui avait demandé « *Libérez-moi* » un mois plus tôt ; elle répondit : « *Je suis.* »

Les deux jours suivants, j'ai appelé Joy à plusieurs reprises pour lui suggérer ce qu'elle pourrait faire pour quitter le plan terrestre. Mais je n'ai pu m'assurer que les réponses obtenues venaient bien d'elle. En un point,

---

1. L'oublier *elle*. (*N.d.T.*)

elle a semblé dire : « *Aidez-le. Je l'aime.* » Dans ce cas, Joy a peut-être la même raison de s'éterniser sur le plan terrestre que l'entité masculine ayant indiqué qu'il ne gagnait pas le monde des esprits parce qu'il voulait rester près de la femme qu'il « ne pouvait oublier ».

J'ai soulevé le sujet de la matérialisation pour la première fois au printemps dernier. Avec ceux de l'au-delà, nous avons aussi discuté de fréquences et de vibrations.

Quand j'ai demandé pourquoi ils ne se matérialisent pas plus souvent afin que nous puissions les voir, quelqu'un répondit avec un écho : « *Nous essayons.* » Puis à ma question : « Cela vous est-il difficile ? » on a répondu : « *Ce n'est pas facile.* »

J'ai voulu savoir s'ils pouvaient se matérialiser par un ralentissement de leur rythme vibratoire et la réponse fut : « *Sûrement pas !* »

En juillet, ayant trouvé le message : « *J'étais ici. J'étais ici hier soir* », je me suis renseignée le lendemain sur son auteur. Une entité s'est présentée comme : « *Adam Kusick.* » J'ai alors demandé si la personne qui avait parlé dans le premier enregistrement avait essayé de se matérialiser le soir précédent. « *J'ai essayé. C'est exact* » fut enregistré.

Je ne doute plus que de nombreux amis invisibles, comme Adam, pénètrent dans mon bureau pendant mes sessions d'enregistrement.

Le premier août, quelqu'un me déclara d'une voix sonore qui semblait toute proche : « *Vous les avez assis.* » C'était peut-être une allusion à l'invitation habituelle du début de mes sessions : je souhaite la bienvenue à tous ceux qui viennent dans une disposition amicale et paisible.

Un jour, alors que je commençais à enregistrer après avoir attendu ceux qui désireraient se joindre à moi, quelqu'un a déclaré : « *Ils ne sont pas encore là.* »

Fin août, une voix a annoncé : « *Nous arrivons* » et trois unités plus loin, « *Je suis assise à votre droite.* »

Trois jours après, j'ai réécouté un message plus ancien de Styhe, où il disait que si je désirais qu'il parle, je devrais l'appeler en tout premier lieu. Quand j'ai voulu savoir pourquoi, il a déclaré : « *Nous ne voulons personne près de votre fauteuil.* » J'en ai conclu qu'il lui serait plus difficile de communiquer si d'autres esprits étaient présents autour de moi.

Le lendemain, j'ai demandé à mes amis s'ils attendent que l'individu que j'appelle en premier lieu ait parlé avant de venir près de moi. Une voix, parmi les plus fortes et les plus nettes que j'aie jamais enregistrées, a répliqué : « *C'est correct !* »

En septembre, quand j'ai essayé de savoir où se trouvaient mes amis, une voix a répondu : « *Ils sont près de vous.* »

Le matin du 15 octobre, j'ai demandé s'il fallait nécessairement que j'aie des esprits amis dans mon bureau pour pouvoir enregistrer des voix. Quelqu'un a répondu : « *Il n'y en a aucun en ce moment.* » J'ai demandé ensuite où ils s'asseyaient. En l'espace de quelques secondes parvint une réponse dont les mots se télescopaient un peu : « *Vous m'avez demandé l'autre fois qui est assis à côté de vous.* » Ce qui est bien possible, car j'essaie toujours d'apprendre qui est avec moi lors de chaque enregistrement.

Ignorant l'arrivée de ces deux messages, j'ai poursuivi en m'enquérant s'ils étaient assis dans les fauteuils de mon bureau. Une voix de classe A répondit sur un ton chantant : « *Regardez autour de vous.* »

En novembre, après que j'eus demandé où se trouvaient mes amis, une voix masculine très nette dit tout près de moi : « *Près de l'horloge, Vicky et Papa.* » Une horloge est accrochée au mur près de la fenêtre de mon bureau ; je suppose donc qu'ils étaient près d'elle.

Quatre mois plus tard, en faisant des paquets en vue de mon déménagement, je suis tombée sur un livre que j'avais acheté d'occasion un an plus tôt chez un bouquiniste. Le livre, de Burton E. Stevenson, intitulé *The Girl from Alsace*, était en très mauvais état – moisi, froissé et la reliure endommagée. Je me demandais pourquoi je l'avais acheté, mais j'ai compris la raison en l'ouvrant. Ce volume avait été un cadeau ; ou plutôt, il semblait avoir été deux cadeaux. Ce genre de livre a toujours un caractère émouvant.

Voilà ce que j'y ai lu : « Noël 1918. A Papa, de la part de Marie. » En bas de la page étaient ajoutés les mots : « A Scott, de la part de Paul et Vicky. » Les écritures, du même type, suggéraient que le livre était passé d'un membre de la famille à un autre. La calligraphie était cursive, à l'exception de celle, appliquée et enfantine, du nom « Vicky ».

Que dire de Papa et Vicky de ma cassette, venus un jour observer mes enregistrements ? Etaient-ce les mêmes ? Ou une simple coïncidence ? Bien qu'il me devienne de plus en plus difficile d'accepter certaines choses comme de simples coïncidences, je n'irai pas jusqu'à dire qu'elles ne se produisent jamais. Cependant, le mot « Papa » est rarement employé en anglais de nos jours, et Vicky n'est pas vraiment le prénom féminin le plus courant. Je décidai donc d'essayer de les joindre le lendemain.

J'ai commencé mon enregistrement en demandant à ceux de l'au-delà d'essayer de faire venir Papa et Vicky qui se trouvaient près de l'horloge de mon bureau au mois de novembre. Quelqu'un répondit : « *Ils peuvent parler.* » J'ai donc demandé s'ils étaient les mêmes individus dont les noms figuraient sur le livre que j'avais acheté. Une voix masculine très nette répondit :

« *Oui, nous sommes les mêmes* » et six unités plus loin, une voix sonore ajouta : « *C'est exact.* »

Tout cela soulève tant de questions qu'on sait à peine où commencer. Il est vrai qu'en achetant le livre, j'ai éprouvé un instant de mélancolie en y lisant ces dédicaces ; mais cette réaction émotionnelle fut brève – si brève que je l'avais totalement oubliée jusqu'au moment où j'ai retrouvé ce volume en préparant mon déménagement.

Et cependant, l'attraction avait été assez puissante pour que Papa et Vicky se joignent à moi dans mon bureau en novembre et y reviennent en mars, à ma demande.

Qu'est-ce donc, entre nous et ceux de l'au-delà, qui nous attire les uns vers les autres d'une façon si inexplicable ?

Certains privilégient une explication électromagnétique, et il se peut qu'ils n'aient pas tort. Le livre dans mon bureau pourrait-il avoir fait office d'aimant et attiré ces deux entités vers moi en novembre ? Ou était-ce la sympathie éprouvée un an plus tôt chez le bouquiniste en m'interrogeant sur ces inconnus et sur le sort qui avait été le leur ? Peut-être les deux. Quelles que soient la ou les réponses, il semble que dans la mort comme dans la vie, nous restions très liés les uns aux autres.

Les messages de ceux de l'au-delà démontrent leur conscience aiguë de notre existence terrestre de même que leur désir et leur bonne volonté de nous faire partager cet univers qui deviendra le nôtre.

11

LES VOIX DES CÉLÉBRITÉS

> Les âmes quittant le corps des hommes qu'elles ont habités ne cessent pas nécessairement d'être bénéfiques pour les autres hommes. Outre maintes faveurs, certaines dépêchent en fait des messages occultes, prouvant ainsi la survivance d'autres âmes.
>
> Plotin

Depuis que j'enregistre des voix, je me suis fait une règle de ne jamais contacter de personnalités célèbres, qu'elles le soient pour de bonnes ou de mauvaises raisons. Supposons que j'en appelle à Jules César et que, tout heureuse, une voix me réponde : « *C'est moi, me voici !* » Comment savoir s'il s'agit vraiment de Jules César ? Impossible, à moins d'une volonté de s'abuser soi-même. Je laisse une paix royale aux célébrités. Qu'une personnalité connue s'adresse à moi de l'au-delà et le doute est ma première réaction ; la seconde, parce que je veux être impartiale, étant de solliciter des preuves. Ces dernières sont en général difficiles à obtenir, étant donné que nous communiquons par magnétophone. Cependant, de temps à autre, certains indices et messages me laissent perplexe et je me demande parfois s'il se pourrait que l'entité soit bien ce qu'elle prétend être.

Un matin, après avoir demandé si des amis étaient avec moi, j'ai reçu le message suivant : « *Ici l'illustre Beethoven.* »

Beethoven ? Sûrement pas. J'ai décidé que quelqu'un essayait d'attirer mon attention. Je me préparais alors à quitter ma résidence secondaire du New Jersey pour rentrer au Maryland et j'étais occupée à faire mes bagages. Le « message Beethoven » s'était enregistré juste avant que j'emballe mon magnétophone.

J'ai passé mes trois heures de trajet à réfléchir aux voix en général et à Beethoven en particulier.

Ce message m'intriguait. Sans doute possible, il venait d'une voix paranormale ; mais était-ce bien celle de Beethoven ? Par ailleurs, me revenaient en mémoire certaines notes, certains accords musicaux enregistrés au fil des années, dont j'étais convaincue qu'ils provenaient d'une autre dimension. Ces messages musicaux étaient plus fréquents depuis le décès de ma mère, treize mois plus tôt. Je me rappelais aussi mes questions sur la musique et les compositeurs, et les réponses que j'avais reçues : les esprits avaient des pianos et continuaient à jouer « *pour partager avec leurs frères* ».

J'ai commencé à travailler le piano à l'âge de cinq ans avec ma mère, qui a tenu l'orgue de l'église pendant plus de cinquante ans. Toute ma vie, j'ai adoré la musique classique. Adolescente, j'ai pris des leçons d'orgue et joué dans différentes églises de Pennsylvanie et du Maryland. Ma formation musicale de base est assez bonne et assez complète, et je l'ai poursuivie à l'université en étudiant la composition. Mon amour de la musique et le message de « *l'illustre Beethoven* » seraient-ils un exemple d'empathie possible entre moi-même et une entité de l'au-delà ?

En Grande-Bretagne, Rosemary Brown, dont je parle au deuxième chapitre, a joué des centaines de compositions dont elle est persuadée qu'elles ont été dictées, à travers elle, par d'illustres compositeurs décédés dont l'un serait Beethoven.

Il semble raisonnable de croire que ceux qui désirent prouver leur survie au-delà de la mort se manifestent de différentes façons à différentes personnes. Serait-ce ce que Beethoven essaie de faire, en dictant des œuvres à Rosemary Brown, ou en témoignant de sa présence par un message laissé sur mon magnétophone ? Improbable, mais pas impossible. Sans autre message du bon maître, je pourrais certes considérer tout cela comme une intéressante divagation.

Le lendemain du message du compositeur, à nouveau installée dans mon bureau, j'ai demandé si Beethoven s'était trouvé avec moi le matin précédent. « *En effet. Oui, c'était bien cela.* » fut la réponse. Avant de clore mon enregistrement, j'ai dit à Beethoven que j'espérais qu'il reviendrait souvent. La réponse de classe A fut : « *Je reviendrai.* »

Réfléchissant après coup aux deux messages, j'ai estimé qu'ils ne prouvaient rien. La voix pouvait être celle de n'importe quelle entité masculine. Le lendemain matin, j'ai demandé au début de ma séance si des amis étaient avec moi et une voix masculine de classe A a répondu : « *Ludwig* ». Ignorant que ce message venait de s'enregistrer, j'ai continué en demandant si Beethoven était là et la même voix répondit : « *Je suis là.* » Poursuivant mon interrogation, j'ai demandé s'il pouvait jouer quelque chose pour moi. « *Oui, je peux. Je peux.* » Ce message fut immédiatement suivi d'un accord musical et de quelques mesures, puis de : « *Oui, voilà !* »

J'ai commencé à envisager sérieusement qu'il s'agissait de Beethoven après avoir entendu les messages et la musique de cet enregistrement. Dans le suivant, j'ai demandé si la musique venait de Beethoven. Toujours de classe A, une voix masculine a répondu : « **Vous pouvez le dire, cela venait de** » ; puis un instant plus tard, « **Cela peut venir au même.** »

Le matin du 12 septembre, des messages complémentaires s'enregistrèrent, apparemment de Beethoven, disant qu'il essaierait de jouer pour moi ce soir-là. J'ai exprimé ma joie et signalé que je serais bien à mon magnétophone dans la soirée dans l'espoir d'enregistrer sa musique. Cherchant tout de même toujours à obtenir un détail probant, j'ai suggéré qu'il essaie de jouer pour moi un extrait de son *Ode à la joie*. « Si vous faites cela, je serai certaine d'être bien en contact avec vous », lui ai-je dit.

Il y eut un terrible orage ce soir-là. La lumière électrique vacilla à plusieurs reprises et j'ai repoussé le moment d'enregistrer. Je prends la foudre au sérieux et j'évite de manipuler les appareils électriques et électroniques de mon bureau au cours d'un orage. Ce soir-là, j'ai failli ne même pas y entrer, mais je voulais absolument faire cet enregistrement. J'avais promis à Beethoven – ou qui que ç'ait été – que je serais à mon poste. J'ai donc fini par mettre mon magnétophone en marche, avec les roulements de tonnerre et les éclairs autour de moi. J'étais là comme promis, mais la session serait de courte durée et si rien ne s'enregistrait en l'espace de quelques minutes, c'en serait fait pour cette soirée. Du côté des voix, c'était le silence. J'ai remercié Beethoven de quelque effort qu'il ait pu tenter et alors même que j'allais fermer mon appareil, une musique douce, hésitante d'abord, commença à se faire entendre à travers le haut-parleur de ma radio que j'avais utilisée comme fond sonore (voir chapitre 10). J'étais médusée. La musique, qui dura une minute, était nette et de plus en plus forte. Elle comportait des sons de cloches et de vent, en même temps que plusieurs instruments que je n'ai pu identifier. Le tonnerre explosait toujours à l'arrière-plan. L'orage provoquait des craquements qui affectaient le son, mais j'étais pratiquement certaine d'enregistrer une musique d'une autre dimension. Ce fut un moment bouleversant et je suis particulièrement reconnaissante d'être la récipiendaire d'un tel cadeau.

A la fin de cet épisode, j'ai demandé si cette musique provenait du monde des esprits et plusieurs voix ont répondu : « *C'est exact.* » Et quelques secondes plus tard, une voix masculine agréable a ajouté : « *Nous sommes bons !* »

La soirée du 12 septembre n'a pas mis fin à ma curiosité à l'égard de cette musique. J'étais bien persuadée qu'elle émanait d'un autre niveau de réalité ; mais je voulais écarter autant de traces de doute que possible. J'ai donc fait des copies de ma cassette, que j'ai adressées aux départements musique du lycée local et de l'université la plus proche. Ne voulant pas influencer leur jugement en faveur ou contre une origine paranormale, je me suis bornée à demander si quelqu'un pouvait en identifier le contenu. Personne n'y parvint. Je les ai alors envoyées à six musiciens bien connus. J'avais eu des contacts avec eux auparavant ; je leur ai donc expliqué tout l'enchaînement des enregistrements, et j'ai ajouté une copie des contacts relatifs à Beethoven. Les commentaires furent variés, chacun trouvant la musique fascinante, étrange, mais tous s'avouèrent incapables de l'identifier. David Ohanian, du Boston Symphony and Pops Orchestra répondit : « Les intervalles en question ne pourraient pas avoir été harmonisés de façon conventionnelle. » Donald Martino, titulaire de la chaire de composition du New England Conservatory of Music et Prix Pulitzer de musique en 1974 m'écrivit qu'avec ses collègues, ils avaient écouté la cassette à plusieurs reprises, mais qu'aucun d'eux n'avait jamais entendu cette musique auparavant. Sans aucune exception, tous les musiciens ont répondu que cette musique ne ressemblait en rien à celle que Beethoven composait de son vivant. Ce qui est vrai. Mais Beethoven est mort depuis plus de cent soixante ans et pourrait composer une musique différente de ce qu'il faisait il y a deux cents ans.

Je l'ai écoutée récemment pour la première fois depuis plus d'un an et j'ai été soudain frappée par le fait que vingt secondes après les premières notes, deux mesures évoquent le piano et sont très semblables à deux mesures du premier mouvement de l'Opus 27 n° 2, connu sous le nom de *Sonate au clair de lune*. J'ai fait jouer cette partie de la sonate par ma fille tandis que j'écoutais l'enregistrement : les deux mesures sont presque identiques.

On peut imaginer qu'il soit extrêmement difficile pour un esprit de communiquer avec nous. Après les efforts remarquables de Beethoven pour me transmettre de la musique, nos contacts se sont perpétués pendant un certain temps et par deux fois, j'ai entendu une musique à peine perceptible.

Un soir, j'ai demandé si Beethoven était avec moi et perçu en arrière-fond sonore les notes douces d'une gamme. Une voix de jeune garçon chanta alors : « *Notez-le bien. Oui, C'est lui. Notez.* » Le chant n'était qu'en partie dans la même tonalité que la musique enregistrée. Il est aussi intéressant de noter que le message de sept mots correspond aux sept notes d'une gamme diatonique.

J'ai reçu d'autres messages, de temps à autre, dont deux mentionnaient le prénom de *Ludwig*.

Que dire de ces « communications Beethoven » ? Sont-elles authentiques ? Des indices troublants m'incitent sérieusement à le penser. Beethoven était persuadé que l'être humain survit à la mort et il semblerait qu'il s'efforce de nous montrer qu'il en va ainsi, de toute évidence à travers Rosemary Brown ; mais percevant notre scepticisme, il tente de nous le prouver plus catégoriquement par l'intermédiaire de messages enregistrés.

Bien que Beethoven n'ait pas joué d'extrait de son *Ode à la joie* le 12 septembre, il a choisi d'inclure deux mesures de sa *Sonate au clair de lune* pour authentifier son message, montrant ainsi qu'il poursuit en toute conscience sa vie musicale sur un autre plan de réalité.

Cinq mois après le premier message relatif à Beethoven, j'ai découvert qu'une autre personnalité m'ayant contactée à plusieurs reprises était plus connue que je ne l'avais imaginé. Comme je l'ai écrit auparavant, j'ai souvent reçu des messages d'un certain James. Mais mes tentatives pour découvrir son nom de famille m'attiraient toujours la même réponse : « ***James.*** »

Sa personnalité présentait plusieurs aspects intéressants. A l'inverse de beaucoup d'esprits qui se manifestent seulement une fois ou deux avant de poursuivre leur chemin dans leur univers, James semblait rester avec moi. Il signalait sa présence pratiquement chaque fois que je faisais appel à lui. Il semblait aussi particulièrement apte à me mettre en rapport avec ceux que je désirais contacter. Il était tellement obligeant dans ce domaine que je l'appelais mon « appariteur officieux ». Me refusant à l'utiliser uniquement à ces fins alors qu'il souhaitait peut-être autre chose, je lui posais une question de temps en temps ou lui laissais la libre disposition du micro. En général, je n'entendais rien ; mais à l'occasion, il disait quelques mots et, petit à petit, j'eus l'impression que quelque chose avait dû m'échapper à propos de James.

Finalement, il me vint à l'esprit que James pourrait être son nom de famille. Et après mûre réflexion, je me suis demandé s'il pourrait s'agir de William James.

Je savais peu de chose le concernant, excepté qu'avant de mourir, il s'était intéressé à la recherche parapsychique. Je me rappelais avoir lu, dans un cours de psychologie à l'université, qu'il avait été un psychologue et un éducateur célèbre et qu'il était mort au début du xxe siècle.

Assise un soir devant mon magnétophone, je demandai donc : « James, êtes-vous le psychologue et éducateur William James ? »

Je fus rapidement remise à ma place par une voix féminine qui répliqua nettement : « *William James est un célèbre "philosophiste"*. »

Le mot « philosophiste » indiquait évidemment un lien avec la philosophie. Je consultai donc mon encyclopédie. J'y lus que la contribution de William James, psychologue et éducateur comme je le savais déjà, relevait principalement de la philosophie et que c'était en tant que philosophe qu'il espérait passer à la postérité.

Le lendemain matin, quand j'ai demandé à James s'il était bien le psychologue et philosophe décédé en 1910, une voix masculine répliqua : « *Vous avez raison.* » Au cours de la même session, j'ai demandé s'il avait été surpris en atteignant l'au-delà. La même voix masculine répondit : « *Oui. Venez, vous êtes avec Polly. Votre Polly est ici.* » James ajouta qu'il m'aiderait.

Je ne suis pas parvenue à découvrir si James avait été très lié avec une « Polly » au cours de sa vie terrestre ; mais de toute évidence, il connaissait quelqu'un de ce nom, qu'il retrouva après sa mort.

Le lendemain, je lui ai demandé s'il m'aiderait réellement. Très clairement, la voix entendue la veille déclara : « *Je vous aiderai. Je ferai cela. Vraiment. Sally. Vous voyez, j'ai éprouvé la haine. Et nous aidons. Nous vous aidons.* » Puis une voix différente ajouta : « *L'aiderons-nous ?* » et la réponse fut : « *Oui.* »

De ce moment, j'ai cessé d'utiliser James comme « appariteur officieux » et lui ai surtout posé des questions relevant de la philosophie et de la recherche parapsychique. J'ai délibérément évité de lire les biographies qu'on lui a consacrées. Je voulais que mes questions, comme ses réponses, restent aussi « pures » que possible d'informations obtenues indirectement. J'espérais acquérir une connaissance plus immédiate de cet homme et je pourrais toujours lire des biographies par la suite pour corroborer les indications recueillies lors de nos contacts.

Suivirent des mois de fréquentes communications. Les réponses à nombre de mes questions étaient formulées par une voix masculine ressemblant à celle de James. C'est lui qui, alors que je demandais s'il était là, répondit un jour : « *Les fidèles l'ont encore* », impliquant qu'il était l'un d'entre eux. Un autre jour où je demandais où se trouvaient les autres plans de réalité, il répondit : « *Cela n'est réellement pas important.* » Trois semaines plus tard, je lui demandai où il vivrait s'il avait le choix – sur le plan terrestre ou dans le monde des esprits. Il répondit : « *Nous ne nous inquiétons pas de cela.* » A ma question sur l'étendue de notre libre arbitre sur terre comme dans l'au-delà, il répondit : « *Très vaste.* » Quand je l'ai demandé onze jours plus tard, quelqu'un a posé cette intéressante question : « *Le nommé parlera-t-il ?* » qui fut suivie de la réponse de James : « *Je parlerai. Merci. James.* » Puis je l'ai appelé le surlendemain et une voix claire a déclaré : « *Il se promène à pied* », message qui fut répété un moment plus tard.

Quand j'ai finalement décidé de lire une biographie de James, j'ai appris que les longues promenades à pied avaient été l'un de ses principaux plaisirs. J'ai également appris qu'il n'était pas de santé robuste et travaillait jusqu'à l'épuisement. Sa voix s'affaiblissait parfois comme si parler lui devenait trop pénible. J'ai fini par soulever ce point et il m'a dit qu'il ne se sentait pas bien. Quelques jours après, j'ai demandé s'il avait vu un médecin et il a répondu affirmativement. Lors de la session suivante, j'ai demandé ce qu'avait dit le médecin. La réponse fut : « *Trop fatigué. Travail.* » En parlant avec James une semaine plus tard, je lui rappelai qu'il s'était déclaré fatigué et il m'interrompit pour dire : « *Je le suis toujours.* » Ignorant que ceci venait de s'enregistrer, je continuai en lui demandant s'il se sentait mieux. Une voix différente expliqua : « *Elle demande si vous vous sentez bien.* »

William James était convaincu que non seulement l'homme a besoin de Dieu, mais que Dieu a besoin de l'homme. Je lui ai demandé s'il pensait toujours de même et une voix surexcitée a répondu : « *Oui, c'est cela ! Oui, vous pouvez dire cela !* »

Je lui ai demandé, en une autre occasion, si la conscience, différente pour chaque individu, est la seule réalité et il répondit clairement : « *Uniquement cognive* (cognitive ?) ».

J'ai également essayé d'explorer, sans beaucoup de succès, le domaine parapsychique qui avait été pour lui un objet de recherche. Je lui ai demandé sur quel sujet, à son avis, les chercheurs d'aujourd'hui devraient se concentrer. Ma question sembla l'irriter et il l'écarta avec ces mots : « *Allez. Allez. Allez. Allez. Un autre problème.* »

Je suis frappée par la différence entre les communications avec Beethoven et avec James. Les biographies de ce dernier soulignent qu'il s'intéressait énormément à la survie post mortem. Il tenta à plusieurs reprises d'en prouver la réalité, mais n'y parvint jamais à sa satisfaction. Maintenant que, dans l'au-delà, cette survie est pour lui un fait, il essaie de nous montrer que nous continuons à exister après la mort du corps physique.

Sa remarque relative aux « corbeaux blancs » est célèbre dans la littérature parapsychique. Il suffit, disait-il, d'un seul corbeau blanc pour prouver que tous les corbeaux ne sont pas noirs, impliquant par là que si nous pouvions prouver la survie après la mort d'un seul être humain, nous pourrions alors commencer à en accepter la possibilité pour nous tous. C'est exactement ce qu'il semble s'efforcer de faire, plus encore que Beethoven, en se manifestant de diverses façons auprès de différentes personnes. Nombreux sont en effet ceux qui affirment avoir été en contact avec lui « à travers le voile ». Susie James pensait avoir « reçu » de James lui-même son livre *The Book of James* publié en 1974. Quatre ans plus tard, Jane Roberts publiait *The Afterdeath Journal of an American Philosopher – Le monde vu par William James* ; apparemment, il s'agissait d'un autre cas de « dictée ». Des groupes d'éveil et de développement personnel affirment que James et ses associés se manifestent pour tenter de les éclairer.

Tous ces contacts sont-ils authentiques ? Personne ne peut l'affirmer mais je suppose que quelques-uns au moins le sont. Etant donné ce que nous savons de William James, il n'est pas surprenant qu'il essaie de prouver que son corbeau blanc s'est transformé en un vol tout entier.

J'ai parfois l'impression que James est assez irascible, ce qui n'est pas le cas de Beethoven. Avec James, je me comporte toujours comme une élève respectueuse. Avec Beethoven, je me suis parfois sentie impressionnée mais, étrangement, ses communications, beaucoup plus que celles de James, m'ont souvent inspiré un sentiment de complicité. Tous deux des géants dans leurs domaines respectifs, ils poursuivent outre-tombe les mêmes intérêts qu'ici-bas ; et tous deux s'efforcent de nous faire savoir que nous pourrons faire de même quand le moment sera venu pour nous de regagner l'univers au-delà de la mort.

J'ai eu d'autres contacts, souvent assez brefs, avec ou à propos de célébrités ; et dans l'un de ces cas, il s'agissait d'une célébrité de très mauvais aloi.

Il prit place au cours de ma session matinale du 11 mai. Tous les messages se trouvaient sur l'envers ou « mauvais » côté de la bande (je développe ce point dans le chapitre 18).

En l'espace d'environ quatre minutes, j'ai entendu quatre messages de classe A en écoutant cette bande. Le premier était : « *Ne me montrez pas le mal.* » Une voix différente suivit avec : « *Je l'ai amené.* » Ensuite : « *C'est un lâche.* » Et enfin, dernier message de ce groupe : « *J'ai Hitler. Il rêve que j'amène sa mère.* » J'ai appris depuis cet enregistrement que Hitler était extrêmement attaché à sa mère.

Pendant une période d'environ cinq mois, j'ai eu l'impression d'être entourée de savants. Ils « passaient » à mon bureau, s'adressaient parfois directement à moi, puis après quelques visites, poursuivaient leur chemin.

En octobre, j'ai capté « Eddington » et passé la semaine qui suivit à essayer de découvrir qui avait enregistré ce nom. Ayant eu fort peu de succès, j'ignore encore s'il s'agissait de Sir Arthur Eddington, l'astronome, physicien et écrivain anglais qui s'intéressait à la recherche parapsychique. Eddington parla sur les deux côtés de ma bande et dans un cas, quelqu'un déclara qu'il avait amené quatre personnes avec lui. Huit jours après sa première apparition, je lui ai demandé à nouveau s'il était présent. Au verso de la bande, une voix masculine de classe A, étonnamment claire, a répondu : « *C'est toujours mon nom. Mais je préférerais qu'elle ne l'ait jamais entendu. Je me repose !* »

La voix pourrait être celle de Sir Arthur Eddington, apparu au début de la « période savants ». Je crois que ce que je fais l'intéresse mais qu'il n'a pas envie que je m'en mêle, et que mes questions le dérangent. Après avoir entendu le message « ... je préférerais qu'elle ne l'ait jamais entendu... », je lui ai présenté mes excuses et l'ai assuré que je ne l'appellerais plus. Lorsque les entités de l'au-delà témoignent qu'elles ne désirent pas être contactées, nous devons respecter leur désir de tranquillité.

La situation fut tout autre avec Darwin (Charles, je suppose). Un matin, de bonne heure, j'ai enregistré : « *Oui, c'est cela. Suppose il maintenant est Darwin.* » Quelques jours après ce message, quelqu'un déclara d'une voix surexcitée : « *Vous avez un savant dans la pièce !* » Cinq mois plus tard, j'ai enregistré : « *Je suis tout près, Darwin* », suivi de : « *Si j'ai besoin d'aide, je vois un laser autour.* » Tous les messages Darwin étaient clairs, de classe A, enregistrés sur l'envers de la bande.

Le matin du 6 octobre 1981, je déjeunais comme chaque jour en écoutant les informations à la radio. Le premier sujet était celui de l'attentat contre le président Anouar El Sadate au Caire. Le reporter ajouta que bien qu'on l'ait transporté d'urgence à l'hôpital, sa blessure ne semblait pas grave.

Un peu plus tard, je procédai à mon enregistrement habituel de dix minutes. Après avoir écouté la bande dans le « bon » sens, je la repassais à l'envers et presque immédiatement, j'ai entendu : « *Que le Dieu donne* », suivi peu après de : « *Dieu le dispensateur. Dieu le dispensateur.* » La voix me sembla familière et elle était tellement forte et claire que j'ai interrompu le défilement pour réfléchir à qui elle pouvait bien appartenir. J'avais tout d'abord pensé à Sadate ; mais la radio nous avait rassurés en disant qu'il n'avait pas été gravement blessé. Or la voix qui parlait semblait faire l'expérience de la mort. J'ai interprété « *Que le Dieu donne* » comme un appel à la clémence de Dieu. Le message suivant « *Dieu le dispensateur* » indiquait que la personne avait bénéficié de cette générosité divine.

J'ai relancé le défilement de la bande pour entendre le reste des messages éventuels. En l'espace d'une minute, une voix masculine différente disait : « *Sadazi. Il est là* » et un repère de compteur plus loin : « *Je suis revenu.* » L'emploi du mot « Sadazi » peut nous paraître étrange ; mais il est assez proche de Sadate pour être accepté comme une allusion au président égyptien.

Sadate était-il mort ? J'ai rouvert ma radio et aux informations suivantes, j'ai appris qu'il avait, en effet, succombé à ses blessures.

Le lendemain, lorsque je me suis enquise de Sadate, une voix sur l'envers de ma bande a déclaré : « *Sadate grandeur.* »

J'admirais depuis longtemps Sadate et ce qu'il avait essayé de faire pour son pays. Peut-être était-ce cette sympathie qui m'avait permis d'être à l'écoute de son expérience de la mort. Quelle que soit la raison, je me considère comme privilégiée d'avoir été le témoin silencieux et très humble de cette expérience.

Moins d'un pour cent de toutes mes communications proviennent de personnalités connues. Je recommanderais vivement de ne pas prendre pour argent comptant tous les messages prétendant émaner de personnalités célèbres ; mais on ne peut non plus les écarter systématiquement. Si l'oncle Joseph, la tante Suzanne, Pierre ou Paul s'efforcent de communiquer avec nous, pourquoi Beethoven ou James n'en feraient-ils pas autant ?

Je m'informe sur toute personnalité connue dont le nom m'est donné et, dans la mesure du possible, je demande une preuve d'identité, comme je l'ai fait avec Beethoven, qui me l'a fournie au-delà de tout ce que j'avais espéré.

12

LES VOIX DE L'ÉGYPTE

L'Egypte m'attire depuis des années. Quand j'ai finalement visité le « Pays du Nil » en 1984, le visible et l'invisible m'ont parlé de maintes façons. Dès que j'ai aperçu les trois pyramides de Gizeh comme des sentinelles sous la lune, je me suis sentie à ma place et ce sentiment m'a accompagnée pendant toute la durée de mon séjour.

J'avais appris six mois plus tôt qu'un groupe de dix-neuf personnes, conduit par Lynn Gardner d'Indianapolis (Indiana), visiterait l'Egypte en mai. La découverte des civilisations égyptiennes ancienne et contemporaine n'était pas le seul but du voyage ; le groupe tenterait aussi d'atteindre d'autres niveaux de réalité par le chant, la danse, la méditation ou tout autre moyen que chacun jugerait adéquat. Personnellement, j'espérais enregistrer des voix d'autres dimensions par l'intermédiaire de mon magnétophone.

Je le faisais depuis plusieurs années dans le confort de mon bureau, dans ma propre maison. Dans ces conditions, avec un équipement moderne, capter des messages d'une autre dimension est une chose ; c'en est une autre d'essayer, pendant plusieurs jours, d'entrer en contact avec d'autres réalités dans les conditions difficiles et rudimentaires qui prévalent parfois en certaines régions de l'Egypte.

Dès que ce voyage fut décidé, j'ai donc commencé à rassembler tout ce dont j'aurais besoin. Ma fille Becky, qui allait m'accompagner, voulait tenter elle-même de capter des voix. Il nous fallait donc des appareils supplémentaires. Tous nos enregistrements seraient faits grâce à des piles, les prises de courant étant assez rares à proximité de tombeaux vieux de quatre mille ans. Pensant que cela suffirait, j'en ai acheté quarante – mais il nous fallut en trouver davantage sur place. Les cassettes de longue durée m'ayant déjà causé des problèmes dans les magnétophones portables, je m'en suis tenue à celles de soixante minutes. Nous en avons emporté cinquante, ce qui couvrit amplement nos besoins. Nous avons également pensé à quelques petites lampes de poche puissantes afin d'être mesure de changer nos cassettes même dans l'obscurité. Je redoute toujours d'enregistrer sur une cassette déjà utilisée, ce qui, heureusement, ne m'est jamais arrivé. Notre équipement le plus précieux fut un petit voltmètre pour vérifier nos piles chaque matin, avant de quitter l'hôtel pour la journée, et les changer quand elles ne seraient plus suffisamment performantes. Nos films et cassettes étaient emballés dans des sacs traités au plomb qui protègent des rayons X lors des vérifications de bagages dans les aéroports. Tout notre équipement tenait dans mon sac de voyage, qui fut examiné à chacun de nos arrêts : notre collection de piles et de cassettes étonna un peu les douaniers, qui se montrèrent cependant fort aimables.

Le groupe se forma à l'aéroport Kennedy de New York pour s'embarquer sur un avion de la Royal Jordanian à destination d'Amman, notre premier arrêt. Les mesures de sécurité y étaient très strictes et tous les hommes furent fouillés avant d'être autorisés à prendre le vol d'Egyptian Air, qui nous transporta au Caire. A l'atterrissage, un soldat en uniforme de campagne, mitraillette en main, nous accueillit en bas de la passerelle.

Quelques instants plus tard, de la fenêtre de mon hôtel de Gizeh, je contemplais, emplie de respect et d'admiration, les pyramides toutes proches en m'interrogeant sur les résultats que j'obtiendrais dans ce pays. Au fil des années, j'avais constaté que les esprits invisibles pouvaient communiquer avec nous par magnétophone interposé. Cette aptitude se maintenait-elle à l'intérieur des tombeaux et des temples ? La rémanence de la conscience y perdurait-elle ? Et si oui, de quelle nature serait cette conscience ? Communiquerais-je avec des entités prisonnières de la terre depuis quatre mille ans ? Ou avec des entités conscientes appartenant maintenant à des plans plus élevés, mais qui pourraient ou non avoir joué un rôle dans l'histoire des lieux où j'enregistrerais ? Et accepteraient-elles de me parler par le truchement prosaïque de mon magnétophone ?

Le premier jour m'apporta les premières réponses. Notre visite initiale était pour Memphis, l'antique capitale de l'Ancien Empire de la Basse Egypte, pour y admirer le fameux Sphinx d'albâtre et la statue colossale de Ramsès II. Un sarcophage vide était exposé sur le site ombragé par des palmiers. Tenant mon magnétophone à l'intérieur du sarcophage, j'ai invité les entités qui le désiraient à s'exprimer. En repassant la bande pendant le retour à l'hôtel, j'ai entendu clairement une voix masculine disant : « ***Besoin d'aide !*** » Ce matin-là, nous avons aussi visité les alentours de la pyramide à degrés de Djoser et pénétré dans plusieurs temples et monuments funéraires appelés « mastabas ». D'autres messages, certains nets et forts, s'enregistrèrent. Après que j'eus placé mon magnétophone dans ce que les anciens Egyptiens appelaient la « fausse porte » de l'un des mastabas, une voix masculine claire chantonna : « *Je descends.* »

Notre résistance physique fut parfois mise à l'épreuve, en particulier l'après-midi où certains d'entre nous escaladèrent la falaise pour atteindre les tombes de Beni Hassan. Les trente-neuf hypogées de dynastes du Moyen Empire, datant d'environ 2 000 ans avant J.-C., sont creusés dans la falaise. Nous avions d'abord traversé le Nil par le bac, puis grimpé à dos d'âne ; il fallut ensuite escalader un pan très abrupt, ce qui nous laissa épuisés. Dès que j'eus repris mon souffle, j'explorai en silence la tombe de Khiti, invitant l'invisible à se manifester. Plusieurs messages s'enregistrèrent ; mais le plus intéressant vint après que j'eus demandé l'identité de ceux qui parlaient. Une voix féminine, s'adressant de toute évidence à d'autres entités de son univers, déclara : « *Entrez et pensez à ce que vous êtes.* » Il semble qu'au moins dans ce groupe particulier, les entités, bien que conscientes, ne se définissent pas par les moyens que nous employons dans notre univers.

Douze messages s'enregistrèrent dans les cinq tombes de Beni Hassan que nous avons visitées. Pendant les douze jours où j'ai enregistré au cours de mon séjour en Egypte, j'ai commencé chaque session par cette invitation : « *Nous cherchons la lumière. Nous venons vers vous avec amour et sincérité et vous demandons de faire de même.* » Un nombre exceptionnellement élevé de messages reçus à Beni Hassan et autres sites m'ont assurée que les esprits venaient aussi vers nous dans les mêmes dispositions d'amour et de sincérité, témoignant qu'ils m'avaient effectivement entendue en reprenant les mots mêmes de mon invitation.

C'est dans l'une des tombes de Beni Hassan que, pour la première fois en Egypte, mon nom s'enregistra.

Une voix dit : « *Avec elle. Estep dit* » et un instant plus tard, « *Estep appelle.* » C'est également dans ce lieu que quelqu'un me communiqua un message précognitif.

Les photographies sont interdites dans de nombreuses sépultures parce que les éclairs de lumière contribuent à la détérioration progressive de leurs merveilleuses peintures murales. Les tombes de Beni Hassan ne font pas exception à cette règle. Un garde a suivi notre groupe de près pour s'assurer qu'elle ne serait pas enfreinte. Je me tenais dans une petite alcôve, parlant dans le micro de mon magnétophone, quand il s'avisa que cette petite chose noire était sans doute un appareil photo. Il s'avança vers moi, massue menaçante à la main. Je ne parle pas arabe, il ne parlait pas anglais et l'incident semblait devoir être déplaisant. Je ne pouvais recourir qu'au sourire et au langage des mains. Finalement je me fis comprendre, le gardien abaissa sa massue, sourit et s'éloigna, de sorte que je pus continuer à enregistrer. Le soir, en écoutant ma cassette, j'entendis moins d'une minute avant l'incident : « *Ne craignez rien.* »

Le matin du neuvième jour, nous avons visité le temple d'Abydos, principal centre du culte d'Osiris. C'est là que Becky, assise à l'écart dans un petit sanctuaire, a enregistré le plus beau, le plus extraordinaire chant paranormal que j'aie jamais entendu, chanté, pour la majeure partie, dans une langue inconnue de nous et, je suppose, inconnue sur le plan terrestre. Une petite partie, cependant, chantée en anglais, commence par : « *Nous sommes aimants.* »

C'est aussi à Abydos que j'ai reçu un message très spécial. En Egypte, j'ai clos toutes mes sessions d'enregistrement en disant : « *Nous vous quittons avec amour et demandons votre bénédiction.* » Quelques secondes après que j'eus ainsi salué, une excellente voix de classe A répliqua : « *Avez votre bénédiction !* »

Ce même après-midi, nous sommes allés au temple de Denderah, dédié à Hathor, déesse de l'amour et de la beauté. Le temple abrite un certain nombre de chambres ainsi qu'une multitude de chauves-souris, accrochées aux plafonds ou fonçant à toute vitesse d'une pièce à l'autre comme des flèches. Priant pour qu'aucune n'ait la rage et que leur système radar soit en bon état de fonctionnement, je me suis accrochée à l'échelle permettant d'accéder, dans les profondeurs de la terre, à une petite pièce où se tenaient des cérémonies magiques secrètes il y a plusieurs milliers d'années. J'ai pensé que ce serait un lieu privilégié pour enregistrer des voix. Peu de personnes s'y étaient aventurées. Physiquement, j'avais donc suffisamment d'espace et cependant, je me sentais cernée, comme si les énergies des siècles lointains s'y étaient condensées et faisaient pression sur tout ce qui pénétrait dans la pièce. Je fis un bref enregistrement d'environ trois minutes. Le premier message reçu fut une voix féminine forte et stridente annonçant : « *Nous venons.* » A la fin de l'enregistrement, une voix masculine exceptionnelle, nette et forte, m'appela par mon prénom : « *Sarah. S'il vous plaît, guidez-moi. J'aime.* »

J'ai enregistré des voix sur une douzaine de sites. Les deux qui m'ont le plus impressionnée sont un ensemble de tombes coptes dans le désert occidental et, près des pyramides, un petit tombeau rarement visité.

Après une cérémonie spéciale dans la région des pyramides, le guide nous a accompagnés jusqu'à une tombe vieille de plusieurs milliers d'années. Les lumières avaient été éteintes pour que nous puissions méditer. Mais j'ai tout d'abord aperçu la statue d'un jeune garçon de douze à quatorze ans dans une petite niche. Instantanément, je me suis sentie submergée par une sensation de perte et de désolation tellement puissante que pendant quelques instants, assise sur le sol en dessous de la statue, j'ai été incapable de parler. Pendant ce temps, mon magnétophone enregistrait et la lecture de la bande révéla plusieurs messages, parmi lesquels : « *Vous parlerai avec amour* », « *Je suis revenu(e) avec vous* », « *Nous pensions que vous viendriez. Nous savons cela. Voilà la vérité. Voici la vérité. Voici la lumière !* »

Pendant ce temps, Becky enregistrait également à deux mètres de moi. Son premier message fut : « *Ma mère.* »

Quatre jours plus tard, nous avons visité les sépultures coptes – plusieurs centaines dans un état de dégradation plus ou moins avancé. Sur et entre les collines, on ne voyait que des tombes et le sable du désert. Là encore, je fus presque submergée par l'émotion, mais d'une façon très différente de ce que j'avais ressenti dans le petit tombeau près des pyramides : j'ai éprouvé un sentiment de paix, de sérénité, de bien-être et de joie. Chaque membre du groupe alla à son gré. Je me suis donc écartée, m'arrêtant devant telle ou telle tombe et entrant dans celles qui semblaient presque m'appeler. Dans l'une d'entre elles, une voix féminine déclara : « *Je vous ai enterré(e)* » et plus tard : « *Ceci est ma maison.* »

Huit d'entre nous connurent un moment inoubliable face au Sphinx de Gizeh. Nous y sommes restés assis sur le sable de dix heures du soir à trois heures du matin. C'était la pleine lune et on entendait au loin le chant du muezzin appelant les fidèles à la prière. De temps à autre, un membre du groupe se levait et, en silence, allait se placer devant le Sphinx. Avant de partir, j'ai posé mon magnétophone entre ses deux pattes en demandant si l'un de nous avait été présent lors de sa construction. La réponse, très douce mais nette, fut : « *Très vrai.* »

Un mois avant que nous venions en Egypte, une explosion avait eu lieu dans la grande pyramide de Chéops. Nos chaînes de télévision avaient annoncé que le gouvernement égyptien ne prenait pas cet incident au sérieux ; mais la vérité était tout autre. Les visiteurs étaient toujours admis dans la chambre du roi, mais à condition d'y entrer les mains vides. La porte de la chambre de la reine restait fermée à clef et personne n'était autorisé à y pénétrer. Heureusement, j'ai réussi à obtenir une dérogation spéciale la veille de notre départ. Tôt ce matin-là, je suis entrée seule dans la chambre de la reine. Mon accompagnateur a verrouillé la porte derrière moi en promettant de revenir une heure plus tard. J'y ai reçu de nombreux messages d'excellente qualité dont : « *Nous venons. Nous sommes ici* », « *Venez, c'est ami.* » Les deux derniers que j'ai enregistrés en Egypte furent : « *Nous venons vers vous. Rester avec vous. Nous vous aimons.* » et « *Sarah ! Nous venons à elle.* »

En avril 1986, j'ai à nouveau passé dix-sept jours en Egypte. Avec Lynn Gardner, organisatrice de la visite de 1984, nous y avions prévu un séminaire sur les voix enregistrées pour un groupe que nous avons appelé « Egyptian Odyssey ». Nous avions été mises en garde contre les activités terroristes et encouragées à annuler le voyage. Lynn et moi, après mûre réflexion, étions décidées à aller de l'avant, mais nous voulions consulter les membres du groupe avant de prendre une décision finale. Le groupe fut unanime : nous sommes partis.

Les mesures de sécurité étaient encore renforcées par rapport au voyage précédent. Mais les Egyptiens furent aussi chaleureux et amicaux que deux ans plus tôt. A l'issue du stage, plusieurs membres du groupe ont conclu que « la meilleure part de cette expérience fut de rencontrer et de faire connaissance avec les Egyptiens ».

Les voix des invisibles me parlèrent à nouveau par le

truchement de mon magnétophone. Je les ai saluées sur les sites visités deux ans plus tôt : « *Je suis revenue vers vous.* » Certains messages ont alors semblé faire suite à ceux de mon premier voyage et j'ai cru reconnaître quelques voix de 1984.

Dans la petite tombe qui m'avait tellement émue, j'ai demandé à entrer en contact avec l'entité qui avait prononcé « *Ma mère* ». Une voix de classe A, forte et aiguë, répliqua : « *Il revient ! Nous l'encourageons.* »

Nous avons revu le sarcophage vide de Memphis et la petite chambre des rites secrets du temple de Denderah où j'avais reçu un appel à l'aide. Lynn et moi y avons tenu quelques sessions restreintes et fait des suggestions pour aider les entités à progresser dans l'au-delà. J'ai eu l'impression, en particulier à Denderah, que nous étions écoutées avec beaucoup d'attention par des entités invisibles. Une sensation de calme sembla se développer et, finalement, dominer dans la petite crypte.

Nous avons visité deux nouveaux sites – le monastère de Saint-Siméon près d'Assouan et l'église de Zeitoun au Caire. J'ai sollicité un message dans la cellule de saint Siméon, vieille d'environ mille cinq cents ans. Une voix masculine profonde et distincte dit : « *Je viens avec patience* », témoignant peut-être d'une qualité dont saint Siméon avait eu besoin sur le plan terrestre pour diriger ce monastère.

Deux messages me parvinrent pendant que j'étais paisiblement assise dans l'église de Zeitoun, célèbre pour les apparitions répétées de la Vierge Marie en 1968. Le dernier enregistré dans ce sanctuaire fut aussi le dernier reçu au cours de ce voyage : « *Je vous aime.* »

Egypte. Terre historique. Terre de mystère. Peu d'entre nous pourraient la visiter sans en être émus. Elle continue à toucher chacun de nous au plus profond de son être.

13

LES VOIX ET LES AUTRES MONDES

> Notre conscience vigile normale, rationnelle, comme nous l'appelons, n'est qu'un type particulier de conscience : à l'entour, séparées de nous par le plus mince des voiles, foisonnent des formes potentielles de conscience totalement différentes.
>
> William James

« D'autres univers. » Annoncer que l'on parle avec les morts est déjà beaucoup. Mentionner d'autres univers, d'autres réalités, et faire comprendre que l'on est parfois en contact avec eux, et même les plus disposés à accepter l'éventualité d'un tel type de communications commencent à se montrer réticents. Et pourtant, le contact avec les esprits des défunts n'est que la partie émergée de l'iceberg.

Pendant trois ans, j'ai cru que tous mes contacts venaient des morts. En dépit de ma tendance pragmatique au scepticisme, certaines de mes convictions se modifièrent après que j'eus traversé ce pont entre nous et qu'ils l'eurent traversé pour venir à moi. J'ai conservé ce qui m'apparaît comme une dose salutaire d'incrédulité mais, tout en admettant la nécessité d'être réaliste, j'ai compris que pour développer notre conscience au maximum, nous devons dépasser des frontières factices. Ce que nous croyons connaître de la réalité pourrait être partiellement inexact, ou totalement faux ; et l'horizon que nous nous imposons n'est autre que la limite de notre perception individuelle. Ce n'est qu'en admettant de telles possibilités que nous pouvons commencer à explorer des territoires qui semblent infinis. Ce voyage n'est pas pour les pusillanimes. Nous pouvons y sombrer dans la confusion, à moins de faire confiance à la protection que nous accordent nos contacts dans l'au-delà. Car en tout premier lieu, ce voyage exploratoire nous fait prendre la mesure de notre ignorance au fur et à mesure que nous découvrons des réalités inconnues. Le monde au-delà du nôtre étant illimité, il va de soi que si nous désirons le poursuivre, notre voyage sera sans fin. Nous pouvons seulement espérer qu'une expansion de notre conscience nous rendra capables d'apprécier notre niveau de développement et de constater qu'en chacun de nous se cache le potentiel nécessaire pour participer au processus ininterrompu de la création.

Les explorateurs comme Christophe Colomb et Hernando de Soto n'avaient sans doute qu'une assez vague idée de leur destination et de la durée probable de leur voyage. En dépit des dangers et des incertitudes qui pesaient sur leurs projets aventureux, ils avaient un net avantage : ils savaient que leur voyage atteindrait son terme parce qu'ils évoluaient dans les limites de la terre.

Ceux d'entre nous qui s'aventurent en dehors d'elles, qui entrent en contact avec d'autres mondes, d'autres dimensions, d'autres réalités, ne bénéficient pas de cette certitude. Le contact avec une autre dimension comporte la frustration de rester dans l'ignorance de sa nature. Vous demandez à vos contacts le nom de leur univers, de quelle réalité ils viennent : vous pouvez recevoir une réponse occasionnelle, mais le plus souvent, rien. Peut-être leur monde ne recourt-il pas aux appellations ; peut-être les noms, les étiquettes y sont-ils inutiles alors que sur le plan terrestre, ils sont une nécessité pratique. Cette différence ne rend pas un monde meilleur que l'autre ; elle offre simplement un aperçu de ce que la réalité pourrait être dans une autre dimension.

Avant de commencer à enregistrer des voix, j'avais lu quelques ouvrages qu'on peut qualifier de « métaphysiques ». Certains m'avaient paru tellement invraisemblables que je les avais abandonnés après cinquante pages. D'autres m'intriguèrent profondément. Les ovnis existent-ils vraiment ? Viennent-ils vers nous de points connus ou inconnus de l'espace ? Sommes-nous entourés d'autres réalités, comportant une vie active consciente, probablement différente de la nôtre mais aussi gratifiante pour ceux qui la connaissent que notre réalité l'est pour nous ?

Une fois la communication établie avec le monde des esprits, j'ai donc décidé de les interroger sur ces sujets. Je me rendais compte qu'ils n'en savaient peut-être pas plus que moi ; j'espérais néanmoins qu'en raison de leur point de vue différent, ils me fourniraient des éléments de réponse.

J'ai tenté, en tout premier lieu, d'apprendre si des entités conscientes, ayant un sens de leur identité, existent dans d'autres réalités que le plan terrestre et le monde des esprits. Quelqu'un répondit : « *Cela est vrai.* »

J'évite autant que possible de poser des questions aussi tendancieuses. Il est pourtant nécessaire d'y recourir à l'occasion pour ouvrir une nouvelle voie de dialogue avec l'autre monde. Dans ce cas, j'essaie d'obtenir des confirmations en reformulant mes questions par la suite.

Vingt-quatre heures après le message ci-dessus, j'ai répété ma question accompagnée de la réponse, en demandant si je l'avais bien interprétée. Une voix répondit alors : « *Fait* » puis deux repères de compteur plus loin, « *Je partage maintenant avec vous.* »

L'éventualité d'un univers parallèle est également un sujet de vives controverses. Le monde des esprits pourrait être un univers parallèle. Lorsque j'ai demandé si c'était le cas, deux voix différentes, toutes deux de classe A, répondirent à ma question. La première affirma, sur un rythme accéléré : « *Le vôtre est le plus grand.* » Un repère plus loin, la seconde ajouta : « *Oui, c'est là.* »

Dans la session suivante, j'ai demandé si j'avais noté les messages correctement. Une voix féminine nette répliqua : « *Sans aucun doute* » et trois repères plus loin : « *Vous avez bien entendu.* »

La conception d'un univers parallèle au nôtre comme l'image d'un miroir semble contredite par le message « *Le vôtre est le plus grand* ». Je soupçonne que notre concept est erroné. Peut-être devrions-nous renoncer au mot « parallèle », dont une des définitions est « semblable ». Selon ce qui m'est parvenu par magnétophone interposé, de nombreux univers semblent coexister auprès du nôtre, mais ce qui constitue notre vie ne constitue pas nécessairement la leur. Que nous ne les voyions pas et que, la plupart du temps, nous ne soyons pas conscients de leur réalité ne signifie pas qu'ils n'existent pas.

Notre situation par rapport à ces autres univers est comparable à celle que crée parfois un hypnotiseur dans une salle de spectacle. Il demande à quelques volontaires de monter sur scène et les hypnotise ; mais avant de les faire sortir de leur transe, il prépare quelques démonstrations. Il commande, par exemple, à une femme de serrer la main de toutes les personnes présentes sur scène, à son réveil, sauf celle de son mari qui, assis près d'elle, est également hypnotisé et qu'elle ne verra pas.

La suggestion posthypnotique agit et la personne ne « voit » pas son mari, qui est pourtant près d'elle.

Quand j'ai commencé à enregistrer des voix, j'ai également tenté d'explorer le sujet des ovnis, ignorant, là encore, si mes contacts étaient en fait mieux informés que moi. De toute façon, leurs réponses pourraient s'avérer intéressantes.

La controverse persiste quant à la nature des ovnis, mais aussi quant à leur provenance. Leur monde – ou leurs mondes – est-il à l'intérieur ou en dehors de notre système solaire ? Seraient-ils des manifestations psychiques provoquées par d'autres réalités ? Quand j'ai demandé aux esprits si les ovnis viennent de notre système solaire, une voix forte et rauque a répondu : « *Entièrement.* » Le lendemain, j'ai demandé pourquoi les ovnis viennent sur la planète Terre et la réponse fut : « *Ils viennent. Un petit peu d'amitié.* » Quatre repères plus loin, quelqu'un ajouta : « *Ils dirent "nous devons tomber, tomber, à travers".* »

J'ai repris ce sujet des ovnis deux mois plus tard, demandant à nouveau s'ils venaient d'autres mondes ou d'autres réalités. La réponse fut : « *C'est exact. Inséparable.* » Bien que ma question puisse être considérée comme tendancieuse, la réponse va très au-delà d'un simple oui ou non. Quelqu'un m'a fait remarquer qu'elle était redondante : il va de soi que si les ovnis viennent d'autres mondes, la réalité y est différente – autrement dit, les deux notions sont « *inséparables* ».

Ceux de l'autre côté emploient à l'occasion des mots dont je ne comprends pas le sens. Quand j'ai demandé si les êtres des mondes d'où viennent les ovnis survivent à la mort, une voix forte et nette m'a donné cette réponse déroutante : « *Ils survivent "sheik".* »

J'ai donc persévéré. Tous les jours, j'ai parlé aux esprits des morts et, la plupart du temps, ils m'ont répondu. Je n'ai pas pensé à essayer de m'adresser à qui que ce soit d'autre. Si l'idée m'avait effleurée, je l'aurais écartée comme absurde. On sait, depuis des centaines d'années, que les morts sont parfois en mesure de manifester physiquement leur présence. J'avais constaté qu'ils pouvaient aussi nous parler par l'intermédiaire d'un magnétophone. Mes lectures m'avaient tout juste préparée à accepter de concevoir d'autres univers, d'autres réalités comportant des êtres conscients en dehors du monde des esprits ; mais j'étais certaine qu'ils n'essaieraient pas de s'adresser à moi par magnétophone. Tout d'abord, j'ignorais s'ils utilisaient un langage ; ensuite, j'étais persuadée que des êtres d'une autre réalité seraient tellement plus évolués que nous que leur communication serait d'ordre mental. Si, par chance, ils employaient un langage verbal, un dialogue par magnétophone interposé ne les intéresserait certainement pas. Allant jusqu'au bout de mon raisonnement, je présumais que, s'ils en acceptaient le principe, je ne serais pas en mesure de comprendre ce qu'ils me diraient. Je continuais donc tranquillement, heureuse de parler aux esprits et espérant qu'ils étaient heureux de s'adresser à moi.

Malgré tout, de temps à autre, un message ou un groupe de messages me donnaient l'impression de ne pas avoir la même provenance.

Puis un matin, j'entendis : « *L'espace parlera ce soir.* »

J'ai l'habitude d'encourager toute entité qui communique avec moi en reprenant, comme je l'ai déjà mentionné, les mots mêmes employés par mes correspondants invisibles. Si tel était son désir, j'étais donc d'accord pour que l'un d'eux se fasse appeler « Espace ».

Dans l'enregistrement consécutif à ce message, je demandai donc à « Espace » s'il voulait réellement me parler ce soir-là. Une voix nette, un peu chantante, m'assura instantanément : « *Nous aimerions que vous sachiez que nous reviendrons vous saluer.* »

Difficile de résister à une telle invitation. Le soir même, j'étais donc à mon poste. J'appelai tout d'abord l'entité qui s'était présentée sous le nom d'« Espace » et lui demandai de me dire où elle était.

La réponse fut : « *Nous sommes tous descendus.* » N'ayant pas encore écouté la bande, je poursuivis mon interrogation en demandant à « Espace » s'il était dans mon bureau. Trois messages successifs de trois voix différentes s'enregistrèrent immédiatement :

« *Oui.* »

« *Près des livres.* »

« *Ecoute, Estep, je suis descendu ici.* »

Ne sachant toujours pas si j'avais obtenu des réponses, je laissai le microphone à la disposition des amis d'« Espace » qui souhaiteraient parler. Une voix féminine déclara : « *Je vous aime.* »

L'écoute de la bande avec amplificateur me stupéfia. Tous les messages étaient nets, de classe A et je les ai, depuis, copiés et repassés pour maintes personnes.

En les analysant avec plus d'attention, j'ai remarqué que, depuis le matin, mes correspondants employaient correctement et avec consistance les personnes de la conjugaison :

« **Nous** *aimerions que* **vous** *sachiez que* **nous** *reviendrons* **vous** *voir.* » Puis le soir : « **Nous** *sommes tous descendus.* »

Les livres mentionnés étaient situés, dans mon bureau, à environ un mètre de moi et de mon magnétophone. Il fallait qu'ils soient dans mon bureau pour les voir. Les voix n'étaient pas typiques de celles des esprits : les deux premières étaient presque « dures » ; toutes étaient très nettes, chacune avec sa qualité particulière ; la voix féminine de « *Ecoute, Estep...* » était comme un murmure. Ces entités semblaient être exactement là où elles disaient être – dans mon bureau, près de mes livres.

Pendant l'enregistrement, qui dura environ cinq minutes, ma chienne Misty s'agitait beaucoup dans la pièce à côté. Quand je commence à enregistrer, je ferme en général la porte de mon bureau, comme je l'avais fait ce soir-là. Il arrive parfois que Misty se trouve avec moi quand je repasse les cassettes et les phénomènes de « voix électroniques » ne semblent pas l'intéresser. Ce soir-là, elle a grogné et aboyé pendant la séance – ce qu'on peut entendre en même temps que les voix paranormales.

Il est intéressant non seulement qu'elles aient pris rendez-vous avec moi le matin pour revenir le soir, mais qu'elles aient été en mesure de prévoir et de respecter cet engagement.

D'où venaient ces voix ? Du monde des esprits ou, comme elles l'ont déclaré, de l'espace ? Je l'ignorais.

Le lendemain matin, quand j'ai demandé comment elles avaient communiqué avec moi par ces voix de classe A, l'une d'elles a répondu : « ***Nous trouvons pour nous une corde.*** » J'ai essayé d'apprendre ce qu'était cette corde et elles m'ont expliqué qu'il s'agissait d'une « ligne ». Quelqu'un m'a dit que lorsque je tendrais ma ligne, ils viendraient. Je ne suis pas sûre du tout de ce que cela signifie, à moins que la ligne en question ne soit une ligne de nature télépathique.

Beaucoup de gens se représentent immédiatement des ovnis zébrant notre ciel dès qu'on mentionne des contacts avec l'espace. Ceux qui déclarent avoir vu des extra-terrestres en donnent toutes sortes de descriptions. Hélas, je ne peux en donner aucune, n'en ayant vu aucun.

Je me suis demandé quelle suite donner à cet épisode. Si intéressant soit-il, ma prudence m'a empêchée d'aboutir à une décision et je n'ai rien fait du tout.

Puis un soir, six mois plus tard, assise comme d'habitude devant mon magnétophone, j'ai reçu trois messages en moins d'une minute.

« *Pro prosirus apparence est un, est un fait.* »
« *Ceci est une, une attaque.* »
« *Ils ont foncé. Ils étaient pratiques.* »

Toutes les voix étaient claires, fortes, de classe A. Celles des deux premiers messages étaient surexcitées et j'ai été frappée par la façon dont certains termes étaient répétés. Par ailleurs, les mots « *pro prosirus* » n'avaient pas de sens pour moi et je les ai notés phonétiquement.

Qui étaient ces entités parlant d'une attaque ? Bien qu'il me soit arrivé de recevoir quelques messages menaçants et que je me sois entendu dire que j'étais haïe, personne n'avait jamais mentionné quelque attaque de groupe que ce soit, que « *Ils ont foncé...* » semble indiquer. Apparemment, quelqu'un attaquait quelqu'un d'autre. Une question supplémentaire surgit immédiatement : pourquoi ces « extra-terrestres » parlent-ils anglais ? La seule explication qui me vienne à l'esprit est que lorsque je mets mon magnétophone en marche, je me branche sur une sorte de « ligne », comme ils l'ont appelée, qui convertit automatiquement ou programme ce qu'ils veulent communiquer dans une langue accessible à leur correspondant.

Le soir même et le lendemain, mes tentatives pour en apprendre davantage sur ce sujet ont échoué.

Dix soirs plus tard, quand j'ai à nouveau demandé si des amis étaient avec moi, j'ai reçu une réponse inattendue : « *Ils descendent tranquillement.* »

Le lendemain matin, quand j'ai posé ma question préliminaire habituelle, on aurait dit que, pour l'autre côté, il ne s'était écoulé qu'un bref moment. Une voix féminine se plaignit : « *Il fait tellement chaud ici-bas.* »

Au cours de cette session, j'ai demandé si quelqu'un de leur univers avait déclaré : « *Ils descendent tranquillement* » le soir précédent. Ma question est restée sans réponse, mais quelqu'un m'a affirmé : « *Je me battrai pour vous.* » Deux repères plus loin, une voix différente a ajouté : « *Oui. Vous êtes très gentille.* » J'ai eu l'impression que ces deux entités ne s'adressaient pas à moi, mais parlaient entre elles.

J'ai répété ma question concernant le message de « descente » un peu plus tard.

Ils ont alors semblé prendre conscience de mon effort car quelqu'un a dit : « *Nous ne sommes pas avec elle* », puis immédiatement après, une autre entité a dit à son compagnon : « *Je le suis.* »

J'ai continué à leur demander, si le message de « descente » venait de l'un d'entre eux, de me dire où ils descendaient. Une voix forte répondit : « *Nous nous promenons.* » Ignorant l'enregistrement de cette réponse, j'ai demandé pourquoi ils descendaient. Une voix ressemblant à celle de Styhe répondit : « *Nous les connaissons.* »

Après avoir entendu ces différents messages, tous de classe A, j'ai poursuivi mon enquête dans l'enregistrement suivant en demandant si c'était Styhe qui avait déclaré « Nous les connaissons », ce qu'il a confirmé : « *Oui. C'est moi. C'est un privilège de les conduire.* »

A nouveau, j'avais là un jeu de messages qui ne correspondait pas au type habituel de communications. L'apparition de Styhe dans ce groupe inconnu ajouta encore à ma confusion. Depuis qu'il m'avait parlé pour la première fois, je me représentais Styhe comme un membre du monde des esprits. Il avait répondu à nombre de mes questions sur cet univers et m'avait mise en contact avec des amis et des êtres aimés auxquels j'avais souhaité parler.

Serait-ce possible qu'une entité appartienne à la fois à l'espace et à l'outre-tombe ? Ceux avec qui j'avais été en rapport pourraient-ils être à la fois des esprits et des extra-terrestres ? Aucune idée. Je commençais à me sentir désorientée et pas sûre du tout de vouloir compliquer les choses en appelant d'autres entités que les esprits des morts. Je m'en tins donc à des questions « sans risques », clairement orientées vers mes amis de l'au-delà. Ils ont dû percevoir mon trouble, car ils prirent soin de ne pas m'exposer à des situations de nature à aggraver ma confusion.

Pendant six semaines, j'ai essayé de ne pas penser aux communications avec l'espace. Au cours de cette période, plusieurs centaines de messages se sont enregistrés que je pouvais identifier sans problème comme provenant du monde des esprits. Mais je ne parvenais tout de même pas à oublier les trois groupes de messages atypiques, auxquels s'ajoutaient certaines communications, moins frappantes mais tout aussi déconcertantes, reçues au fil des années. Finalement, j'eus honte de fuir. J'avais une obligation, pour moi-même autant que pour autrui, de tenter d'offrir mon amitié à qui que ce soit, dans quelque monde que ce soit, qui désirait entrer en contact amical avec moi.

Je savais que je courais certains dangers. J'avais lu des récits effrayants de rencontres avec des créatures de l'espace. J'ignorais si mes contacts s'établissaient avec des extra-terrestres venant à leur gré dans mon bureau en restant invisbles, ou communiquant depuis des ovnis. C'était une possibilité ; mais je pensais aussi que je pourrais également être en contact avec d'autres réalités – ces réalités que les mystiques en transe affirment visiter. Par le passé, j'étais sceptique quant à leur existence, tout en restant ouverte à une telle éventualité. En dépit de cette incrédulité, il semblait maintenant que, par l'intermédiaire de mon magnétophone, je pourrais être en communication avec ces autres mondes.

S'aventurer dans l'inconnu provoque une certaine angoisse. A tort ou à raison, je ne ressentais, physiquement, aucune crainte. Je redoutais seulement d'être désorientée et embrouillée au point d'en arriver au désarroi. Il fallait donc que je fasse confiance d'une part, à ma propre capacité de renoncer à ces contacts si cela semblait raisonnable et, d'autre part, à mes amis de l'autre dimension qui avaient maintes fois répété qu'ils m'aideraient et me protégeraient. Le seul moyen de découvrir si cette confiance supporterait une mise à l'épreuve était de me lancer en communiquant directement avec d'autres réalités.

14

COMMUNICATIONS AVEC LES AUTRES MONDES

C'est au cours de mon enregistrement du matin du 31 mars que, pour la première fois, j'ai invité des amis extra-terrestres à se joindre à moi. Durant la minute où je leur ai laissé le micro, j'ai reçu cinq messages :
« *Vous devriez descendre.* »
« *Ils sont devant vous.* »
« *Je viendrai.* »
« *Nous allons essayer d'aider.* »
« *Jeffrey, reste.* »
Les deux premiers messages sont de classe A, le troisième et le cinquième perceptibles avec des écouteurs.
Après la minute laissée à la disposition des voix, j'ai demandé si des amis extra-terrestres étaient avec moi. Une voix féminine aiguë et nette, d'une qualité exceptionnelle, répliqua immédiatement : « *Nous sommes au courant pour vous.* »
Apparemment, ma première tentative de contact avec « l'espace » était un succès ! Jeffrey ! Comme Styhe, j'avais toujours pensé qu'il appartenait au monde des esprits et je me suis demandé à nouveau s'il était possible qu'un esprit soit en même temps une créature de l'espace.

Le message « Nous sommes au courant pour vous » était intéressant ; car si j'étais réellement en contact avec des mondes autres que celui des esprits, ces autres mondes étaient forcément informés de mes activités. Mais je ne m'attendais pas à ce qu'un message le spécifie aussi clairement. En utilisant le « nous », l'entité distinguait peut-être entre son univers et celui des esprits.

Quelques jours après ces premiers efforts pour entrer en contact avec l'espace, j'ai demandé si des extra-terrestres ou des esprits étaient avec moi. Quelqu'un répondit : « *Tous descendent en bas.* » Deux repères plus loin, une voix différente ajoutait : « *Oui, nous pouvons.* » Il m'a semblé, au cours de cette session, que les deux groupes s'exprimaient. « *C'est exact* », dit une voix nette. Tout de suite après, une autre voix déclarait : « *Nous sommes ici. Nous sommes descendus. Nous sommes avec eux.* »

Lors de la session suivante, j'ai demandé si les deux groupes, esprits et extra-terrestres, pouvaient se voir mutuellement et l'on m'assura que c'était possible. Plus tard, quand j'ai voulu savoir comment les esprits voyaient les extra-terrestres, j'ai reçu, d'une voix de classe A, cette réponse intéressante et peut-être significative : « *Ils débutent avec moi.* »

Le monde des esprits gardait toute son importance pour moi, mais après ces premières tentatives, j'ai continué à développer mes contacts avec l'espace. Tous les un ou deux jours, j'alternais mes conversations avec les amis de l'un et l'autre mondes. Les messages parvenaient souvent des deux au cours du même enregistrement et il pouvait devenir difficile de les démêler. J'avais beau spécifier, au début de chaque session, quel univers je cherchais à joindre, les messages semblaient parfois venir de l'un ou l'autre indifféremment. Styhe et Jeffrey me parlaient aussi bien quand j'appelais l'espace que lorsque je m'adressais au monde des esprits. Betty, une amie inconnue qui m'a souvent contactée du plan des esprits, l'a également fait de l'espace.

J'ai envisagé deux explications : soit les esprits étaient tellement avides de contacts qu'ils parlaient, quel que soit l'univers auquel je tentais de m'adresser ; soit certains esprits comme Styhe, Jeffrey ou Betty avaient progressé vers un monde que nous concevons plutôt comme l'espace que comme celui des esprits.

« L'espace » évoque pour nous Mars, Vénus, Jupiter, etc., c'est-à-dire des lieux physiques, qu'un télescope permet de localiser.

Mais l'espace pourrait receler d'autres univers, inconnus de nous, et comportant ou non des masses telles que les planètes de notre système solaire. La vie pourrait y être consciente sans pour autant être physique : par sa conscience, chacun de nous crée son propre univers et sa propre réalité. Cette création, valable ou non, est une réalité pour son auteur. Or la conscience n'est pas forcément encapsulée dans une forme physique. Les expériences de sortie du corps prouvent que, libérée de l'enveloppe physique, la conscience peut poursuivre une vie autonome pendant un certain temps.

Les mois suivants, de nombreux messages des esprits et autres mondes se sont enregistrés, certains tellement frappants que j'ai parfois eu peine à croire ce que j'ai entendu. Petit à petit, je me suis rendu compte en appelant le monde de l'espace que, si la majorité des voix qui répondaient avaient le même timbre que celles des esprits, certaines autres, en revanche, avaient un timbre aigu, d'une qualité presque mécanique et, parfois, la caractéristique très particulière de répéter des mots à l'intérieur de leurs phrases. De temps à autre, elles employaient des mots absents de tous les dictionnaires que j'ai consultés, comme si elles avaient bien appris ma langue, mais qu'ici et là, un erreur leur échappait. D'autre part, leurs messages étaient parfois plus longs que ceux des esprits – jusqu'à quinze à vingt mots et plus à l'occasion. La teneur de ces messages était également différente. Plus intéressant encore, les voix de l'espace semblaient ne pas avoir besoin d'apprentissage pour faire passer leurs messages : à l'inverse de ce qui s'était produit avec les voix des esprits, ils ont immédiatement été de classe A, nets et forts.

Bill Weisensale, expérimentateur dans le domaine des voix électroniques en Californie et ancien éditeur de *Spirit Voice*, a étudié un certain nombre de mes enregistrements. Dans un numéro de son magazine, il a écrit ce qui suit :

> *J'ai passé presque une journée entière à étudier les bandes magnétiques de Sarah avec mon oscilloscope. Certaines de ces voix, et en particulier celles qui déclarent provenir de l'espace, comportent une caractéristique technique indiquant la présence d'un signal radio, très faible mais par ailleurs normal. Ce n'est pas un trait habituel des communications ordinaires avec le monde des esprits ; mais c'est le genre de chose qu'on attendrait d'un contact extra-terrestre...*
>
> *Certaines de ces voix ont une qualité mécanique, ou artificielle, à la manière des voix de synthèse créées par l'électronique plutôt que par des moyens humains. Naturellement, on ne s'attend pas à ce que le monde des esprits fasse usage de synthétiseurs ; mais c'est exactement ce qu'on attendrait d'extra-terrestres, en particulier si les êtres essayant de communiquer sont par nature inaptes à prononcer les mots des langages humains.*

Il y a quelques semaines, j'ai « appelé l'espace » pour la première fois depuis un mois, demandant si des amis extra-terrestres étaient avec moi. La réponse a été formulée tellement lentement que je n'ai pas réussi à en comprendre les termes. En écoutant la bande, j'ai eu l'idée de passer de la vitesse habituelle de 3 3/4 à 7 1/2. Immédiatement, une voix forte, nette, mécanique, de classe A dit : « *Cette dame est là. Elle peut me donner autre lumière.* »

Au cours de la même session, plusieurs autres messages s'enregistrèrent qui ne devinrent compréhensibles qu'à la vitesse de 7 1/2. La plupart d'entre nous ont eu l'occasion d'entendre les voix de synthèse des robots : les voix de cette session s'en rapprochaient beaucoup. J'ai pensé que, quel que soit l'espèce de synthétiseur employé pour communiquer avec moi, mes appareils et lui n'étaient plus synchrones ce matin-là.

Quatre jours plus tard, j'ai interrogé les extra-terrestres sur leurs messages incompréhensibles à moins d'un défilement à une vitesse supérieure. Bien que je n'aie pas fait allusion au message parlant de « lumière », une voix distincte de classe A a répliqué, à vitesse normale : « *Je suis allé là cherchant la lumière.* » Cela semblait venir en complément du message antérieur où quelqu'un disait que je pourrais donner « autre lumière » à celui qui cherchait.

Des voix ont mentionné leur vaisseau spatial à diverses reprises. Un matin, une voix d'un timbre artificiel m'a déclaré : « *Le robot veut que les lumières soient allumées.* » Les voix extra-terrestres ont parlé d'une boîte noire qu'elles avaient apportée pour les aider à communiquer avec moi. Quand j'ai demandé où cette boîte avait été placée, elles sont restées silencieuses. Mentionnée trop souvent pour que je croie qu'elle n'existe pas, elle semble cependant d'une conformation incompréhensible pour l'esprit humain. Les extra-terrestres répètent souvent qu'ils sont avec moi dans mon bureau, qu'ils m'aiment et qu'ils m'aident ; ils disent aussi qu'ils ont besoin que je les aide. Je les assure de mon amour, de mon amitié et de ma volonté de les assister. Quand je demande comment je peux le faire, je n'obtiens rien d'autre que le silence. J'en ai déduit qu'ils désirent peut-être simplement que je contribue à les faire connaître.

J'ai découvert le nom de certains d'entre eux. Ils ne parlent jamais du monde des esprits comme le font Styhe et Jeffrey, et je suis arrivée à la conclusion que leur monde de l'espace est bien réel et « concret ». Les amis extra-terrestres qui communiquent avec moi par leur nom sont Ras, Seran, Vrom, A, le fidèle Jule Bobo et Howard Wilson (avec un tel nom, il devrait appartenir à la même catégorie esprit/espace que Jeffrey ; mais il ne répond jamais à mes questions relatives au monde des esprits). Mon nom de jeune fille étant Wilson, j'ai d'abord pensé qu'il pourrait s'agir un lointain parent et l'ai salué affectueusement la première fois qu'il a donné son nom. Mais je n'ai trouvé aucun Howard dans la bible familiale, qui retrace plusieurs siècles de notre généalogie. Howard y a peut-être été oublié ; mais « Wilson » est un nom tellement répandu qu'il peut tout simplement ne pas être un parent.

Ron Stallings a relaté qu'à treize ans, il pêchait du bord d'un lac quand un vaisseau spatial a atterri à proximité, dans lequel on l'a fait entrer pour un examen physique. Un soir, il a demandé aux extra-terrestres de parler par le truchement de son magnétophone. Des entités lui ont alors déclaré, dans des messages forts et clairs, qu'elles étaient dans un vaisseau spatial tout proche. L'une d'elles se présenta comme « *Mr Wilson* ». Cela se passait plusieurs mois avant que j'entende parler d'« Howard » et on peut se demander s'il s'agit du même Wilson.

Douze jours après que j'eus parlé aux extra-terrestres pour la première fois, une voix nette m'a déclaré : « *Vous avez des amis sûrs ici.* » Le lendemain, j'ai demandé quels amis sûrs s'étaient trouvés avec moi la veille. Quelqu'un suggéra : « *Regardez juste derrière vous. Ils sont quatre côté, à côté de vous.* » J'ai demandé si ces « amis sûrs » étaient des extra-terrestres et la réponse fut : « *Oui, je veux revenir près de vous. Je veux descendre. Je veux vous revenez Une fois vous avez vu. Charlie repart.* »

Ceux de l'espace parlent de me faire visiter leur monde. Autant que je sache, à moins que cela se soit produit dans un rêve, je ne suis allée nulle part.

Dans l'ensemble, bien que je ne voie aucune manifestation physique d'entités du monde des esprits ou de l'espace pendant mes séances d'enregistrement, il m'est arrivé d'avoir de brefs éclairs de quelque chose. Disparaissant presque avant même que j'aie eu le temps de les voir, ils sont si éphémères qu'il m'est difficile de vous les décrire. En bref, ces « objets » sont ronds, plus petits qu'une pièce de cinquante centimes mais à peu près de la même couleur. J'ai interrogé Styhe à leur sujet et il a déclaré : « *Ils sont la vie.* » Quand j'ai demandé s'ils étaient conscients, il a répondu : « *Quelque.* »

A plusieurs reprises, le mot « *Vénus* » s'est enregistré. Nos missions spatiales nous ont appris que la vie biologique telle que nous la connaissons est absente de cette planète. Toute vie y affecterait une forme différente de ce qui nous est familier ; mais comme je le suggérais plus haut, la conscience pure pourrait exister dans d'autres univers.

J'ai essayé d'explorer l'idée que, dans un autre monde, un esprit pourrait connaître une existence non biologique consciente avant de se réincarner sur terre. Lorsque j'ai demandé si certains d'entre nous l'avaient fait, la réponse fut : « *Il y en a un sur vingt.* »

Un matin, pendant mon premier enregistrement, une voix forte et nette de classe A a proclamé : « *Un Martien ici.* » Trois repères plus loin, « *Je suis à bord vaisseau.* » Dans l'enregistrement suivant, je lui ai demandé de me dire où était son vaisseau spatial. La voix, toujours de classe A, a répliqué : « *Nous sommes venus ici avec vous.* »

Mes correspondants m'ont déclaré, en plusieurs occasions, qu'ils venaient d'Alpha dans la constellation du Centaure. En mars, alors que j'avais demandé si une certaine voix d'une qualité particulière était venue de l'espace, une autre voix masculine distincte avait répliqué sur l'envers de ma cassette : « *Alpha Centauri sait, sait que nous pouvons.* » Quinze repères plus loin, elle ajoutait : « *Alpha Centauri est ma maison.* » Je dois souligner que je n'avais jamais, à aucun moment, fait mention d'Alpha Centauri lors de mes enregistrements avant que ces deux messages me parviennent. Trois mois plus tard, toujours sans la moindre sollicitation de ma part et toujours sur l'envers de ma cassette, une voix m'informa : « *Alpha Centauri est ici pour donner mon pouvoir.* »

Les spécialistes de l'espace nous affirment que la vie est impossible sur Mars et sur Alpha Centauri, et je n'irai certainement pas leur tenir tête. Mais quand une entité se manifeste en me déclarant qu'elle est à bord d'un vaisseau spatial ou qu'elle vient d'Alpha Centauri, je commence à m'interroger sur leurs conclusions.

Un dimanche, je me suis installée, assez découragée, devant mon magnétophone. Sans allusion à mes états d'âme, j'ai procédé à mes salutations préliminaires habituelles et demandé si un vaisseau spatial se trouvait à proximité de chez moi. Deux voix différentes ont répondu immédiatement, toutes deux de classe A. La première a déclaré : « *Nous amenons vaisseau* », suivie de la seconde ajoutant : « *Nous pourrions lui donner des encouragements.* »

Après que j'eus invité mes amis de l'espace à se joindre à moi, une voix extrêmement forte et nette m'a saluée un matin par : « *Hello ! Deena !* » L'intérêt de ce message est que d'autres expérimentateurs des transcommunications instrumentales ont aussi enregistré le mot « Deena ». C'est le cas de Dan McKee dans l'Illinois. La comparaison a démontré la similitude des deux voix prononçant ce mot « Deena » sur nos magnétophones respectifs. Une amie, qui l'a également enregistré il y a quelques années, est persuadée qu'il vient de l'espace.

Il est difficile de ne pas conclure que ce mot, perçu à diverses reprises par diverses personnes, doit correspondre, quelque part, à un être ou à un lieu.

J'ai exprimé un jour mon regret de ne pas être en mesure de voir les entités avec lesquelles je communique. Quelqu'un m'a répondu : « *Levez les yeux.* » J'ai levé les yeux, mais je n'ai tout de même rien vu. Je le fais souvent depuis et mes contacts doivent en être conscients, car il y a quelque temps, quelqu'un m'a dit : « *Vos yeux regardent là-haut* », suivi de « *Aime cette fille* », puis enfin, « *C'est Sarah.* »

Un après-midi, il y a six mois, quand j'ai demandé si des amis étaient avec moi, une voix a répondu : « *Nous sommes juste derrière vous.* »

Lors de la session suivante, je leur ai rétorqué que j'avais regardé derrière moi, mais que je ne les avais pas vus. Pourquoi, leur ai-je demandé, me voient-ils alors que je ne peux pas les voir ? Ce genre de question n'est généralement suivi d'aucune réponse, mais cette fois, ce fut différent.

« *Nous restons, restons dans la matière* », répliqua une voix. Une autre voix, masculine, très forte, ajouta ensuite : « *Veux la quitter.* »

Le lendemain, j'ai demandé confirmation du message disant qu'ils « restent dans la matière » et une voix nette, de classe A a déclaré : « *Nous restons dans votre bureau.* »

Qu'ils « restent dans la matière » aiderait à expliquer pourquoi, en général, nous ne voyons pas les entités de l'espace. Quelle partie de l'entité se trouve dans la matière ? Je pense que ce doit être leur conscience et que ceux qui communiquent avec nous ou qui nous approchent au plus près le font dans un état de décorporation.

Le message « Veux la quitter » suggère que l'entité pourrait n'être pas satisfaite de son état et, peut-être, souhaiter se matérialiser pour nous. Certaines semblent y parvenir jusqu'à un certain point. Les petits objets dont j'ai eu quelques aperçus pourraient résulter d'une matérialisation partielle ou totale.

Plus récemment, j'ai répété mon interrogation relative à l'impossibilité de les voir et quelqu'un a répondu : « *Vous pouvez dans votre concept.* » Ce qui implique que je les vois à ma propre façon, qui ne correspond pas à ce qu'ils sont véritablement. Dans notre réalité, nous sommes conditionnés pour ne voir que certaines choses. Qu'y a-t-il, que se passe-t-il autour de nous que nous sommes inaptes à percevoir ?

Une voix nette m'a déclaré un jour : « *Nous avons un vaisseau d'écoute.* » J'ai demandé par la suite pourquoi leur appareil d'écoute venait sur terre et une voix mécanique, saccadée, a répondu : « *Pour aider l'homme. Cela est quelque chose maintenant là-bas.* » L'expression de cette seconde partie du message est assez maladroite, ce qui n'est pas inhabituel dans les communications avec les mondes autres que celui des esprits. Il est déjà étonnant qu'ils réussissent à communiquer aussi bien qu'ils le font.

Ma maison est située le long d'un fleuve côtier se jetant dans la baie de Chesapeake. Sur la façade, un grand porche domine un terrain qui descend en pente jusqu'à la rive, environ soixante mètres plus bas. Par beau temps, nous aimons nous asseoir sous le porche et regarder les bateaux glissant vers la baie. Je n'avais jamais mentionné ce porche à qui que ce soit de l'autre côté.

Peu de temps après que j'eus entrepris de communiquer avec l'espace, les extra-terrestres ont commencé à parler du porche et à m'annoncer qu'ils y seraient le soir et souhaitaient m'y retrouver.

Deux jours seulement après mon premier contact avec l'espace, quelqu'un dit : « *Celle assise porche s'il venait.* »

Huit jours plus tard, par un chaud soir de printemps, j'ai informé les extra-terrestres que j'allais sous le porche et que je serais heureuse de les y voir s'ils voulaient y descendre. Une voix claire répondit : « *Je la trouverai là si quelqu'un nous aide.* » Je suis allée sous mon porche avec mon magnétophone portable dans l'espoir de quelques messages, mais rien ne s'y est enregistré en dehors du son de l'autoroute à trois kilomètres de là. Et je n'ai rien vu de paranormal.

J'ai répété mon invitation à me rejoindre sous le porche neuf jours plus tard. Cette fois, quelqu'un m'assura : « *Nous serons là-bas pour vous voir.* » Quand j'ai demandé si ces entités étaient des extra-terrestres, une voix forte de qualité exceptionnelle exulta : « *J'ai trouvé la connexion.* »

Un matin, une voix a dit : « *Nous allons l'appeler* », immédiatement suivie de : « *Sortez ce soir* ».

Quand j'ai fait savoir que j'étais d'accord pour les rencontrer sous le porche, une voix a répondu : « *J'aiderai ce soir.* »

Le soir, j'ai passé une heure sous mon porche, mais je n'ai rien vu et je n'ai enregistré aucune voix paranormale.

Le lendemain matin, j'ai demandé à mes contacts si quelqu'un était venu me retrouver la veille au soir.

Une voix nette répondit : « *Nous avons conduit en bas trois.* »

Ignorant l'arrivée de ce message, j'ai répété ma question et une voix a répondu : « *Quand ils reviennent, ils zooment.* » Une voix différente a ajouté : « *Ils descendent quand vous êtes là fidèle.* »

Tout cela ne manque pas d'intérêt. Ce matin-là, rendez-vous fut pris pour le soir et nous l'avons tous respecté. Je me demande, avec ce message « Nous avons conduit en bas trois », comment les trois entités ont été « conduites en bas ». Non seulement ces êtres me font souvent savoir qu'ils m'aident ; mais il semble aussi y avoir parmi eux un groupe de « guides » assistant les entités qui désirent communiquer. Il s'agissait sans doute de ce type de situation. Quant au mot « *zooment* », il évoque toutes sortes d'images d'entités regagnant quelque chose quand elles me quittent. Remarquez aussi la structure bizarre du dernier message : « Ils descendent quand vous êtes là fidèle. » Je suis sûre que cela signifie que les extra-terrestres descendent quand je suis « fidèle » dans mes efforts pour les contacter. En dépit des différences de nos univers, les êtres de l'espace témoignent de certaines caractéristiques humaines : nous aussi nous apprécions la fidélité et essayons d'y répondre par une fidélité semblable.

Je leur ai demandé un jour si la notion de temps existe dans leur monde. Une voix a répondu : « *Notre théorie est nous sommes venus ici ; c'est pareil.* » Je crois qu'on voulait me dire que lorsque les extra-terrestres entrent dans mon univers, le temps devient pour eux ce qu'il est pour nous.

Il m'est venu à l'esprit que s'ils étaient capables de me parler par le truchement de mon magnétophone, les extra-terrestres pourraient peut-être se manifester sur mon écran de télévision. Pendant quelques jours, j'ai posé une série de questions, sondant mes amis de l'espace pour apprécier s'ils accepteraient d'apparaître sur l'écran ; puis je leur ai demandé comment régler mon poste de télévision. Ils répondirent : « ***Merci. Allons répéter. Le soir quarante-sept.*** »

J'en ai déduit qu'ils m'avaient déjà dit, à mon insu, de régler mon poste sur la chaîne 47.

Ce soir-là, assise devant le canal UHF 47 de ma télévision, j'ai donc attendu l'apparition. Je n'ai vu que les millions de points blancs et noirs connus sous le nom de « neige ». Au bout de dix minutes de ce spectacle, j'étais dans un état proche de l'hypnose et j'ai mis fin à l'expérience.

Trois soirs plus tard, à ma stupéfaction, les lettres majuscules *U, S, C, A* ont traversé mon écran l'une après l'autre. Sorties du coin supérieur gauche, elles l'ont traversé vers la droite. Chaque lettre y fut visible pendant environ deux secondes avant de laisser place à la suivante. Elles semblaient composées de la « neige » de l'écran et, cependant, plus foncées et surimprimées sur les points.

Bien que je n'aie jamais été hypnotisée, j'ai décidé que fixer cette « neige » avait dû induire une auto-hypnose et que j'étais victime de mon imagination.

Lors de ma session du lendemain matin, j'ai mentionné les lettres que j'avais cru voir la veille ; plusieurs messages m'ont alors confirmé que les lettres étaient effectivement apparues sur mon poste de télévision.

Vingt-quatre heures après l'apparition d'U, S, C, A, les lettres *V E N U S* apparurent de la même façon. J'avais là un mot qui avait un sens... on non ? Le mot

Venus s'était enregistré à plusieurs reprises sur mes cassettes ; je l'avais maintenant sur mon écran.

Cette fois encore, j'ai essayé d'obtenir le lendemain matin une confirmation de ce que j'avais vu la veille sur mon écran, en demandant seulement, pour ne pas mentionner le mot Venus, si les lettres apparues constituaient le nom de leur univers. Plusieurs réponses s'ensuivirent : « *Nous avons. Nous vous parlons* », « *Nous allons agir. Nous viendrons* », « *Nous sommes près avec A.* »

Six soirs plus tard, les lettres *A, R, R, I, V, E, D* [1] ont traversé mon écran. Quand j'ai demandé le sens de ce mot, douze heures après, le message fut : « *Oui. Nous pouvons parler avec vous.* » J'ai remarqué que c'était pratiquement le même que celui que j'avais reçu six matins plus tôt : « *Nous vous parlons.* »

Je n'ai pas été en mesure de regarder mon poste de télévision tous les soirs et je l'ai fait, parfois, sans rien y déceler de particulier. A ce stade, je n'avais vu que des lettres majuscules – une chose à laquelle je ne m'étais pas attendue.

Treize soirs après A R R I V E D, apparut la première des images accompagnées de mots. C'était un disque, avec quatre ou cinq encoches aux emplacements de deux à sept heures. Il y avait un point noir à gauche des deuxième et troisième encoches. Sous le disque figuraient les lettres : V E N U S.

En dehors de l'impact de cette image assortie d'un mot, il est intéressant de remarquer que le mot V E N U S apparaissait pour la seconde fois sur mon écran, et que, même accompagné d'une image, les extra-terrestres l'avaient à nouveau épelé en majuscules.

---

1. Les sept lettres constituent le participe passé arrivé(s), arrivée(s).

Six soirs plus tard, l'image d'un buste d'homme émergea, les yeux fermés, les cheveux longs. Cinq minutes plus tard, dans le coin inférieur droit de l'écran, apparut une vue de profil d'un homme quittant l'écran en courant, de la droite vers la gauche.

Le lendemain matin, quand j'ai demandé à mes amis si, la veille au soir, ils avaient envoyé sur mon écran des images d'eux-mêmes ou d'un associé, la réponse fut : « *Oui, en effet.* »

J'ai regardé ma télévision de temps à autre pendant les six semaines qui suivirent. J'ai parfois eu l'impression de voir quelque chose, sans en être tout à fait certaine. Fixer un écran de télévision vide pendant une période prolongée est extrêmement pénible pour les yeux. Je le faisais tard le soir, alors que j'étais déjà fatiguée et je me suis généralement endormie devant mon poste.

Mais finalement, quelque chose apparut que je ne pus ignorer : une série de dominos s'effondra rapidement au centre de l'écran. Pareils à tous les dominos que nous connaissons, ils furent visibles pendant environ trois secondes.

Le lendemain matin, j'ai mentionné les dominos au cours de ma séance. « *Vous avez vingt* », s'enregistra. Quand, ensuite, j'ai à nouveau demandé si mes amis avaient bien envoyé les dominos sur mon écran, quelqu'un répondit : « *Oui, nous les avons envoyés.* »

Deux jours plus tard apparut l'image la plus stupéfiante que j'aie reçue depuis les quelques mois où je guettais mon écran. Un groupe de cinq ou six silhouettes, masculines semblait-il, courut en formation. Elles apparurent d'abord légèrement à droite du centre de mon écran, à un pas de course contrôlé et se déplacèrent de la droite vers la gauche. Une vue de profil tridimensionnelle apparut. Toutes vêtues de façon identique, les silhouettes portaient ce qui semblait un uniforme gris argent et, de la même couleur, une sorte de capuchon très vague qui leur couvrait toute la tête jusqu'aux épaules. Les silhouettes semblaient toutes d'une même taille, apparemment normale. Elles furent visibles environ quatre secondes, pendant lesquelles la « neige » disparut de l'écran.

Par la suite, mes questions relatives à ces silhouettes au pas de course me valurent une réponse de classe A tout à fait déconcertante : « *Ils étaient précondamnés là.* »

Pendant cette apparition, de même que lors d'une ou deux autres antérieures, ma chienne Misty, les poils hérissés, ne cessa d'arpenter la pièce en grondant et de témoigner d'une grande agitation. Finalement, elle vint s'asseoir contre ma jambe en tremblant et en gémissant – un comportement tout à fait inhabituel chez elle. Mes paroles de réconfort lui firent très peu d'effet. Plus tard, quand j'ai commenté cet épisode au magnétophone et appelé Misty « mon chien », une voix nette a répliqué : « *Votre animal familier sait quand nous sommes près de lui.* » J'ai trouvé intéressant qu'au lieu de répéter le mot « chien » que j'avais employé, mes correspondants aient utilisé l'expression « animal familier », montrant ainsi qu'ils savaient ce que Misty est pour moi.

Depuis, j'ai observé mon poste de temps à autre. J'ai parfois vu d'autres majuscules, qui n'avaient pas grande signification pour moi, de même qu'une ou deux images d'individus.

Récemment, j'ai fait l'acquisition d'un magnétoscope. J'espère établir un jour des contacts avec d'autres mondes par l'intermédiaire de mon poste de télévision en étant en mesure de conserver un enregistrement.

En décembre, quand la glace est apparue sur la rivière, un extra-terrestre a demandé : « *Est-ce de l'eau épaisse ?* » On peut difficilement s'empêcher de penser que l'individu qui a posé cette question vient d'un monde où la glace est inconnue. Cette simple interrogation induit une idée du climat de son univers. Bien que nous n'en connaissions toujours pas le nom, nous pouvons déjà éliminer celui de quelques planètes dont nous savons que la glace y est présente.

Un matin, j'ai demandé si le monde des extraterrestres connaît les saisons et quelqu'un a répondu : « *Nous avons l'air jaune.* »

Dans mon deuxième enregistrement, j'ai demandé si le jaune est la couleur prédominante de leur univers, comme nous disons que la Terre est « verte » ? Quelqu'un me fit immédiatement comprendre que j'avais tort en répliquant : « *Non ! Pas du tout ! Non !* » J'ai alors répété ma question concernant les saisons et la réponse fut : « *C'est exact.* »

Le lendemain matin, une voix forte de classe A souvent entendue auparavant a déclaré : « *Nous nous assiérons, assiérons près de la fenêtre.* »

Trente-six heures plus tard, je lisais dans mon bureau, vers huit heures du soir, assise comme toujours devant la fenêtre. Quelque chose m'a poussé à lever la tête et dehors, j'ai vu descendre lentement une sphère jaune, de la taille d'un ballon de basket et d'une nuance pareille à celle de la lune. Elle fut visible pendant environ trois secondes avant de disparaître sous mes yeux.

Cette manifestation physique de mes amis me procura une grande joie, mais une joie sans surprise. C'était pour moi une preuve supplémentaire validant la réalité de nos contacts. Elle éclaircissait également le sens des messages des jours précédents :

« Nous avons l'air jaune » signifiait que je verrais mes amis sous cet aspect.

« Nous nous assiérons, assiérons près de la fenêtre » m'indiquait l'endroit où ils se manifesteraient.

J'ai beaucoup réfléchi à l'ensemble de cet épisode.

Là aussi, les extra-terrestres ont démontré leur aptitude à prévoir une action et à exécuter leurs plans. Près de soixante heures se sont écoulées entre le message « Nous avons l'air jaune » et le moment où je les ai vus. Et leur manifestation prouve qu'ils savent où je passe mes soirées.

Si intéressant que tout cela puisse être, cela soulève des questions fondamentales.

Ai-je été témoin de la matérialisation d'une intelligence émanant d'un autre monde, connu ou inconnu de nous ? Ou s'agissait-il simplement d'un objet que des entités auraient dirigé vers moi pour que je le voie, mais d'un objet sans intelligence propre ? Enfin, un ou des êtres intelligents auraient-ils pu se trouver dans la sphère, utilisée comme véhicule pour venir de leur monde ou réalité jusqu'au nôtre ? « Nous avons l'air jaune » ; « Nous nous assiérons près de la fenêtre » : la sphère était-elle eux-mêmes ou un objet dans lequel ils se sont transportés, je ne puis en être certaine, mais je favorise la première hypothèse.

Les réponses à mes questions du lendemain sur ce que j'avais vu la veille ont confirmé que la sphère venait bien de l'espace. Quand j'ai laissé le micro de mon magnétophone aux amis extra-terrestres, une voix nette a dit : « *Nous voyons là. Nous pouvons la voir. Oui, prendre soin d'elle.* »

Quelques jours après cette rencontre, une éruption me couvrit d'abord les bras et enfin la poitrine. Elle sembla tout d'abord bénigne, mais de vilaines plaies firent leur apparition. Bien que ce soit le mois de juillet, je les ai dissimulées en portant des chemisiers à manches longues dont je boutonnais aussi le col. Naturellement, je me suis demandé s'il existait un rapport entre cette éruption et l'objet vu de l'autre côté de ma fenêtre. Je dois préciser que je n'ai jamais, avant ou depuis, eu de problèmes cutanés. Au bout de deux semaines qui ne virent aucune amélioration, j'ai été poussée chez le médecin par les démangeaisons. Il se montra très perplexe et m'affirma n'avoir jamais rien vu de tel. A son avis, cela ressemblait plus à un zona qu'à quoi que ce soit d'autre, mais comme je ne ressentais aucune douleur, ce diagnostic lui sembla impossible. Si vous voulez, vous pouvez penser que j'ai manqué de courage, mais je me suis abstenue de lui révéler ce qui s'était passé deux semaines plus tôt. Il me prescrivit quelques remèdes et en l'espace d'une semaine, l'éruption disparut.

A ce jour, il me reste une relique de cette rencontre. Quand la sphère est descendue, j'avais une rose rouge fraîchement coupée dans un soliflore sur le rebord de la fenêtre. Dix jours plus tard, elle était aussi fraîche que le jour où je l'avais placée là. Normalement, en été, les roses coupées se fanent rapidement et doivent être jetées après quelques jours. J'ai commencé à observer celle-ci, sans la toucher ni changer son eau. Au bout de deux semaines, elle prit l'apparence d'une fleur séchée. Elle est toujours sur le bord de ma fenêtre, ayant perdu un peu de sa couleur, mais elle a pratiquement gardé le même aspect que le jour où je l'ai posée là, il y a plusieurs années.

Lors d'un deuxième enregistrement matinal, une voix m'a déclaré un jour : « ***Mon Dieu est avec vous.*** » Dans l'enregistrement suivant, j'ai demandé le nom de ce Dieu et une voix monotone a répondu : « ***Nous avons Dieu différent. Quelqu'un sait partout. Quelque chose sait qu'un groupe va descendre.*** » Encore un message bizarrement exprimé mais dont le sens est sans doute assez clair. Il implique que, comme nous, les extra-terrestres perçoivent leur Dieu comme omniscient. Quand j'ai demandé s'ils avaient plusieurs dieux, quelqu'un répliqua : « *Oui, il y en a beaucoup.* »

J'ai essayé de montrer que nous sommes entourés de mondes qui tentent de communiquer avec nous. De plus, il existe d'autres réalités, conscientes de la nôtre et capables d'interaction avec nous, qui restent néanmoins en dehors du savoir des humains.

Je suis réconfortée par ceux qui nous parlent depuis d'autres mondes, car ils expriment l'amour, l'amitié et le désir de venir en aide, tous sentiments qui nous sont familiers. La plupart des entités qui nous contactent par l'intermédiaire de mon magnétophone me restent inconnues ; mais je ne les ai jamais perçues comme des créatures étranges. Il y a une parenté, un lien entre toutes les formes de vie, où qu'elles se trouvent et quels que soient leur niveau de conscience ou l'apparence qu'elles revêtent. Si, de notre dimension, nous tendons vers d'autres dimensions une main amicale et sincère, nous pourrons partager les valeurs qui nous sont chères. Quelle importance que d'autres êtres ne soient pas physiques, ou que leur aspect physique échappe à notre imagination, puisqu'ils démontrent que, pour l'essentiel – l'amour, la dignité et le respect de la vie –, nous sommes tous identiques.

15

LES TRAVAUX
DES AUTRES EXPÉRIMENTATEURS

> Apparemment, les chercheurs dans le domaine des transcommunications instrumentales devront avoir démontré leur existence au-delà du moindre doute possible avant que la communauté scientifique envisage de s'y intéresser. Nous ne pouvons donc compter que sur nous-mêmes pour les vérifications et les soutiens indispensables et pour persévérer quand les progrès semblent lents à venir et que le découragement nous guette.
>
> Dan McKee, American Association
> Electronic Voice Phenomena
> (AA-EVP) de l'Illinois.

Les voix parlent à M. Dupont et Mme Durand. Si elles ne s'exprimaient qu'exceptionnellement, et à quelques personnes triées sur le volet, leur authenticité pourrait être contestée. Mais ce n'est pas le cas. Elles ne réservent pas leurs manifestations à une poignée d'expérimentateurs qui, comme Merlin, feraient naître quelque chose du néant. Les voix se manifestent dans le monde entier, par l'intermédiaire de centaines de magnétophones. Et l'utilisation de ces appareils ne cesse de croître au fur et à mesure que, découvrant cette méthode, de plus en plus de gens décident d'y recourir pour demander : « Y a-t-il quelqu'un avec moi ? »

Certains expérimentateurs sont connus pour leurs résultats remarquables dans l'enregistrement des voix. Ce qui distingue le Danois Friedrich Jürgenson de n'importe quel M. Dupont n'est cependant pas clair. Le temps et les efforts consacrés sont certainement importants ; mais j'imagine qu'être psychologiquement, philosophiquement et spirituellement en harmonie avec ceux de l'autre dimension l'est encore davantage.

La Grande-Bretagne a Raymond Cass et Gilbert Bonner, l'Allemagne, Edelgard John, Luise Fuchs, Bernadette Arras, Hans Otto Konig et le Dr Ernst Senkowski ; en Italie nous trouvons Virginia Ursi, Marcello Bacci et Capitani. Bacci et Capitani se servent d'une vieille radio à lampes de la Seconde Guerre mondiale. Ils l'allument et engagent leurs conversations bilatérales, très intelligibles, avec l'invisible. Les voix sont souvent tellement nettes et fortes que n'importe quelle personne présente peut les entendre, interpréter ce qu'elles disent, y répondre ou poser des questions complémentaires. Le groupe invisible qui communique avec eux est unique dans la mesure où il chante à la fin de chaque session. Ces chants, qui peuvent durer une minute, ont été étudiés par des musicologues. Personne n'a pu en comprendre les paroles. On dirait un chœur céleste entamant un chant d'une beauté indescriptible.

Il est intéressant de prendre connaissance des travaux des autres expérimentateurs ayant réussi à établir des contacts avec l'autre dimension.

Bien qu'il n'enregistre plus guère aujourd'hui, Raymond Cass fut, à une époque, un des principaux pionniers des transcommunications instrumentales en Europe. Dans une de ses lettres, il m'a décrit ses propres travaux ainsi que les découvertes de Jürgenson et Raudive. Il parle des voix très faibles et des « voix humanoïdes » que maints expérimentateurs essaient d'extraire de l'habituel « bruit blanc du micro ou des lampes diodes ».

Il ajoute :

> « Friedrich Jürgenson décrivait tout autre chose. Il était du côté récepteur d'une série de transmissions puissantes d'une source extrinsèque inconnue. Il avait stabilisé les contacts jusqu'au stade du dialogue avec la source de voix.
>
> Des voix fortes et intelligibles de ce que Jürgenson appelait l'agence centrale de transmission ont été entendues sur toutes sortes de fréquences dans le monde entier. Une fois "repéré" électroniquement par cette mystérieuse agence, un investigateur recevra de temps en temps des voix extrinsèques fortes métamorphosant des transmissions radio normales, chantant gaiement ou, peut-être, se livrant à des prédictions sombres ou apocalyptiques. »

A propos de Raudive, il écrit :

> « Il a enregistré des milliers de murmures presque imperceptibles auxquels ses talents de linguiste ont prêté un sens – un sens, hélas ! que des investigateurs consciencieux n'ont pas été en mesure de confirmer. Cela dit, il a également enregistré de nombreuses transmissions authentiques de cette source énigmatique. Il ne s'abusait pas autant lui-même que certains l'ont cru...
>
> Jürgenson et Raudive ont été deux pionniers qui ont contribué à abattre la barrière entre nous et les univers qui coexistent avec le nôtre... »

Dans une autre lettre, M. Cass m'a écrit que pour enregistrer, il utilisait comme source sonore une radio portable réglée sur la bande de 125 à 134 MHz. Dans cette même lettre, il signalait qu'à son avis, il est important de différencier entre les voix fortes, intelligibles, survenant sur les fréquences radio, et les murmures ou monosyllables très faibles, presque inaudibles, survenant lors des enregistrements avec diode et microphone. Il pense qu'il y a là une différence de nature, deux espèces de voix très distinctes, l'une de source extrinsèque, l'autre utilisant peut-être les énergies de l'expérimentateur.

Comme Jürgenson, M. Cass croit que les voix les plus fortes et les plus nettes viennent d'une sorte d'agence centrale de transmission. Cela peut sembler radical, mais j'ai enregistré des messages qui en confirment l'existence.

Gilbert Bonner, un Anglais du Sussex, est également très connu pour ses transcommunications instrumentales. Il y travaille depuis des années et a écrit des articles sur le sujet dans diverses publications.

Il m'a adressé une lettre d'où j'extrais ce qui suit :

> « *N'importe quel magnétophone devrait permettre d'enregistrer des voix paranormales entre 100 et 3 000 hertz, mais les appareils bon marché peuvent ne pas capter aussi bien ou ne pas donner autant de réalisme aux paroles que les appareils couvrant toute la gamme de 40 à 6 000 hertz.*
>
> *La méthode d'enregistrement à partir d'une radio, que j'ai adoptée, permet la réception des voix, qu'elles soient transmises par des ondes électromagnétiques ou "métamorphosées" par un effet psychokinétique quelconque à partir du matériau sonore radio. En général, je règle ma radio sur la bande des petites ondes, vers 1 500 kHz. Je laisse les stations radio interférer, à*

condition que ce soit des stations étrangères et n'employant pas l'anglais. Le réglage de la proportion signal radio/bruit est délicat à réaliser correctement, sans lequel les voix peuvent être facilement masquées par la radio. J'ai également réalisé de bons enregistrements sur les ondes courtes vers 31 mètres... Je préfère la méthode du micro "ouvert". J'utilise souvent des microphones stéréophoniques – un face aux voix éventuelles, l'autre face à moi. Les enregistrements apparaissent sur l'un ou l'autre côté de la bande et à plusieurs reprises, j'ai remarqué quelque chose d'étrange. Des voix s'enregistrant sur un côté peuvent, tout à coup, passer sur l'autre côté. Une source sonore est indispensable, soit comme porteuse, soit comme source d'énergie, soit pour fournir un matériau brut à partir duquel les voix sont élaborées. Une chose est essentielle dans cette recherche : la PATIENCE. »

M. Bonner a remarqué que le bruit de fond est différent quand il utilise un récepteur d'ondes courtes plutôt qu'une radio. Il constate moins d'intrusions de la radio mais plus de sons atmosphériques avec les ondes courtes. M. Bonner termine sa lettre en signalant qu'un chercheur britannique – un physicien – essaie d'étudier l'effet possible des champs gravitationnels sur les voix.

Dans les îles Britanniques, Tina Laurent obtient également de bons résultats avec ses enregistrements. Elle a entendu parler des transcommunications instrumentales en août 1983, juste avant de quitter les Etats-Unis pour rentrer au Pays de Galles. Elle était tellement enthousiasmée qu'elle a commencé à enregistrer dans l'avion, pendant son voyage de retour, avec son petit magnétophone portable. Des voix lui sont parvenues, en plein ciel, et elle a persévéré en arrivant chez elle. Ayant progressé dans son travail, elle reçoit maintenant de nombreuses voix d'excellente qualité. Tina et ses enregistrements sont souvent mentionnés dans diverses publications galloises et il semble que dans son pays, elle soit une des rares personnes communiquant avec l'invisible par le truchement d'un magnétophone.

C'est en Allemagne que le plus grand nombre de personnes se livrent ou s'intéressent aux transcommunications instrumentales. Cet intérêt remonte à 1968, époque où Konstantin Raudive publia ses recherches dans le livre traduit en anglais sous le titre de *Breakthrough* (*Brèche dans l'au-delà*) en 1971. Dans les années soixante-dix, Hanna Buschbeck créa l'association VTF (pour les recherches sur les transcommunications expérimentales) afin que tous ceux qui s'y intéressent puissent échanger leurs idées et leurs découvertes lors de rassemblements nationaux. Le Dr Fidelio Koberle de Düsseldorf est aujourd'hui à la tête de cette association qui rassemble plus de mille membres, organise des conférences annuelles et publie un magazine trimestriel.

Il y a quelques années, Hans Otto Konig fonda un groupe similaire, appelé FGT, qui se consacre à la recherche et au développement d'équipement et de méthodes pour améliorer la qualité et la durée des communications avec l'invisible. De temps à autre, des conférences en réunissent les membres et accueillent les personnes intéressées.

Konig étudie le domaine des ultrasons et travaille sur les fréquences lumineuses telles que les infrarouges et les ultraviolets dans le but d'améliorer la qualité des voix. Il a fait maintes démonstrations de son système électronique lors de conférences, de même qu'à Radio Luxembourg. En janvier 1983, au cours d'un entretien radiophonique, il a reçu le message suivant : « *Otto Konig fait sans fil avec les morts.* » Entendus par les milliers d'auditeurs du programme radio, ces quelques mots suscitèrent un énorme intérêt. Les messages de

Konig passent directement par des haut-parleurs et peuvent être perçus par tous les auditeurs. La clarté exceptionnelle de ses communications a frappé tous ceux qui les ont entendues.

Aux Etats-Unis également, des expérimentateurs essaient d'améliorer l'intercommunication avec les invisibles grâce à la recherche et au développement des appareils d'enregistrement.

En avril 1982, George Meek, fondateur et président de la Fondation MetaScience de Caroline du Nord et ingénieur de réputation internationale ayant déposé de nombreux brevets, a étonné l'assistance en annonçant au club de la presse de Washington qu'il détenait une preuve électronique de notre survie après la mort avec une personnalité et un esprit intacts. Lui et ses associés avaient mis au point un système baptisé Spiricom. Les sons étranges et un peu agaçants produits par Spiricom aident l'autre dimension à communiquer avec nous.

L'enregistrement passé par George Meek lors de cette réunion ne ressemblait à rien de ce qu'on avait entendu jusqu'alors en matière de transcommunication instrumentale. Le principal esprit s'exprimant dans cette communication était le savant George Mueller, décédé en 1967. Le Dr Mueller donna à William O'Neil, un des associés de Meek, des informations techniques sur le système et des moyens d'améliorer la réception. Une fois appliquées, ses suggestions furent efficaces et il en résulta presque uniquement, diffusées par les haut-parleurs, des conversations claires, facilement intelligibles par toutes les personnes présentes dans la pièce.

Onze mois avant de présenter le Spiricom au reste du monde, M. Meek m'a contactée et demandé si j'accepterais de l'employer dans l'espoir que les résultats d'O'Neil pourraient être reproduits. J'ai donné mon accord et le Spiricom est arrivé chez moi peu après. Le système, complexe et volumineux, fut installé dans mon bureau et je l'ai utilisé chaque matin et soir pendant un mois. Un certain nombre de voix de classe A parvinrent au cours de cette période, mais mes résultats ne pouvaient être comparés à ceux obtenus par O'Neil.

Meek mit généreusement, à leur prix de revient, tous les plans du Spiricom à la disposition du public afin que les bricoleurs puissent construire leur système et, éventuellement, reproduire les résultats d'O'Neil. Malheureusement, aucun de ceux qui l'ont construit n'y est parvenu. L'opinion générale est que les dons médiumniques remarquables d'O'Neil se sont combinés avec les ressources du Spiricom pour produire des résultats exceptionnels.

Les Etats-Unis abritent d'autres expérimentateurs remarquables. En mai 1982, j'ai fondé l'American Association-Electronic Voice Phenomena (AA-EVP), ce qui me vaut le privilège de connaître tous les expérimentateurs sérieux parmi mes compatriotes. L'un d'eux est Dan McKee, coordinateur de l'AA-EVP en Illinois.

Dan est un des expérimentateurs les plus connus de notre pays. Il se consacre aux transcommunications instrumentales depuis douze ans, et les voix paranormales qu'il enregistre sont généralement fortes et nettes. Dan semble être en contact avec différents niveaux de réalité dont l'un est le monde des esprits.

Voici ce qu'il m'écrit dans l'une de ses lettres :

> *« J'ai utilisé les méthodes du Dr Raudive et obtenu quelques résultats avec les ondes radio que vous utilisez. J'emploie un générateur de signaux de fréquences radio – en fait, deux générateurs – pour créer artificiellement un support sonore, mais avec un succès limité. En travaillant avec les voix, je me suis rendu*

compte que les manifestations vocales sont de meilleure qualité avec un quelconque support sonore ou énergétique. Une nuit, j'ai passé une bande à l'envers par accident et à ma grande surprise, j'ai entendu des mots et des phrases. J'avais là jusqu'à douze phrases, une réfutation des allégations de ceux qui disent n'enregistrer que des bruits aléatoires. Les voix m'ont appelé par mon prénom, mon second prénom et mon nom de famille. Elles ont parfois répondu à mes questions. La musique passée à l'envers donne également de bons résultats. A l'occasion, les voix imitent ma voix et parlent de mon équipement et des moyens de l'améliorer. »

Dan pense qu'il y a des périodes de plus ou moins grande activité des voix, mais il déclare : « *J'éprouve un puissant désir de continuer à travailler et à expérimenter.* » Il termine sa lettre en disant qu'il est associé au domaine de l'électronique depuis plus de quarante ans, ayant, à une certaine époque, travaillé pour un organisme fédéral de renseignements et communication. « *Mon expérience me rend difficile à berner avec les hypothèses proposées comme explications de ces phénomènes* », dit-il.

David A. Lothamer, coordinateur de l'AA-EVP de Californie, acquiert également une réputation croissante pour ses travaux avec les voix « électroniques ».

Il m'a communiqué par écrit quelques commentaires sur l'enregistrement de voix paranormales.

« J'ai remarqué que le bruit, aléatoire ou fabriqué, peut être un facteur dans la manifestation des voix. Dans mes propres expériences, j'ai employé le "bruit blanc" de la radio, des enregistrements de gouttes d'eau, de la musique et autres sources sonores. Je recours presque exclusivement à la méthode production d'un fond sonore / micro ouvert. »

> « *On peut préenregistrer pratiquement n'importe quoi et l'employer ensuite comme source sonore de fond.* »

David raconte qu'à ses débuts, il a suivi pendant quelques mois le conseil de certains expérimentateurs de « rester assis en silence ». Ses résultats, dit-il, étaient alors rares et limités à des murmures. Puis il remarqua que « *les craquements de parquets, les ressorts de lits, les coups frappés à la porte, semblaient déclencher des sons pareils à des voix par-delà les bruits environnants* ». David commença alors à recourir délibérément aux sons pour ses enregistrements après avoir acquis la conviction qu'ils aidaient les voix à se manifester. Dès lors, leur qualité s'améliora de façon spectaculaire.

Les façons de communiquer avec l'invisible continuent à se développer. Dans leur livre *Phone Calls from the Dead*, D. Scott Rogo et Raymond Bayless rapportent qu'apparemment, les morts essaient de communiquer par téléphone avec les amis ou les êtres chers qu'ils ont quittés. La plupart de ces appels ont leur origine dans l'au-delà. Par ailleurs, certains expérimentateurs américains utilisent le téléphone comme moyen de contacter d'autres dimensions. Ils relient leur téléphone à un magnétophone pour conserver un enregistrement de tout message paranormal qui pourrait leur parvenir.

Mercedes Shepanek, qui était coordinatrice de l'AA-EVP en Virginie avant son décès, a travaillé sur les transcommunications instrumentales pendant onze ans. Au cours de cette période, elle a enregistré des milliers de messages d'excellente qualité sur les deux côtés de ses bandes magnétiques. Elle entreprit d'essayer les contacts téléphoniques un an avant sa mort. Dans la « lettre » de l'AA-EVP de l'automne 1985, elle rapportait ce qui suit :

« *J'ai travaillé avec la méthode du téléphone et obtenu quelques résultats, principalement des murmures. Deux d'entre eux furent :* "**Nous vous appellerons**" *et* "**Nous vous téléphonerons.**"

Cette technique exige que le téléphone soit relié à un magnétophone.

Réglez votre magnétophone sur "*enregistrer*" *(il ne se mettra en route que lorsque vous décrocherez votre poste). Le meilleur moyen est de vous mettre d'accord avec un ou une amie – de préférence une personne familiarisée avec vos étranges activités... – pour qu'elle vous appelle à un moment déterminé et laisse son téléphone décroché pendant une période convenue.* »

Clara Laughlin est l'actuelle responsable de l'AA-EVP de Virginie. Depuis six ans qu'elle enregistre, elle semble avoir établi de solides contacts avec différents plans. La plupart de ses « communicants » appartiennent au monde des esprits ; mais de temps à autre s'enregistrent pour elle des messages d'entités qui se disent extra-terrestres. Son contact principal parmi les esprits s'appelle Callie, une personne qu'elle n'a jamais connue et qui lui déclare être le « *Gardien du seuil* ». Callie fait intervenir les êtres avec lesquels Clara désire parler, répond à de nombreuses questions, ajoutant parfois d'intéressants commentaires de son cru. Un jour, après avoir regardé un programme télévisé sur la cryogénie, Clara a demandé à Callie ce que le monde des esprits en pensait. Réponse de Callie : « *Une âme surgelée n'apporte aucun réconfort.* »

Carol Baron, coordinatrice pour le Massachusetts, a commencé à enregistrer à peu près à la même époque que Clara, établissant, elle aussi, de nombreux et excellents contacts avec le monde des esprits. Carol trouve que les bruits aident les voix à se manifester. Les esprits utilisent pratiquement tous les sons qu'elle emploie, et leurs voix ont tendance à assumer la qualité de la source sonore de l'arrière-fond, quelle qu'elle soit. Carol a enquêté dans plusieurs sites supposés hantés en Nouvelle-Angleterre et a souvent reçu des messages en extérieur. Elle a fait des démonstrations de transcommunications instrumentales dans des universités, tout en réalisant des enregistrements de groupes, souvent avec des résultats très positifs.

Les Soviétiques s'intéressent aussi à ce domaine de recherche. Benson Herbert, parapsychologue britannique de réputation internationale, s'est longtemps refusé à croire que les « voix » étaient bien celles des morts ; il pense maintenant qu'il y a de fortes chances pour qu'elles appartiennent à des entités désincarnées. Ce sont les travaux de deux chercheurs russes qui lui ont fait réviser son opinion. Dans une lettre à Tina Laurent, il cite des extraits d'articles écrits par ces deux scientifiques et ajoute qu'il devra sans doute devenir un spiritualiste et, dit-il, « un EVPiste... »

Dans un article intitulé « Bioplasma, autorégulation et régulation psychique », le Dr Romen, de l'université d'Alma-Ata en ex-Union soviétique, écrit :

> « *Le yoga et l'autosuggestion peuvent affecter profondément les processus bioénergétiques d'un organisme humain. Ceci est un facteur d'une grande valeur dans la prévention et la guérison des maladies et contribue à la régénération... avec la possibilité de maintenir l'individualité dans des conditions extrêmes de stress et, après la mort, sous une forme biologique déterminée... Cette image énergétique conserve les caractéristiques personnelles, indépendemment des facteurs spatiaux et temporels ; elle est un individu reconnaissable.* »

Herbert cite un autre article, intitulé « EVP », du Dr G.P. Krokalev de l'université de Perm, en ex-Union soviétique :

> « *Le corps humain peut se comporter comme un récepteur et un émetteur de fréquences radio que la peau module en agissant comme un transistor, transmettant ainsi au cerveau un son perceptible via les tissus et les os... La concentration de la pensée peut provoquer la transmission par les oreilles de faibles sons qu'un microphone et un magnétophone assez sensibles peuvent capter...* »

Dans ses propres expériences de transcommunications, le Dr Krokalev utilise un capuchon d'oreille bien ajusté, en plastique ou en caoutchouc, avec un petit trou en son centre pour l'insertion d'un minuscule microphone.

Comme nous l'avons mentionné brièvement, nous ne cessons de constater que le contact avec les morts ne se limite pas aux enregistrements vocaux par magnétophone interposé. Certaines personnes rapportent avoir reçu des messages de l'au-delà sur leur répondeur téléphonique. Les invisibles affectent aussi les ordinateurs.

Ken Webster, un professeur d'économie anglais, a commencé à recevoir des messages par l'intermédiaire de son ordinateur il y a cinq ans. Son « communicant » se présente comme Thomas Harden, doyen, au XVIe siècle, de la faculté de Brasenoe d'Oxford. Il a fourni suffisamment d'informations à Webster pour lui permettre de l'identifier formellement comme Thomas Harden. Webster a également reçu des communications d'un groupe affirmant appartenir à un univers parallèle.

Les voix se dirigent maintenant vers les contacts par écrans de télévision interposés. Elles ont déclaré à certains expérimentateurs, tels que Clara Laughlin, qu'elles veulent apparaître et qu'elles apparaîtront sur les écrans de télévison. J'ai parlé de mes propres contacts visuels dans le chapitre 14. Avant de mourir, Klaus Aachen, en Allemagne, avait reçu, par le truchement de son magnétophone, des instructions pour installer des appareils qui permettraient de recevoir des images du monde des esprits. Il les suivit et enregistra avec son magnétoscope des images de sa mère et de sa fille décédées.

Ces premiers contacts visuels aident et encouragent le développement de méthodes plus élaborées de réception d'images. Un parallèle peut être établi entre les débuts des transcommunications vocales et le stade actuel des transcommunications télévisuelles. Les premières voix furent remarquées un peu par hasard, les utilisateurs de magnétophone croyant d'abord être victimes de bandes magnétiques défectueuses. Ceux qui s'aperçurent qu'il n'en était rien commencèrent alors à appeler délibérément leurs êtres chers décédés. Ces efforts ont abouti au présent niveau, que la recherche continue à faire progresser par le développement d'appareils et de méthodes plus efficaces.

Malheureusement, comme ce fut toujours le cas pour les médiums, les expérimentateurs sont eux aussi accusés de supercherie, en particulier lorsqu'ils obtiennent des résultats exceptionnels. D'autres essaient alors immanquablement de les reproduire en achetant ou en installant les mêmes appareils ; et quand leurs résultats sont moins satisfaisants, le pionnier est souvent accusé d'avoir triché. Cela ne tient pas compte du fait que le rôle de l'équipement est limité : c'est l'expérimentateur lui-même, avec l'attitude et les énergies particulières qu'il apporte aux sessions d'enregistrement et auxquelles ceux des autres dimensions sont sensibles, qui constitue le facteur crucial dans la manifestation du phénomène. J'ai enquêté sur des cas de prétendues supercheries et je n'ai jamais été convaincue qu'elles aient réellement eu lieu.

Ceci me rappelle le programme de télévision où James Randi, un magicien qui ne croit pas aux phénomènes paranormaux, fit sa démonstration de déformation de cuillère. Il affirme qu'en trichant, n'importe qui peut tordre une cuillère et le démontra rapidement pour le public de la chaîne.

On peut dire la même chose des transcommunications instrumentales. Mais démontrer qu'on peut produire des voix par supercherie ne prouve pas qu'elles le sont toujours ainsi.

Depuis que j'ai fondé l'American Association-Electronic Voice Phenomena en 1982, nous sommes passés de vingt à plus de deux cents membres, vivant dans quarante états différents, Washington, DC, et douze pays étrangers. Nous partageons nos idées et nos découvertes par le moyen d'une « lettre » trimestrielle. L'enthousiasme règne parmi nous et un certain nombre de membres, de même que des personnes extérieures à l'association, ont participé aux trois conférences nationales qui ont eu lieu dans la région de Baltimore. Travaillant ensemble dans notre organisation internationale, partageant librement nos résultats avec d'autres groupes dans le monde entier, nous essayons d'abattre les barrières entre cette vie et la vie au-delà. Nous espérons parvenir à détruire cette peur immémoriale des humains qui a toujours fait partie de notre existence – y a-t-il une vie consciente après la mort ? Avec une notion d'identité personnelle ? Il semble de plus en plus vraisemblable que ces questions puissent recevoir une réponse affirmative.

16

UNE VISITE AU LUXEMBOURG

La plupart de ceux qui s'intéressent aux transcommunications instrumentales s'acccordent aujourd'hui pour déclarer que Jules et Maggie Harsch-Fischbach sont actuellement les expérimentateurs les plus remarquables. Ils ont débuté en 1984 et très rapidement, leurs « collègues » ont été impressionnés par la qualité des voix qu'ils enregistraient, par l'originalité du groupe qui les contacte et par la teneur de ses messages.

Quand Maggie a commencé à enregistrer, Jules, son mari, était plutôt sceptique. Mais s'accumulant et se confirmant jour après jour, les indices l'ont amené à reconnaître qu'ils semblaient bien être en contact avec plusieurs dimensions. Au cours des dix-huit premiers mois, leurs résultats avaient été comparables à ceux de tous les autres expérimentateurs. Puis Maggie sembla avoir été « repérée » électroniquement et les communications s'améliorèrent régulièrement. Jules et Maggie travaillent tous deux la journée et enregistrent chaque soir. A travers des haut-parleurs, les voix sont tellement fortes et intelligibles que toute personne présente peut les entendre, ce qui permet des conversations bilatérales prolongées. Souvent, les voix s'identifient comme celles de Konstantin Raudive ou de Henri Sainte-Claire

Deville, un physicien et chimiste français décédé en 1881.

Les Fischbach semblent communiquer avec deux groupes principaux. Le groupe « Life stream » (courant vital) est composé de personnalités très évoluées ayant vécu sur le plan terrestre. Il s'adresse aux Fischbach par le truchement du magnétophone, les aspects techniques étant gérés par une entité qui se présente comme le « Technicien ». J'ai entendu un certain nombre d'enregistrements des Fischbach : Technicien y a une voix de synthèse, meilleure qu'une voix d'ordinateur mais pas tout à fait humaine. Il déclare n'avoir jamais vécu sur terre. Je le cite : « *Je ne suis pas humain. Je ne me suis jamais incarné. Je ne suis pas et n'ai jamais été un animal. Je ne suis pas de l'énergie et je ne suis pas un être de lumière. J'ai été et suis toujours un être suprahumain affecté à la planète Terre.* »

Comment Technicien s'est intégré au groupe des Fischbach est une question intéressante – une des premières que leur ai posées quand je les ai rencontrés au Luxembourg. Maggie m'expliqua que pendant un certain temps, elle avait été en communication avec un jeune homme de l'autre côté que nous appellerons John. Elle lui posait toutes sortes de questions sur la vie après la mort, sur Dieu, sur la Bible, auxquelles John essayait de répondre. A la même époque, Jules demandait une assistance technique qui les aiderait à recevoir des voix plus nettes et plus fortes. Dixit Jules : « J'ai demandé aux êtres d'outre-tombe de nous envoyer un technicien allemand, me disant qu'il devait y en avoir plus que de techniciens de notre tout petit pays. »

Un jour où Maggie interrogeait John sur Dieu, une voix interrompit : « *Non. Je répondrai à cette question.* » Cette intervention marqua l'arrivée du Technicien qui, depuis, conduit une partie du groupe des Fischbach. Il introduit de nombreuses personnalités très évoluées qui communiquent avec eux et avec les visiteurs qui viennent du monde entier participer à leurs séances d'enregistrement. Peu après l'apparition de ce guide, Maggie lui demanda comment ils devaient l'appeler et il répondit : « *Vous pouvez m'appeler "Technicien".* »

Maggie m'a écrit ce qui suit dans une de ses premières lettres :

> « *Il nous a stupéfiés par ses connaissances exceptionnelles en électronique, physique, mathématiques, astronomie, sciences naturelles, sur le passé et l'avenir... Pour nous, c'est le technicien-surhomme. Il pratique l'amour inconditionnel qui nous est inconnu. Il dit que son univers reconnaît la vérité, tout ce qui est positif, ainsi que le respect et la sollicitude pour toute forme de vie.* »

Quand les Fischbach demandèrent à Technicien ce qu'il fallait faire pour communiquer avec son univers, il répondit : « *L'élément primordial pour les contacts avec nos dimensions est la pureté de l'âme et du cœur.* »

Au cours d'une session fin 1986, il déclara :

« *Le malheur et la souffrance que les humains éprouvent et doivent endurer viennent d'eux-mêmes. Ils découlent de leurs propres actions ou sont provoqués par des forces supérieures pour initier un processus aboutissant à une prise de conscience, au progrès et au perfectionnement... Tout cela est intimement lié au libre arbitre et au choix de l'individu, que Dieu accorde à chacun comme le cadeau suprême... Sans libre arbitre ni choix individuel, il n'y a pas de conscience de la vérité qui vient de l'intérieur. Par conséquent, les puissances supérieures ne veulent pas d'une obéissance aveugle... Dieu préfère ceux qui cherchent et qui questionnent. Aucun effort n'est épargné pour faire progresser l'esprit humain et l'initiative individuelle de ses bas instincts animaux vers la spiritualité.* »

Conformément aux conseils pratiques de Technicien, les Fischbach recourent à deux systèmes de communication. L'un s'appelle GA1. C'est un système bilatéral qui permet une conversation entre les observateurs présents dans la salle d'enregistrement des Fischbach et les entités de l'au-delà. Il est comparable et, en principe, aussi clair qu'une conversation téléphonique. Le GA1 ne peut être employé qu'avec un nombre limité de personnes présentes.

L'autre système, baptisé Eurosignal-Bridge (pont Eurosignal), est employé en présence d'une assistance nombreuse. Les communications reçues par ce moyen sont exceptionnellement longues et claires, mais unilatérales. Comme Technicien l'a expliqué, chaque personne émet ses propres ondes cérébrales ; lorsque plus de quatre ou cinq personnes participent à une session d'enregistrement, il est plus difficile à l'autre dimension de percer jusqu'à nous. Dans ce cas, il faut passer du système GA1 à Eurosignal, pont électronique entre leur dimension et la nôtre.

Eurosignal est un système d'appel personnalisé utilisé dans plusieurs pays de l'Europe de l'Ouest. Il permet d'être informé d'un appel téléphonique par un signal sonore. Eurosignal peut être perçu par tous ceux qui, dans les pays disposant du système, règlent leur radio sur 88-90 MHz ; mais ils n'y entendent qu'une série de sons électroniques sans signification, à moins d'avoir reçu un code personnel en payant un abonnement au système. Dans ce cas, les appels codés, perçus par un boîtier, indiquent à l'abonné qu'un correspondant attend qu'il le rappelle du téléphone le plus proche. Ce service étant payant, le signal est perceptible vingt-quatre heures par jour sur la bande radio.

Un exemple de conversation sur le système GA1 a été enregistré en février 1987 entre Technicien et le Dr Ralf Determeyer, un ingénieur et chercheur ouest-allemand alors en visite chez les Fischbach.

Dr Determeyer : Pourquoi, venant d'un niveau si élevé, employez-vous une langue aussi terre à terre que l'allemand ?

Technicien : *On s'est adressé à moi dans votre langue. Je pourrais facilement utiliser une autre langue de la Terre.* (Suit une phrase en russe). *Vous voyez, je pourrais parler celle-là avec vous si vous la compreniez.*

Dr D. : Vous pourriez certainement expliquer l'existence de l'être suprême englobant tout, que nous appelons Dieu.

Tech. : *Cela n'aurait pas de sens de vous expliquer ce qu'est Dieu, car vous n'avez pas réellement la possibilité de l'imaginer dans sa totalité. Par rapport à un seau plein d'eau, votre compréhension correspond à une goutte.*

Dr D. : Les transcommunications peuvent-elles contribuer à la paix sur terre ?

Tech. : *C'est le meilleur instrument pour éveiller la conscience des humains. Pour l'atteindre, il faut des ponts et des constructeurs de ponts entre votre monde et le monde spirituel. Vous êtes un constructeur de ponts.*

Je vous rappelle que toutes ces réponses sont parfaitement intelligibles au fur et à mesure qu'elles sont fournies.

Récemment, les Fischbach ont commencé à recevoir des images par leur poste de télévision. Là encore, les instructions pour cette installation compliquée ont été données par Technicien. Le Dr Ernst Senkowski, un physicien et ingénieur de Mayence, et sa femme Adelheid, de même que plusieurs autres personnes, ont assisté à l'un des contacts par télévision. Le Dr Senkowski, qui enregistre des voix depuis des années, est une des personnes les plus compétentes en Europe dans le domaine des transcommunications. Sur le poste des Fischbach apparurent des paysages et plusieurs personnes, dont l'une a été identifiée comme Hanna Buschbeck, fondatrice de l'association allemande VTF mentionnée dans le chapitre précédent et décédée quelques années plus tôt. Technicien a expliqué que toutes les images venaient du « troisième niveau » au-delà de la mort où, dit-il, vont la plupart d'entre nous.

Les Fishbach communiquent aussi avec un groupe se présentant comme « 2019 ». Jules et Maggie ont créé leur propre « Cercle d'études sur la transcommunication-Luxembourg » (CETL). Ils adressent une « lettre » trimestrielle à tous leurs membres et ont acheté un ordinateur pour faire ce travail. Trois mois après cette acquisition, des messages inexplicables commencèrent à parvenir de ce groupe « 2019 » par l'intermédiaire de l'ordinateur. Comme les « communicants » de Ken Webster, ceux du groupe 2019 déclarent appartenir à un monde parallèle. Technicien connaît le groupe 2019 mais n'en fait pas partie. A une question les concernant, il répondit que s'il était « *l'un d'eux, il pourrait écrire sur l'ordinateur et ce serait beaucoup plus simple !* »

Maggie, Jules et moi correspondons depuis deux ans. Ils font partie de mon association AA-AVP depuis 1986 et de temps à autre, ils m'envoient des copies de leurs enregistrements de voix. Lors d'une de leurs sessions, alors que des visiteurs autrichiens étaient présents, un membre du groupe Life Stream se manifesta en donnant pour moi le message personnel suivant : « *Nous voulons exprimer ainsi notre satisfaction de la conduite de*

Mme Estep. Son attitude est très bien. Nous approuvons. »

Les Fischbach et moi espérions que nous pourrions finalement nous rencontrer et l'occasion se présenta à la fin d'octobre 1987. Mon mari et moi sommes allés au Luxembourg, où Maggie et Jules nous attendaient à l'aéroport. Immédiatement, nous nous sommes sentis tous les quatre sur la même longueur d'onde et le temps d'arriver à notre hôtel d'Hespérange, proche de leur appartement, nous parlions déjà comme de vieux amis.

Pendant les trois jours que nous avons passés ensemble, j'ai appris sur les Fischbach beaucoup de choses que j'ignorais. Ma considération pour eux personnellement et pour les résultats extraordinaires qu'ils obtiennent avec l'au-delà s'est encore accrue. Jules est avocat au ministère de la Justice du Luxembourg et on lui avait accordé quelques jours pour recevoir ses invités transatlantiques. Approuvant son activité dans les transcommunications, son supérieur hiérarchique était heureux que nous soyons venus spécialement pour rencontrer les Fischbach.

Maggie et moi avons fait plus ample connaissance et nous nous sommes découvert des points communs. Elle est institutrice et enseigne une classe d'enfants de cinq et six ans. Avant de prendre ma retraite, j'avais eu une classe du même niveau pendant quatorze ans. Nos chemins étaient étrangement parallèles d'une autre façon : comme moi, Maggie avait découvert les voix enregistrées à travers le livre de Sheila Ostrander et Lynn Schroeder, *Handbook of Psi Discoveries*.

Les deux dernières journées de notre séjour prirent une coloration internationale. Ernst Senkowski, que je connaissais déjà puisqu'il avait accepté mon invitation à parler lors de notre deuxième conférence nationale, arriva d'Allemagne avec sa femme Adelheid. Tina Laurent, dont je parlais dans le chapitre 15, et son mari Carl, arrivèrent du Pays de Galles. Se joignirent à nous deux autres Luxembourgeois – Jean-Paul Seyler, un ingénieur qui participe souvent aux enregistrements et Benedict Weis, une jeune maman sculpteur dont Technicien a dit qu'elle apportait de puissantes énergies aux sessions d'enregistrement.

Quelques jours avant notre arrivée, Maggie avait annoncé notre visite à Technicien. Il avait répondu qu'il ferait venir des entités pour parler avec nous le vendredi soir et le samedi matin. Après un agréable déjeuner dans un restaurant voisin, nous nous sommes tous les dix rassemblés autour d'une grande table chez les Fischbach pour parler des voix et écouter divers enregistrements effectués par Maggie.

Une de mes premières questions fut pour apprendre si les Fischbach pouvaient communiquer avec Technicien ou d'autres membres du groupe Life Stream en dehors de leur appartement. Ils m'assurèrent que le lieu semblait n'avoir aucune importance. Jules et Maggie sont parfois allés à l'étranger, où ils ont utilisé l'équipement de leurs hôtes avec quelques-uns de leurs accessoires spécialement fabriqués d'après les suggestions de Technicien. Dans chacun des cas, Technicien et les autres se sont manifestés.

Ernst Senkowski pense que :

« la réussite des communications est probablement plus liée à l'état mental ou psychique des Fischbach qu'à leur équipement. »

Il a ajouté qu'il avait un jour demandé à Technicien :

« Dites-nous, s'il vous plaît, ce qu'il faut pour communiquer avec vous. »

Ce à quoi Technicien avait répondu : « *Vous avez une personne sur terre avec des facultés et un équipement particuliers et de l'autre côté, dans les transrégions, une entité avec ses facultés et son équipement ; les deux se combinent et sont nécessaires pour établir le contact.* »

Une des bandes que Maggie a passées pour nous au cours de ce séjour était un enregistrement de Walter et Mary Jo Uphoff, du Wisconsin, qui leur avaient rendu visite quelques semaines plus tôt.

Henri Sainte-Claire Deville, un fréquent « communicant » de l'au-delà, y fait un exposé savant de plusieurs minutes sur l'espace, l'univers, la réalité, l'énergie et la conscience.

Après l'exposé de Sainte-Claire Deville, Technicien s'adressa directement aux Uphoff : « *Nous croyons, Walter Uphoff, que vous croyez à l'existence d'extraterrestres. C'est absolument vrai. Ce sont des extraterrestres. Ils observent la planète Terre. Lisez le livre* **The 12th Planet** *de Sitchin.* »

Après être revenue du Luxembourg, j'ai lu cet ouvrage que j'ai trouvé excellent et très enrichissant.

A sept heures, ce soir-là, nous nous sommes tous installés dans la pièce où les Fischbach font leurs enregistrements, une pièce d'environ trois mètres sur un peu moins de quatre, assez encombrée de placards et rayonnages contenant tous leurs appareils enregistreurs.

Technicien a signalé à plusieurs reprises qu'il ne faut pas enregistrer les communications bilatérales avec le système GA1, parce que le contact avec d'autres dimensions peut entraîner de dangereuses distorsions espace-temps. Comme nous formions un groupe important, Technicien avait prévenu qu'il se manifesterait par le « pont Eurosignal », auquel les interdictions d'enregistrer ne s'appliquent pas. Chacun de nous avait son magnétophone portable pour enregistrer ce qui proviendrait de l'autre côté. Après avoir mis son équipement en route, Jules régla une petite radio sur la bande FM jusqu'à ce qu'on entende l'Eurosignal. En moins d'une minute, la voix de Technicien parla clairement :

« *Contact. Vous avez le contact. Ceci est le contact.* »

Ce message fut immédiatement suivi de cet autre :

« *Bonsoir. Ici Konstantin Raudive. Chers amis, nous sommes très honorés que (vous soyez venus) en particulier les familles Estep et Laurent. Vous avez beaucoup fait pour les transcommunications dans les pays anglophones. Un membre de Life-Line (ligne de vie) aimerait vous parler sur un sujet qui concerne toute l'humanité. La question est pourquoi certaines personnes essaient de vous faire croire qu'il existe un être comme le diable ?* »

Technicien : « *Un membre de Life-Line vous parle depuis Time-Stream* » (courant du temps).

Suivit alors un exposé de cinq bonnes minutes par Sainte-Claire Deville sur l'Eglise, le diable et autres sujets, que je cite en partie :

« *Je m'appelle Henri Sainte-Claire Deville. C'est d'au-delà du fini que je vous parle et au nom de mon groupe de scientifiques Life-Line. Chers amis, le diable n'existait pas avant que l'Eglise l'invente pour tous (ceux) qui s'opposaient à ses doctrines... Les leaders qui ont fait cela en raison de fortes convictions religieuses pensaient réellement remplir une fonction utile et sacrée. Le diable n'est pas né du mal mais de l'ignorance et de la faiblesse humaines... Sans le Malin, les forces du bien seraient moins visibles... Et rien de tel que la peur du diable pour les faire respecter par la communauté humaine. Chantage pur et simple, la menace de passer l'éternité dans l'enfer décrit par l'Eglise ne laissant qu'une autre possibilité :*

être un bon chrétien... L'homme n'avait guère d'autre choix que d'obéir aux lois de l'Eglise. Après tout, il ne pouvait être certain que cet enfer n'existait pas – personne n'en étant revenu. Aujourd'hui, nous connaissons les possibilités de transcommunication. Nous pouvons vous dire ce qui se passe de ce côté. Chers amis, chers collègues, l'enfer n'existe pas. Seul existe l'enfer que l'homme crée pour lui-même. Ce qui explique pourquoi le Malin habite votre monde. Il existe encore des gens aujourd'hui, en particulier les fondamentalistes, qui croient à l'existence du diable en tant que personne... Des convictions aussi bizarres font partie intégrante de leur foi. Quand ils arrivent ici, ils sont stupéfaits. »*

Ceci termina la communication de Sainte-Claire Deville. Son discours fut prononcé en anglais, de même que les salutations de Raudive, par considération pour nous-mêmes et les Laurent, qui ne comprenons que cette langue. Six des huit autres personnes parlaient couramment anglais et n'eurent aucune difficulté à suivre le message.

Technicien revint alors et annonça qu'un autre contact désirait parler. Un court message fut d'abord délivré en allemand à Ernst Senkowski ; puis le « communicant » s'adressa à Jean-Paul Seyler. Jean-Paul, qui a de graves problèmes de dos, a souffert pendant toute la réunion. L'entité invisible en était consciente et, parlant toujours en allemand, langue commune à huit des dix personnes présentes, il lui recommanda de se procurer un certain médicament, inconnu de nous tous. Mais quand Jean-Paul se renseigna le soir même à la pharmacie la plus proche, il apprit que ce médicament, en effet, était disponible sur commande.

J'ai découvert par la suite que ce n'était pas la première fois que Technicien agissait sur le plan médical.

Le lendemain de notre retour chez nous, j'ai appelé un scientifique de mes relations, très intéressé par les travaux des Fischbach, pour lui relater les événements de notre visite. Quand je lui ai parlé du conseil reçu par Jean-Paul, Jim m'a raconté que, quelques mois plus tôt, sa femme avait été victime d'une congestion cérébrale. Les médecins étaient très pessimistes. A cette époque, Technicien avait fait savoir aux Fischbach que Jane devrait commencer à boire tous les jours une certaine tisane. Malheureusement, en dépit de tous ses efforts, il n'avait pas réussi à en trouver aux Etats-Unis. Les Fischbach lui en avaient finalement fait parvenir d'Europe. Dès qu'elle commença à en prendre régulièrement, l'état de Jane s'améliora et bien qu'elle ne soit pas encore complètement remise, elle est aujourd'hui en mesure de passer plusieurs heures par jour à son bureau. Jim est certain que « d'autres facteurs ont également contribué à lui faire retrouver un état de santé acceptable, mais nous pensons que la tisane a joué un rôle important. »

La soirée chez les Fischbach fut un succès et nous avons longuement discuté les enregistrements à proprement parler et les voix en général.

Un système similaire à celui des Fischbach est maintenant utilisé par un groupe de Darmstadt, près de Mayence où vivent les Senkowski. Ernst leur a rendu visite et a assisté à plusieurs sessions au cours desquelles lui parvint un message personnel. Une entité invisible joue, pour le groupe de Darmstadt, un rôle comparable à celui de Technicien pour les Fischbach. L'entité se présente comme ABX Juno : A, pour venant de l'autre côté ; B, pour biologique ; X pour expérience, Juno étant son nom particulier. Mais ces contacts sont récents et, en dépit de leur intérêt, ils n'ont pas encore abouti à des résultats comparables à ceux de nos amis luxembourgeois.

Au cours de notre discussion, Maggie passa d'autres bandes contenant des interventions de Technicien et du groupe qu'il représente. Sur l'une d'elles, une entité qui s'est souvent exprimée et qui avait donné le message pour moi lors de la visite du groupe de Vienne, parla à Maggie et lui dit qu'elle devrait téléphoner à Senkowski pour lui dire que « *Les mahatmas sont une réalité* ».

Quand ce message arriva, les Fischbach n'avaient jamais entendu le mot mahatma et ignoraient sa signification. On leur expliqua que les grandes âmes des siècles passés ont poursuivi leur développement après la mort vers un plus grand épanouissement. Ce groupe est également connu sous le terme de « Frères blancs », une expression inconnue des Fischbach. L'existence de ces âmes évoluées se poursuit aujourd'hui sur les plans les plus élevés, où elles sont conscientes et préoccupées par tout ce qui se passe dans notre monde et les autres plans de réalité.

Le week-end précédant notre visite, le Dr Burkhard Heim, un physicien allemand de renommée internationale, avait rendu visite aux Fischbach pour la première fois. Plusieurs sessions d'enregistrement avaient été effectuées avec succès et il y avait reçu des messages personnels. Dans l'un d'entre eux, que Maggie passa pour nous, Technicien s'adresse au Dr Heim. Il l'avertit qu'ils vont mesurer ses ondes cérébrales et lui recommande de ne pas avoir peur du bruit qu'il va entendre. Et en effet, un bruit presque insoutenable submergea l'enregistrement pendant quelques secondes, résultant de toute évidence, de la mesure des ondes cérébrales. Le Dr Heim quitta le Luxembourg absolument convaincu de l'authenticité des voix et désirant poursuivre dans la recherche et le développement des transcommunications instrumentales.

Quelques mois plus tôt, Technicien avait annoncé aux Fischbach qu'ils allaient rencontrer un physicien presque aveugle et aux mains gravement handicapées ; et que grâce à son génie, cet homme finirait par mettre au point un système permettant à tous les humains de communiquer avec ceux de l'outre-tombe. le Dr Heim semble être l'homme en question : il ne lui reste qu'environ dix pour cent de vision et quelques doigts de la main gauche – résultat d'une explosion dans son laboratoire alors qu'il travaillait avec von Braun au développement des fusées allemandes.

La vraie question est de savoir comment nos contacts « muets » de l'autre monde sont capables de s'exprimer effectivement avec des mots que nous pouvons entendre et qui s'enregistrent sur les oscilloscopes et autres équipements électroniques. Technicien a expliqué qu'à travers une sorte de système oscillatoire, leurs pensées sont relayées puis captées par nos magnétophones et, dans certains cas rares comme celui des Fischbach, par haut-parleurs accrochés aux murs. En réalité, dans les transcommunications, nous « entendons » leurs pensées. Technicien lui-même utilise une sorte d'ordinateur dont la mémoire contient les phonèmes de toutes nos langues. Lorsqu'il s'adresse à nous, c'est de ce système qu'il tire les moyens d'exprimer ce qu'il veut dire. Il arrive que, ne parvenant pas à trouver un mot précis, il soit obligé de lui en substituer un autre. Technicien nous a déclaré que bien qu'il soit lui-même une entité réelle et non un robot, le système qu'il utilise, en revanche, pourrait être assimilé à un robot.

Le lendemain matin après déjeuner, les mêmes dix personnes se retrouvèrent chez les Fischbach. Les trois ingénieurs du groupe discutaient l'aspect technique des phénomènes, tandis que les autres s'intéressaient à l'impact psychophilosophique des voix sur chacun d'eux et sur l'avenir des sociétés humaines. Au milieu de ces conversations, Maggie, Jules et moi poursuivions la nôtre. Maggie m'a raconté que Technicien a déclaré que Jules et elle ne font qu'un et que, dans une autre dimension, ils sont effectivement un. J'ai signalé à Maggie que j'avais lu quelque chose de similaire dans un livre de Jane Roberts – à savoir que sur le plan conscient, nous pouvons vivre plusieurs réalités en même temps. Les visages de Maggie et Jules s'éclairèrent immédiatement et Maggie s'écria : « Ah, oui ! Technicien a dit que nous devrions trouver et lire ce livre ! » Ils se l'étaient procuré ; Jules venait d'en entamer la lecture et Maggie avait l'intention de le lire ensuite. Maggie m'a aussi raconté que selon Technicien, Jules et elle avaient été ensemble dans une vie antérieure ; qu'au cours de celles où ils ont été séparés, ils ont toujours eu le sentiment d'être incomplets et se sont cherchés, sans savoir ni comprendre vraiment ce qui manquait à cette vie particulière.

Maggie est une catholique pratiquante et je lui ai demandé comment son église locale réagissait par rapport à son travail. Elle a haussé les épaules et déclaré qu'il ne posait aucun problème. En mai, elle avait été particulièrement heureuse d'avoir la visite du Père Andreas Resch, professeur à l'université Lateran, au Vatican. Plusieurs sessions d'enregistrement avaient été tenues avec succès en sa présence et le Père Resch avait conclu : « Nous avons les mêmes buts. »

Bien qu'individuellement, certaines églises puissent désapprouver les déclarations de Sainte-Claire Deville relatives au diable, la plupart sont d'accord, pour l'essentiel, avec la philosophie de Technicien. Ce dernier a livré la méditation suivante au Père Resch lors de sa visite aux Fischbach.

« O doux Seigneur ! Vous avez extrait la race humaine d'une même racine. Vous avez décidé que tous les humains appartiendraient à la même famille.

Devant vous, tous sont vos serviteurs, et tous trouvent refuge auprès de vous. Tous se sont rassemblés autour de la table de vos offrandes, éclairés par la lumière de votre providence. Vous les protégez tous. Vous donnez à tous la vie. Vous donnez à chacun des talents et des dons. Tout est submergé par l'océan de votre compassion. Faites que nous nous unissions tous, que les religions s'harmonisent, que les nations s'unissent, afin que tous se considèrent comme membres d'une même famille habitant le même univers. Vous êtes la puissance et la force. Vous êtes indulgent et vous négligez les insuffisances. Un temps viendra peut-être où nos dimensions se rencontreront. »

Peu d'églises, chrétiennes ou autres, pourraient récuser cette méditation ; mais certaines pourraient ne pas accepter les commentaires sur Dieu que Technicien a formulés en une autre occasion. « *L'homme a façonné l'image de Dieu selon sa propre image, selon sa conception humaine. Dieu, ou le principe divin, est d'une essence sans équivalence. Dieu façonne Son univers et oriente tout être humain dans la direction qu'Il choisit.* »

Selon Maggie, Technicien se réfère souvent à l'Ancien Testament. Parlant de la Bible, il a déclaré en une occasion : « *Le livre des livres est un guide pour l'humanité. Certains de ses principes étaient bien adaptés aux peuples nomades de ce temps-là.* »

Tous ces commentaires de Technicien furent clairement entendus par les haut-parleurs au-dessus des appareils enregistreurs des Fischbach. Il a prédit qu'une organisation serait bientôt créée exclusivement pour la recherche sur les voix et comparable aux Nations Unies – « *unissant les nouveaux pays de la Terre.* »

Vers onze heures du matin, nous nous sommes à nouveau rendus tous les dix dans la salle d'enregistrement des Fischbach. Technicien avait annoncé qu'il essaierait de nous mettre en contact avec quelqu'un à cette heure-là. Chacun des visiteurs était prêt à enregistrer les éventuels messages avec son magnétophone portable et, comme la veille au soir, nous avons utilisé le pont Eurosignal. Maggie et Benedict étaient assises à la table sur laquelle se trouve le magnétophone Philips dont les Fischbach se servent toujours pour les sessions avec Eurosignal. Jules ajusta le sélecteur de l'une des deux petites radios placées sur un rayonnage. On entendit bientôt l'Eurosignal et un moment après, la voix de Technicien traversa les haut-parleurs de la seconde radio :

« *Contact. Contact. Avez contact.* »

Puis la voix masculine grave qui s'était identifiée la veille comme celle de Konstantin Raudive parla. Il nous salua tout d'abord en disant : « *Bonjour, chers amis. C'est Konstantin Raudive qui vous parle. Chers amis, merci d'être venus à nouveau.* » Il continua alors pendant sept minutes, sans interruption, abordant de nombreux sujets tels que la matière, les différents mondes autres que physiques et les plans astraux.

« *Au-delà du monde astral (existe) un autre plan d'expérience, le mental, et au-delà de ce dernier, d'autres encore, plus évolués et répondant à des aspects plus spirituels de la conscience. Toutes les fréquences de ces vibrations s'interpénètrent à la manière des solides, des liquides et des gaz tous présents dans une éponge imbibée d'eau.* »

Raudive conclut son intervention ainsi :

« *Chers amis, notre temps est limité et le contact va prendre fin d'un moment à l'autre. Notre groupe, Time-Stream (courant du temps) désire vous remercier tous pour ce que vous avez fait et ce que vous ferez pour la transcommunication. Ce n'est pas une tâche facile dans ce monde, mais elle est importante. Quand j'étais un être humain, de l'autre côté, les voix que je captais étaient plus réelles que les êtres autour de moi, puis elles s'évanouissaient comme des fantômes dans les brumes de l'été. Les philosophes disent qu'il ne faut qu'un éclair pour un voyage de rêve. Vous pouvez aller au bout du monde en l'espace d'un battement de cœur, et si vous restez dans ce monde mystérieux des rêves, vous mourez. N'ayez pas peur de la mort. Ce n'est pas la fin mais une transition vers un monde meilleur et plus beau.* »

Ainsi se termina notre session avec l'au-delà, après que Technicien fut revenu et eut annoncé : « **Contact terminé.** »

A l'inverse de la veille au soir, la totalité du message parvint en anglais.

Suis-je convaincue que nous avons entendu le vrai Konstantin Raudive ? Bien que la voix ait été la même que la veille au soir, et que sa personnalité soit un des plus fréquents « communicants », pourrions-nous avoir affaire à un imposteur ? C'est possible, mais je ne le crois pas.

Tout d'abord, il est rare qu'une entité, prétendant être telle ou telle personnalité connue pour attirer l'attention, récidive plus d'une fois ou deux. Cela ne sert à rien. La plupart de ceux qui s'expriment de l'au-delà ont suffisamment conservé le sens de leur individualité pour désirer être connus pour ce qu'ils sont réellement. D'autre part, nous devons prendre en compte l'histoire personnelle de Raudive. Il fut, pendant sa vie sur terre, un psychologue et philosophe européen connu. En relisant la conclusion de son intervention, on constate qu'il fait allusion aux philosophes ; et de plus, le psychologue parle en lui, nous mettant en garde contre le monde des rêves. Il nous propose de réfléchir à ce que les voix signifiaient pour lui lorsqu'il était vivant :

« *Parfois,* dit-il, *les voix que je captais étaient plus réelles que les êtres autour de moi...* » D'après ce que j'ai appris de lui, c'est vrai. Chaque jour, il passait de nombreuses heures à son magnétophone – au point que son audition s'en trouva affectée et que son médecin lui conseilla de limiter le temps qu'il consacrait à l'écoute des bandes magnétiques.

Tandis que nous discutions, Tina demanda à Jules s'il pensait qu'il s'agissait bien de Raudive. Jules répondit qu'après l'avoir enregistré plusieurs fois, ils demandèrent à Raudive une preuve de son identité. Raudive leur donna un numéro de téléphone à appeler en Suisse. Ce que fit Jules, sans avoir aucune idée de l'identité de la personne qu'il appelait. Une voix féminine répondit, donnant le nom de Anne-Marie Morgenthaler. Jules expliqua la raison de son appel et Anne-Marie, qui est enseignante, succomba presque à l'émotion : elle lui déclara qu'elle avait été la secrétaire de Raudive pendant plus de dix ans. Jules lui adressa des copies de plusieurs enregistrements du soi-disant Raudive et Anne-Marie fit savoir qu'effectivement, il s'agissait bien de sa voix.

Pendant le peu de temps qui nous restait avant de gagner l'aéroport pour rentrer à la maison, Maggie et moi avons discuté de ses projets. Je lui ai exprimé ma crainte que cet afflux constant de visiteurs chez eux – pratiquement chaque week-end – n'épuise leurs énergies et ne soit pour elle et Jules une grande source de fatigue. Elle convint qu'en effet, c'était le cas et que Jules et elle envisageaient de limiter strictement le temps qu'ils consacreraient à des invités, une décision très conflictuelle pour Maggie. Jusque-là, Jules et Maggie faisaient une démonstration publique tous les trois mois. Les gens qui y assistaient posaient de plus en plus de questions, exigeant toujours plus qu'elle ne pouvait donner. Ceux qui avaient perdu des êtres chers demandaient qu'elle les fasse entrer en contact avec eux. « Nous réussissions parfois, et parfois non », dit-elle. Maggie expliqua qu'elle désirait aider les autres, mais que c'était autant d'énergie qu'elle ne pouvait consacrer à leur but principal, qui est d'informer de l'existence des voix par le biais de leur bulletin. Comme elle l'a écrit dans l'un des premiers numéros :

> *« Il est souhaitable de faire connaître ces informations de l'au-delà ; cela est même exigé de nous. Ni nos parents ni les savants de cette terre qui sont décédés ne peuvent construire le pont entre notre monde et leur côté du voile si les forces supérieures ne le souhaitent pas. »*

J'ai reçu une lettre d'Ernst Senkowski une semaine après mon retour du Luxembourg. Il écrivait qu'une minute après que lui et son épouse, les Laurent et les Fischbach furent revenus de l'aéroport où ils nous avaient accompagnés, ils ont été informés que Friedrich Jürgenson était décédé le 15 octobre. Ils tentèrent un contact par GA1 et s'enquirent de lui auprès de Technicien, qui répliqua : « *L'un de nous est revenu. Il a fait son travail de votre côté. A la fin de sa vie, en raison de son âge, il n'a pas toujours parlé dans le même sens que nous. Ce fut un pionnier et il a regagné sa "patrie". Il se tournera vers de nouvelles tâches. Il est maintenant dans une de ces pièces qu'il a décrites de son vivant pour se reposer.* »

Ernst terminait sa lettre en disant qu'ils avaient demandé à Technicien s'il serait possible, par la suite, d'entrer en contact avec Jürgenson et la réponse fut affirmative.

Depuis, j'ai appris que les responsabilités qui pèsent sur Maggie et dont nous avions parlé à la fin de ma visite n'ont fait que s'alourdir. A une certaine époque, elle a dû cessé tout enregistrement, sans savoir si elle pourrait jamais reprendre. Jean-Paul Seiler a quitté le groupe. Bien qu'elle se considère toujours comme un membre du CEFL, Benedict ne veut plus participer aux sessions d'enregistrement. Alors que Jules et Maggie essayaient de retrouver leur équilibre, des messages commencèrent à nouveau à apparaître spontanément sur l'écran de leur ordinateur, les pressant de reprendre les enregistrements. Ce qu'ils finirent par faire, mais à une échelle différente. Suivant l'avis de Technicien, ils ont complètement cessé d'utiliser le pont Eurosignal et le système GA1. Aux dernières nouvelles, ils utilisaient une petite radio réglée sur 90 MHz, deux lampes ultra-violettes et une antenne spéciale. Les résultats sont toujours bons, avec les voix paranormales continuant à parvenir à travers les haut-parleurs Ernst Senkowski leur a rendu visite à plusieurs reprises, dont une fois en janvier avec son épouse Adelheid. Dans une lettre récente, il rapporte y avoir eu des contacts avec une entité féminine disant appartenir à un univers parallèle au nôtre, où elle affirmait être décédée quelques mois plus tôt. Après avoir repris conscience, elle a trouvé une station de transcommunication d'où elle entre en contact avec notre monde.

> « Elle a l'air d'être un cerveau, écrit Ernst, elle parle de physique avec beaucoup d'assurance et j'essaie d'orienter le dialogue sur des questions scientifiques dans l'espoir d'apprendre quelque chose ! »

Comme on nous l'avait annoncé en octobre, Friedrich Jürgenson s'est manifesté plusieurs fois chez les Fischbach. Une semaine après son décès, il déclara au Dr Determeyer qui était présent : « ***L'homme étouffe l'homme.*** »

Ainsi nous avons le privilège d'être en contact avec des êtres exceptionnels du passé, qui continuent à partager avec nous leurs pensées, la sagesse et le savoir qu'ils ont acquis en vivant dans une dimension autre que la nôtre. Nous ne pouvons qu'éprouver de la gratitude pour les Fischbach et tous les pionniers du domaine des transcommunications instrumentales qui ont fait connaître à tous et continueront à faire connaître ces contacts avec les autres univers.

17

COMMENT COMMUNIQUER AVEC LES VOIX

Il n'existe pas de façon unique d'enregistrer les voix. Les expérimentateurs recourent à toutes sortes de méthodes, certaines proches du bizarre, et cependant, ceux de l'au-delà continuent à parler, apparemment envers et contre tous.

Nous ne nous pencherons pas sur les moyens étranges ou inhabituels par lesquels certains prétendent produire des voix. Examinons plutôt les moyens les plus répandus, employés par ceux qui sont connus pour faire des enregistrements intelligibles. Chaque méthode a malheureusement ses inconvénients et chacun doit en être averti.

Je recommande toujours aux nouveaux expérimentateurs d'essayer divers procédés pour en apprécier le fonctionnement ; puis, après une période d'essais et d'erreurs, de choisir une ou deux des méthodes qui leur donnent les meilleurs résultats.

J'en ai moi-même essayé un grand nombre et inventé quelques-unes. Pendant des mois, je suis passée de l'une à l'autre, imaginant des façons originales dont j'espérais qu'elles m'apporteraient plus de réussite. De temps à autre, un ami inconnu prononçait quelques mots, mais mes résultats étaient minces. Finalement, en désespoir de cause, j'ai demandé : « Est-ce que tout ce que j'ai essayé vous convient ? »

Et j'ai alors reçu ma première réponse de classe A depuis des semaines : « *En fait, non.* »

C'est ainsi. Je ne pense pas que le temps passé à expérimenter ait été du temps perdu. J'y ai appris bien des choses, dont beaucoup sont intangibles ; mais j'ai toujours eu foi dans l'intangible.

Pour commencer à expérimenter, vous aurez besoin de certains appareils, que vous possédez peut-être déjà. Utilisez ceux-là. Comme je l'ai raconté au début de ce livre, j'ai commencé avec un équipement qui ne marchait qu'à moitié et pourtant, les voix m'ont parlé. Je l'ai remplacé depuis, mais seulement après m'être assurée que je désirais me consacrer sérieusement à cette activité. Je ne recommande jamais d'y investir beaucoup d'argent, car ce n'est pas indispensable. Des voix ont été enregistrées aussi bien sur des appareils à bon marché que sur des appareils coûteux, et il n'est pas toujours facile d'en distinguer la provenance.

Supposons que vous n'ayez aucun appareil, voici ceux que vous devrez acquérir avant de dire pour la première fois : « Bonjour ! Y a-t-il quelqu'un avec moi ? »

1. MAGNÉTOPHONE. Ce sera votre plus grosse dépense. Vous devrez d'abord opter pour une platine à cassettes ou un magnétophone à bandes (sur bobines). Lorsque j'ai remplacé l'appareil que j'utilisais le premier mois, j'ai choisi une platine stéréo à cassettes. Elles peuvent être assez coûteuses, moins cependant que les magnétophones à bandes. Quel que soit le type que vous choisirez – et cela inclut les petits magnétophones portables à piles – assurez-vous qu'il comporte un compteur. Ce dernier vous permet de repérer les messages, que ce soit pendant l'enregistrement ou le défilement. Sans compteur, il est très difficile de les localiser sur les bandes.

La plupart des personnes travaillant extensivement avec les voix « électroniques » utilisent des magnétophones à bandes, qu'ils trouvent plus « fidèles » et plus pratiques. J'en emploie un maintenant, mais je n'ai jamais regretté l'achat de ma platine-cassette, avec laquelle j'ai obtenu des enregistrements d'excellente qualité. C'est aussi avec elle que j'ai mis au point la plupart des méthodes auxquelles je recours aujourd'hui. Je continue d'ailleurs à m'en servir pour faire des copies pour mes amis.

Vous devez prendre garde à une chose si vous commencez avec une platine à cassettes : bien que certains expérimentateurs obtiennent avec elles de bons résultats, dans l'ensemble, leurs microphones intégrés ont tendance à être bruyants et leur utilisation conduit souvent au découragement. A moins d'avoir beaucoup de chance, vos voix ne seront d'abord que des murmures. Si votre micro est bruyant, dans une compétition avec des voix, c'est généralement lui qui gagnera la partie et vous n'entendrez rien. Si vous possédez déjà une platine à cassettes avec micro intégré, elle comporte sans doute une prise pour brancher un micro extérieur. Dans ce cas, le microphone intégré est automatiquement déconnecté.

2. MICROPHONE. Certains se demandent si les microphones sont absolument indispensables à l'enregistrement des voix. J'ai effectué des sessions sans eux et n'y ai jamais rien capté. Les voix qui me parlent m'ont indiqué qu'elles ont besoin d'un microphone, donc j'en utilise un ; ce me qui permet, par ailleurs, d'enregistrer ma voix et de conserver ainsi mes propres questions.

Celui que je préfère et que j'emploie constamment est un micro à condensateur électrique exigeant une petite pile. Vous pouvez le choisir plus ou moins cher ; vous obtiendrez de bons résultats s'il est sensible et silencieux.

Il y a dix ans, j'ai dépensé trois ou quatre francs pour un entonnoir de métal. J'en ai glissé le goulot sur la tête de mon micro, la partie évasée vers l'extérieur. Apparemment, cela agit comme un porte-voix pour ceux qui me contactent et leurs voix se sont immédiatement améliorées. Je ne l'ai jamais retiré.

3. Ecouteurs. N'envisagez même pas d'écouter des transcommunications si vous n'avez pas d'écouteurs : sans eux, il vous arrivera peut-être une fois par mois de percevoir un son ; mais vous raterez beaucoup de voix plus discrètes. Aujourd'hui encore, j'utilise des écouteurs quand je repasse mes bandes magnétiques. Si les voix semblent assez fortes et claires, j'enlève mes écouteurs et je vérifie si le message est intelligible en le faisant passer directement par le haut-parleur.

Il existe différents types d'écouteurs. Je vous recommande ceux qui recouvrent complètement les oreilles. Ils éliminent mieux les bruits extérieurs que les modèles non enveloppants.

4. Amplificateur. Les magnétophones, à cassettes ou à bandes, ne comportant pas d'amplificateur de son, il faut leur en adjoindre un. L'éventail des prix est très ouvert et s'il n'est pas indispensable de choisir le plus cher, le meilleur marché ne fera pas obligatoirement l'affaire et vous privera de certaines fonctions utiles.

Après en avoir utilisé plusieurs, je m'en tiens finalement à un amplificateur stéréophonique avec contrôle des basses et hautes fréquences, réglage de la balance stéréo, etc. Il déploie 480 watts au maximum, ce qui est plus que suffisant pour écouter les voix. Le seul inconvénient de ces appareils est que plus vous amplifiez les voix, plus vous amplifiez en même temps les bruits de fond.

5. Haut-parleur mural. J'en utilise un principalement pour m'aider à trier les voix les plus nettes et

choisir celles que je qualifie de « classe A ». Il est également pratique pour faire entendre ces dernières à des visiteurs.

6. EGALISEUR DE FRÉQUENCES STÉRÉO AVEC CONTRÔLES SÉPARÉS. Cet appareil est un complément non indispensable mais agréable si vous avez l'intention de consacrer beaucoup de temps aux transcommunications. Il vous permet de moduler les messages que vous recevez et, parfois, de faire ressortir des voix très faibles qui vous échapperaient sans lui.

7. BANDES MAGNÉTIQUES. Que vous utilisiez une platine à cassettes ou un magnétophone à bandes, vous devrez choisir les bandes magnétiques avec soin. Les bandes ou cassettes à faible bruit et haute sensibilité sont les meilleures, et ce ne sont pas toujours les plus chères ; mais le bon marché est en général un mauvais investissement. Si vous enregistrez sur cassettes, ce n'est pas une bonne idée de les choisir de plus de soixante minutes. Plus elles sont longues, plus vous risquez d'avoir des problèmes mécaniques et, par conséquent, de perdre une partie de vos enregistrements.

Et maintenant, où devriez-vous installer votre équipement ? J'ai la chance d'avoir un bureau personnel dans ma propre maison. Dans celle que j'habitais auparavant, je m'étais simplement délimité un espace dans le sous-sol à l'aide de deux paravents : un bureau, un fauteuil et quelques étagères, et je pouvais travailler.

Quand nous avons emménagé dans la maison que j'habite actuellement, j'ai transformé en bureau une pièce qui donne sur une véranda bien ensoleillée. Un certain nombre de messages me parvinrent dès mon premier enregistrement dans cette pièce.

Choisissez le point le plus tranquille, le plus éloigné des allées et venues de la famille et des amis, et mettez-vous au travail. Même si les voix peuvent s'exprimer n'importe où, essayez toujours de leur faciliter les choses. La régularité avec laquelle vous travaillez, aux mêmes heures et au même endroit, semble éviter la confusion dans l'établissement de contacts réguliers avec l'au-delà.

Cela nous amène à la question d'emploi du temps. Je le répète, les voix parviendront, n'importe quand, jour ou nuit ; mais je crois qu'en particulier au début, c'est une bonne idée d'avoir des horaires réguliers. Je suis du matin ; c'est ma période d'énergie maximale et je l'utilise pour la majeure partie de mes enregistrements. Choisissez le moment qui vous convient le mieux et où vous risquez le moins d'être interrompu par la famille et les amis.

Quand ceux de l'au-delà sauront où et quand vous avez tendance à enregistrer, il y a de fortes chances pour qu'ils soient là.

On parle beaucoup de l'aspect mécanique de l'enregistrement, auquel je ferai aussi allusion plus loin ; mais on a consacré peu d'attention à la technique.

Dans le contexte des transcommunications instrumentales, la technique est le développement du rapport entre l'expérimentateur et les voix qui désirent communiquer par le truchement de son magnétophone.

A ce stade de mon livre, j'espère avoir réussi à faire sentir que des relations personnelles peuvent s'instaurer entre nous et les entités des autres dimensions. Dans une large mesure, elles dépendent du sérieux avec lequel vous vous consacrez à ces contacts, de vos sentiments personnels par rapport au phénomène et du degré d'évolution que vous souhaitez imprimer à ce rapport.

Comme dans les relations humaines, l'intensité que celles-ci acquièrent dépend en grande partie de vous. Si vous vous limitez à un occasionnel « Bonjour ! Comment ça va ? », que ce soit avec des êtres incarnés ou désincarnés, les rapports n'iront jamais très loin. Avec l'ici-bas ou l'au-delà, il faut se donner davantage pour que les relations gagnent en profondeur.

Nous devons faire preuve d'égards et de courtoisie vis-à-vis de tous ceux qui témoignent d'un désir de communiquer ; respecter leur volonté de ne pas parler quand ils la manifestent. Puisqu'il s'agit de personnalités sensibles, nous devons rester conscients de leurs besoins et accepter leurs différences individuelles.

Bien que les voix me critiquent parfois, je ne leur rends jamais la pareille. Leurs critiques sont généralement justifiées et par conséquent, je ne pourrais guère y répondre. Quand leur jugement me semble erroné – ce qui s'est produit une fois ou deux –, je me borne à essayer d'expliquer mon point de vue.

Mes contacts savent qu'ils peuvent me parler librement : je ne porte pas de jugements sur ce qu'ils disent et font. Cela ne signifie pas que je les aime tous également et sans réserves, car ce n'est pas le cas. Les êtres sont ce qu'ils sont en conséquence de ce qu'ils ont vécu avant de me rencontrer. Quand ceux de l'au-delà m'expriment leur sympathie ou leur amour, j'y réponds par l'expression de mon affection profonde et chaleureuse. Quand ils disent qu'ils me détestent, je leur réponds que je regrette qu'ils éprouvent ce sentiment et que j'espère qu'ils le surmonteront un jour. Mon expérience dans le domaine social et éducatif a développé ma perspicacité vis-à-vis des humains et je l'applique aussi à mes contacts avec l'au-delà.

Dans ces contacts avec les êtres désincarnés, nous ne devons pas perdre de vue que leur personnalité du plan physique survit en eux dans une large mesure. Et quand nous avons la sensation d'être en contact avec des entités appartenant à un autre monde que celui des esprits, les égards et la considération doivent rester notre règle de conduite.

Un des principaux reproches faits aux voix est qu'elles disent peu de chose d'importance, à quoi il peut y avoir toutes sortes de causes. Ceux qui se consacrent à la recherche dans ce domaine doivent réfléchir sérieusement à leurs questions. En effet, inutile d'espérer des réponses importantes si nous nous limitons à des questions futiles. J'ai bien peur que beaucoup d'expérimentateurs traitent leurs « communicants » comme des attardés ayant cinq ans d'âge mental. Si les réponses s'en ressentent, à qui la faute ? Certains de mes contacts me contraignent sans cesse à élever mon intellect à leur niveau sans que, d'ailleurs, j'y parvienne toujours.

Les enregistrements ne devraient pas se prolonger indéfiniment, mais être limités – cinq minutes à la fois suffisent. Par la suite, vous pourrez prolonger un peu ces périodes. Mais aujourd'hui encore, je me limite à moins de dix minutes. La lecture des bandes prend beaucoup de temps : on en passe facilement trente à écouter un enregistrement de cinq minutes.

Chacun doit élaborer ses propres techniques pour communiquer. Posez les questions qui vous intéressent le plus. En règle générale, j'essaie d'explorer un sujet à la fois, que ce soit dans un seul ou dans une série d'enregistrements. Je termine souvent en demandant aux voix de me mettre en contact la prochaine fois avec telle ou telle entité ; souvent, l'individu en question répond lui-même qu'il sera présent au rendez-vous.

Dans d'autres cas, je signale que je désire explorer un certain domaine ; par exemple, comment les différentes entités entrent en contact avec nous, comment elles captent nos voix, etc.

Au cours des enregistrements de cinq minutes, je pose trois ou quatre questions, laissant entre elles un

« blanc » d'environ une minute. La plupart des voix qui répondent le font dans un délai d'à peu près dix à quinze secondes. Mais en leur laissant un peu plus de temps, vous évitez le risque d'interrompre une entité qui s'efforce de vous parler. Il semble que nombre d'entre elles doivent acquérir l'aptitude à communiquer avec nous : il faut donc tout faire pour les aider et les encourager.

Comme je l'ai mentionné, les voix sont d'abord faibles et difficiles à distinguer. Ce sont souvent des murmures et, à moins d'être très attentif, on croit facilement n'avoir rien enregistré. Un des aspects étonnants des transcommunications instrumentales est que, plus vous y consacrez de temps et d'efforts, plus vous rencontrez de voix et, dans une certaine mesure, plus leur qualité s'améliore. Il est rare, maintenant, qu'une voix me parle pour la première fois en murmurant. Bien qu'un apprentissage semble toujours leur être nécessaire, il semble aussi qu'une fois que vous avez été « repéré » par ceux qui s'occupent des enregistrements, les néophytes de l'au-delà sont aidés par des assistants.

L'expérimentateur doit acquérir la technique appropriée pour la lecture des bandes, qui provoque souvent le découragement et l'abandon. Avec vos écouteurs et votre amplificateur au maximum (dans la limite de ce que vos oreilles peuvent supporter) passez une section de cinq minutes à plusieurs reprises. Vous entendrez en arrière-fond le faible sifflement qu'on appelle « bruit blanc ». Les voix s'y perdent souvent et vous devrez apprendre à les en différencier. Si vous croyez avoir entendu une voix, arrêtez le défilement et repassez le segment, plusieurs fois si nécessaire. Si un message est présent, vous le percevrez, au moins partiellement, par la répétition.

Néanmoins, prenez garde à ne pas vouloir entendre des voix à tout prix – vous pourriez en créer de toutes pièces qui n'existent pas. Certains expérimentateurs isolent une toute petite portion de bande où ils ont cru entendre une voix et la repassent une centaine de fois. Rien d'étonnant à ce que, finalement, ils soient convaincus d'avoir entendu quelque chose. Ma règle est de ne jamais écouter plus de six ou sept fois. Si, à ce stade, je suis incapable d'interpréter les sons enregistrés, je continue avec le reste de l'enregistrement. De cette façon, certains messages m'échappent probablement, mais j'aime mieux cela que d'en inventer qui n'existent pas.

Lorsque je suis certaine d'avoir un message d'une voix paranormale, je le note dans mon journal. Toute personne s'intéressant sérieusement aux transcommunications instrumentales doit constituer un bon système de notation de ses expériences et de ses résultats. Dès qu'un message est perçu, la date, l'heure, l'emplacement sur la bande par le repère numérique du compteur, le message lui-même ainsi que la question à laquelle il répondait devraient être inscrits dans un « journal de bord ». La bande devrait être soigneusement étiquetée et numérotée en concordance avec les notes du journal.

Voici un exemple d'entrée dans mon journal : Bobine n° 22, piste 3. 27 octobre 85, 9 h 15. Compteur 562 : « *Bill, êtes-vous toujours là ?* »

J'ajoute des annotations quand les messages présentent pour moi un intérêt particulier – par exemple : classe A, voix très nette.

Le tenue de ce journal prend aussi du temps, mais on peut la simplifier : en notant sur la bande elle-même le repérage chiffré des messages, vous pourrez les localiser rapidement en cas de relecture pour vous-même ou ceux qui viendraient les écouter.

Souvenez-vous, en vous familiarisant avec les mécanismes d'enregistrement, que des voix claires et nettes ont été enregistrées par tous les moyens discutés ici.

Toutes ces méthodes sont faciles à maîtriser ; mais le microphone est le moyen le plus simple, le plus direct et le moins controversé.

C'est ainsi que j'ai commencé. Il suffit de le brancher dans la prise-micro du magnéto-cassettes ou du magnétophone et de commencer à enregistrer. De nombreux utilisateurs recourent à cette méthode et, de temps à autre, captent des voix de classe A.

Personnellement, au bout de quelques mois, j'ai commencé à la trouver insuffisante. Les voix étaient très faibles, difficiles à distinguer des bruits de fond. Une ou deux voix de classe A par semaine m'empêchaient d'être complétement découragée, mais j'attendais davantage. Les messages, généralement très courts – un ou deux mots –, consistaient souvent en « **Venez ici** », « ***Aidez-moi*** » ou « ***Froid*** ». Naturellement, c'était déjà extraordinaire d'obtenir cela de l'autre dimension, mais j'avais l'impression de ne pas apprendre grand-chose.

Si j'avais persévéré avec la méthode du microphone, la qualité des voix aurait peut-être fini par s'améliorer ; peut-être aurais-je reçu des messages plus fournis. Mais s'il existait de meilleures méthodes, je voulais essayer de les découvrir.

J'étais mécontente de mes résultats, mais persuadée que dans de meilleures conditions, les voix pouvaient faire davantage. J'ai donc commencé à chercher d'autres méthodes.

Le Dr Konstantin Raudive utilisait beaucoup la diode. Lisant qu'il recevait des messages de cinq ou six mots, j'ai décidé d'expérimenter avec le même moyen.

La diode est en fait un détecteur de fréquences radio que toute personne ayant quelques notions d'électricité peut fabriquer elle-même. Il a à peu près la taille de deux boîtes d'allumettes ; cinq centimètres de fil de fer dépassant d'un côté font office d'antenne et, de l'autre côté, un fil peut être raccordé à la prise micro d'un magnétophone.

Les enregistrements réalisés avec la diode présentent, à mon avis, un certain nombre d'inconvénients. L'antenne capte de nombreux programmes radio. On peut en éliminer beaucoup en la raccourcissant, mais cela élimine aussi beaucoup de voix paranormales.

Il est vrai que j'ai obtenu ainsi quelques excellents enregistrements de voix très nettes mais, en fait, ces cas sont rares. La plupart des messages comportaient un ou deux mots, trois mots étant le maximum. D'autre part, la qualité des voix ne différait généralement pas de ce que j'obtenais avec le microphone.

La méthode interfréquences fut développée par Friedrich Jürgenson. De nombreux expérimentateurs le considérant comme le « maître » en matière de transcommunications instrumentales, j'ai décidé d'essayer sa méthode.

Jürgenson réglait sa radio sur un faible bruit de fond entre grave et aigu capté, dans sa région, sur 1 480 kHz sur la bande AM des Petites Ondes. On dit que Jürgenson avait affiné cette méthode au point d'entendre directement les voix en écoutant sa radio à un volume de son confortable. Il était donc en mesure de répondre instantanément et d'entretenir ainsi des conversations bilatérales avec ceux de l'autre côté. Pour obtenir les meilleurs résultats avec les voix trop faibles, il raccordait sa radio directement à son magnétophone et contrôlait les voix avec ses écouteurs.

J'ai obtenu des résultats divers avec cette méthode – meilleurs qu'avec la diode dans la mesure où les voix captées étaient de classe A ; mais le plus souvent, je n'ai rien enregistré.

Comparant les trois méthodes, je suis arrivée à la conclusion que j'avais eu les meilleurs résultats avec la première. En terme de quantité, j'avais obtenu avec elle trois fois plus de messages qu'avec les autres, bien qu'ils fussent brefs et les voix faibles. Au moins, ils étaient là.

Au fil des innombrables heures passées à enregistrer, une chose me devenait claire : les sons aident les voix à se manifester. On m'avait dit que le silence absolu était d'une importance capitale. On osait à peine respirer, s'étirer, bouger sur sa chaise ou faire le moindre bruit de peur qu'il soit interprété comme le message d'une voix. La raison en est simple : quand on débute, les messages sont tellement faibles et espacés qu'on leur attribuerait facilement les moindres sons et qu'on finirait par entendre un message là où quelqu'un a simplement failli éternuer.

Puis je me suis rendu compte que le chuintement des pneus des voitures passant devant la maison sur l'asphalte mouillée amenait souvent une voix de classe A. L'eau coulant dans la cuisine produisait le même effet. Le plateau de la platine, quand je passais un disque, ne faisait pas exception : les voix étaient alors fortes et claires et leurs messages étaient plus longs et plus intéressants. Mais ils étaient encore rares.

C'est à ce stade que Raymond Cass et moi avons échangé des lettres et des cassettes. Les siennes m'ont impressionnée favorablement et quand il m'eut décrit sa façon d'utiliser la bande de fréquence en fond sonore, j'ai décidé d'essayer également.

Dès que j'ai commencé à procéder de cette manière, j'ai constaté une croissance spectaculaire de la qualité et de la quantité des voix. On aurait dit que diverses entités avaient attendu que j'emploie cette méthode pour se manifester : elles ont immédiatement réagi au-delà de tout ce que je pouvais espérer.

C'est encore la méthode avec laquelle j'effectue aujourd'hui la plupart de mes enregistrements. Au lieu de régler ma radio sur un point précis, je fais de lents allers-retours de 125 à 127 MHz. Il en résulte un léger effet ondulatoire et, en un point, de l'électricité statique. Utilisant les sons de l'un et l'autre, les voix émergent clairement. Il arrive que je les entende directement à la radio ; mais le plus souvent, ce n'est qu'à la lecture que je peux interpréter les messages. Quand, une fois de temps en temps, les voix sont assez fortes pour être entendues au fur et à mesure qu'elles envoient leurs messages, je réponds immédiatement et elles me répondent à leur tour.

Les sceptiques sont enchantés quand vous leur expliquez que vous entendez des voix paranormales par l'intermédiaire de la radio. « Toutes les voix que vous entendez viennent de stations émettrices », concluent-ils.

Je serais malhonnête si je prétendais que cela ne se produit jamais. J'entends parfois la tour de contrôle annonçant que Whisky peut atterrir ou que Zebra peut gagner la piste d'envol : je les prends pour ce qu'elles sont et ne les transforment pas en voix paranormales.

En revanche, j'ai peine à croire qu'un programme radio s'adresse à moi personnellement en appelant « Estep » ou que, quelque part, un admirateur, de moi inconnu, encombre les ondes pour me déclarer son amour. Dans tous les programmes radio que j'ai écoutés, je n'ai jamais entendu de phrases ou de structures grammaticales aussi bizarres ni de façon aussi originale d'exprimer des idées qu'avec ceux de l'au-delà.

A mon sens, la façon de répondre à mes questions est un des arguments les plus convaincants prouvant que ces voix proviennent bien d'une autre dimension et non de programmes radiophoniques. Si vous examinez les centaines d'exemples de messages que j'ai rapportés ici, vous ne pouvez que déduire de leur teneur, ainsi que du contexte dans lequel ils ont été émis, qu'ils ne peuvent venir que d'un autre plan d'existence. Quand l'origine paranormale d'une voix m'inspire le moindre doute, je ne fais connaître ce message à personne ; je n'en parle même pas.

Comme je l'ai expliqué dans mon premier chapitre, je classe mes messages en A, B et C. Les messages de classe A, les plus forts et les plus nets, sont généralement interprétés de la même façon par la plupart des personnes qui les entendent. De même que ceux de classe A, ceux de classe B, raisonnablement clairs, peuvent être entendus sans écouteurs. L'interprétation du message peut exiger quatre ou cinq lectures et l'accord sur l'interprétation est moins unanime qu'avec les messages de classe A. Les messages classés C exigent toujours des écouteurs et sur quatre ou cinq mots, seuls deux ou trois, en général, peuvent être interprétés.

Les voix me seraient-elles parvenues aussi fortes et claires que maintenant si j'avais utilisé la bande de fréquence dès mes débuts, il y a douze ans ? J'ai l'impression que l'expérimentateur doit prouver sa volonté de contacter l'au-delà, sa sincérité et la qualité de ses motivations avant que les voix se manifestent. Il doit d'abord retenir l'attention des entités de l'au-delà chargées des enregistrements. L'ayant obtenue, il doit alors prouver qu'on peut lui faire confiance pour relater honnêtement ses contacts. Il faut du temps pour établir les bons rapports dont j'ai parlé plus haut ; on ne peut pas précipiter ce genre de choses.

Bien des expérimentateurs travaillent pendant des semaines avant de percevoir un seul mot. J'ai donc eu beaucoup de chance d'entendre « *beauté* » dès le sixième jour. Et pourtant, ce ne fut pas facile. Les jours passaient sans que je reçoive le moindre message. Puis, juste quand je me sentais vraiment découragée, une voix perçait et me disait « *N'abandonnez pas !* » Je vois là un des secrets de la transcommunication instrumentale. Si vous n'abandonnez pas, si vous persévérez, les réponses viendront. Les voix parlent à ceux qui les cherchent ; mais il dépend de chacun de nous de faire le premier pas.

Par ailleurs, ceux qui communiquent avec d'autres dimensions ne peuvent ignorer leurs responsabilités morales et sociales, vis-à-vis des autres aussi bien que d'eux-mêmes.

On ne peut révéler à la légère la teneur d'un message enregistré. Les conséquences possibles d'une telle attitude doivent toujours rester présentes à l'esprit de toute personne se consacrant aux transcommunications instrumentales. Elle doit donc savoir tenir sa langue. Ma propre règle est très simple : là où existe le moindre risque de nuire ou de peiner quelqu'un, je me tais. Et quand je ne suis pas sûre, je me tais aussi.

Une de mes visiteuses appela un jour le leader décédé d'un mouvement d'éveil de la conscience qu'elle avait connu, lui demandant ce qu'il pensait du présent responsable du mouvement. Nous ne sommes pas parvenus à interpréter la réponse reçue. Ce n'est que le lendemain, après plusieurs lectures, qu'il me fut possible de la comprendre clairement. Elle n'était pas flatteuse et ne coïncidait pas avec l'opinion de la personne qui avait posé la question. En révéler la teneur n'aurait rien apporté de positif et aurait peut-être eu des conséquences regrettables.

Quand une entité indique qu'elle est malheureuse dans le monde des esprits, devriez-vous informer sa famille du contact que vous avez eu avec elle ?

Il n'est jamais possible de s'en tenir à un message de survie dans l'au-delà. Si la famille de cette entité accepte le concept des transcommunications instrumentales, elle voudra obligatoirement en apprendre davantage, savoir ce que l'entité a dit ; elle demandera à entendre elle-même le message. On peut facilement imaginer l'effet que des appels comme « ***Aidez-moi à revenir*** » peuvent produire sur ceux qui sont restés sur terre. Le simple bon sens suggère de ne pas parler aux proches des esprits qui n'ont pas trouvé le bonheur.

La décision est plus difficile à prendre quand le message vient d'une entité déclarant qu'elle est heureuse : même dans ce cas, elle exige beaucoup de prudence et de doigté.

Tout d'abord, les voix enregistrées doivent être de classe A, fortes et nettes. Réfléchissez alors aux réactions possibles de la famille : contrairement à ce que vous pourriez croire, tout le monde n'aime pas l'idée de communiquer avec les esprits des morts.

Certaines personnes réagissent d'une façon négative. L'idée que les morts soient toujours agissants et capables de s'exprimer peut inspirer une sorte de crainte superstitieuse et un refus d'autant plus profond qu'il s'agit d'un être cher.

Inversement, si vous êtes persuadé que la transcommunication ne posera pas de problème à la famille et qu'au contraire, vos informations auront un effet bénéfique, réfléchissez à la manière de contacter les proches. Cela exige beaucoup de tact, et un moment où vous pouvez être seul avec le ou les parents. S'ils demandent à entendre l'enregistrement, vous devez être prêt à leur donner satisfaction. La famille doit être avertie que la voix peut être différente du souvenir qu'elle en a gardé. Elle doit également être émotionnellement préparée à une expérience qui peut s'avérer très émouvante.

Autant que vis-à-vis des autres, nous avons également une responsabilité vis-à-vis de nous-mêmes. On affirme souvent, à juste titre, que tout le monde n'est pas apte à s'exposer au paranormal. J'ai lu et entendu maintes fois dans des livres ou des conférences qu'à moins qu'il sache exactement ce qu'il fait, un adulte se frottant au paranormal est l'équivalent d'un enfant jouant avec de la dynamite.

Avant d'envisager d'expérimenter avec la planche ouija, l'écriture automatique ou les transcommunications instrumentales, soyez sûr d'être bien ancré dans la réalité. Par leur nature même, les transcommunications instrumentales peuvent être une source de profonde satisfaction personnelle ; mais elles peuvent aussi être épuisantes sur le plan émotionnel.

Serez-vous toujours capable d'accepter ce qui peut vous échoir ? Que ferez-vous si des êtres aimés vous supplient de leur venir en aide et vous disent qu'ils souffrent ? Vous essaierez de les aider ; mais il y a une limite à ce que nous sommes en mesure de faire et à moins que vous ne soyez très solide, vous aurez le sentiment de ne pas en faire assez.

Vous pouvez aussi vous exposer à être rejeté par des êtres que vous aimez toujours. Lorsque l'entité que vous appelez ne répond pas, est-ce pour des raisons techniques ou par manque d'intérêt ? Vous espérerez que c'est pour la première raison ; mais il y a toujours un soupçon de crainte qu'en fait, il s'agisse d'indifférence. Si vous entendez : « *Je te déteste* » ou « *Laisse-moi tranquille* », comment cela vous affectera-t-il ? Bien que vous ne puissiez en être sûr, vous vous demanderez sans doute si la personne qui vient de parler n'est pas celle que vous aimez toujours.

Quelle réalité accorder au danger d'être possédé par un esprit ? Les esprits eux-mêmes ne semblent pas en être certains. Quand je les ai interrogés sur la possession, j'ai reçu trois réponses différentes : « *Oui !* », « *Elle n'existe pas* » et enfin « *Sais pas* ».

Le lendemain matin, espérant une réponse unique et définitive, j'ai demandé à nouveau si cette possession était une réalité. Cette fois, quelqu'un répondit : « *Oui* » dans un effet d'écho. Au cours de la même session, j'ai aussi demandé pourquoi, si cette possession est un fait, un esprit voudrait s'y livrer. Deux réponses me furent données : « *Il n'est pas assez grand* » et deux repères de compteurs plus loin, « *Il n'est pas assez bon* ». J'ai interprété cela comme l'indication qu'un esprit affligé d'une petitesse de l'âme pouvait tenter cette prise de possession.

Il semble que la possession, qui n'est pas obligatoirement « mauvaise », puisse exister dans certaines conditions. Nous acceptons volontiers le don de guérison, qui pourrait être un cas de possession passagère. Les vrais guérisseurs ne se prétendent pas doués de talents particuliers : ils se considèrent plutôt comme les instruments de Dieu, comme un des moyens dont la divinité dispose pour opérer ses miracles. Si nous acceptons ce concept, nous devons également accepter l'idée qu'une entité indésirable puisse prendre possession d'une personnalité humaine. La difficulté est d'apprécier qui est susceptible de possession, ce qui est pour le moins hasardeux.

Les individus nerveux, impressionnables, facilement effrayés, devraient éviter les expériences paranormales, de même que ceux qui sont instables et manquent de confiance en eux-mêmes.

L'obsession est un danger plus vraisemblable que la possession. L'appel du magnétophone peut exercer sur vous le charme des sirènes. Méfiance, s'il devient la chose la plus importante de votre vie ! Vous risquez de vous laisser totalement absorber. Assurez-vous également qu'il ne constitue pas une fuite vers des satisfactions égotistes, comme c'est le cas pour de nombreux expérimentateurs. Rappelez-vous qui et ce que vous êtes, et gardez le sens de l'humour : cela vous aidera à situer les transcommunications dans une saine perspective.

Si vous êtes persuadé de recevoir des voix authentiques, il faudra aussi être préparé à défendre vos convictions face aux sceptiques. Ce qui ne signifie pas devenir agressif avec ceux qu'elles font sourire. Vous pouvez être en désaccord avec ceux qui croient impossible de communiquer avec les morts ou avec n'importe quelle autre dimension ; ne vous croyez pas pour autant investi de la mission de changer leurs convictions. Si vous vous trouvez dans une situation exigeant que vous parliez, faites-le avec calme et assurance. Invitez ceux qui ont provoqué la confrontation à écouter vos enregistrements. Qu'ils acceptent ou non, votre invitation témoignera de votre bonne foi et que vous êtes prêt à soumettre vos preuves et vos croyances à un test. Tous les champs d'action sont constamment soumis au jugement de ceux qui y sont engagés. Essayez de vous en souvenir si vous êtes appelé à promouvoir les transcommunications instrumentales.

La responsabilité de nos communications avec l'au-delà présente un double aspect. N'oublions pas l'univers physique auquel nous appartenons toujours, mais ne négligeons pas notre engagement vis-à-vis de ceux qui s'expriment par l'intermédiaire de notre magnétophone, sous prétexte qu'ils appartiennent à un autre univers. Tous les univers méritent nos plus sincères efforts.

18

LES VOIX NOUS DISENT POURQUOI ET COMMENT ELLES COMMUNIQUENT AVEC NOUS

« Votre âme n'est pas vaincue »

(Une entité inconnue s'exprimant de l'au-delà.)

Dans l'autre dimension comme parmi nous, les individus s'expriment de différentes façons.

Lorsque je leur demande comment ils peuvent nous parler, beaucoup insistent : « *Je hurle.* » En effet, ils donnent bien alors l'impression de hurler ; mais les moyens permettant aux esprits de communiquer semblent nettement plus compliqués.

Vous vous souvenez peut-être qu'un soir où je demandais à William James s'il était toujours là, il me répondit : « *Les fidèles l'ont encore.* » A la radio, j'avais entendu : « *Autorisé à atterrir* » et je m'attendais à ce que ma bande magnétique ait enregistré ces mots ; mais quelque « contrôleur » de l'invisible que ce soit avait oblitéré ces mots et leur en avait substitué d'autres. C'est un phénomène fréquent dans les transcommunications. Bien que cela ne signifie peut-être rien, il me semble intéressant de noter que le message paranormal et celui de la tour de contrôle avaient, en anglais, le même nombre de syllabes.

Essayant d'être aussi précise que possible, je ne cesse de demander aux esprits comment ils peuvent communiquer avec le plan terrestre et j'ai reçu beaucoup de réponses. Au chapitre 10, j'en ai cité une déconcertante, où il est question de pénétrer « un vide ». Quelques autres, heureusement, sont plus compréhensibles.

Nous avons vu dans le chapitre précédent que les voix s'aident des sons extrinsèques de notre environnement pour communiquer avec nous, s'en tenant souvent à n'utiliser que leur rythme.

Ceux des autres dimensions peuvent également faire usage des énergies des expérimentateurs. Ces derniers se disent parfois épuisés après une séance d'enregistrement. Ce n'est pas mon cas. En fait, après une session réussie, je me sens particulièrement dynamisée comme par une poignée de vitamines ! Ces sensations de fatigue ou de stimulation pourraient être plus psychologiques que physiologiques. Il est possible également que je reçoive des énergies de l'invisible. Olga Worall affirmait qu'elle utilisait celles de l'au-delà pour effectuer ses guérisons.

La première fois que j'ai demandé aux esprits comment ils communiquent avec nous, la réponse a été « *Ectoplasme* ». J'étais certaine d'avoir mal entendu. Le mot avait pour moi une connotation douteuse, évoquant des récits de médiums aux voix spectrales dans une atmosphère fumeuse où flottent, ici et là, des « ectoplasmes » qui se révèlent par la suite n'être que des lambeaux de mousseline.

Dans mon enregistrement suivant, j'avais signalé que je pensais avoir mal compris leur message et répété ma question. A nouveau, j'avais reçu le mot « *Ectoplasme* ».

Un an et demi plus tard, quand Styhe me déclara qu'ils n'utilisaient pas de « vide » pour communiquer, j'ai demandé si « ectoplasme » était parfois employé. La réponse de Styhe, nette, de classe A fut : « *Oui, c'est exact.* » Je lui ai alors demandé quel était le moyen auquel ils recouraient le plus souvent et il répondit, en partie sur un ton monocorde, mais toujours de classe A : « *Nous nous y adaptons.* »

Cette réponse sensée nous donne un aperçu de leur intelligence. Comme nous, ils ne s'en tiennent pas à une procédure unique mais prennent en compte et s'adaptent aux circonstances.

En septembre, explorant la question de l'utilisation des énergies de l'expérimentateur pour faciliter les transcommunications, j'ai réfléchi à mon propre cas : il est vrai qu'un certain nombre de messages de classe A parviennent quand je suis en dehors de mon bureau, mais il n'en est pas moins vrai que la grande majorité parvient quand je suis assise devant mon magnétophone.

Le 4 septembre, au cours de mon enregistrement matinal, j'ai demandé si j'avais raison de présumer qu'il est plus facile pour les esprits de créer des manifestations vocales quand je suis présente parce qu'ils peuvent alors recourir à mes énergies. Quelqu'un répondit : « *Vous pouvez dégager.* »

Me référant le lendemain matin à ce message, j'ai demandé si le terme « dégager » a un rapport avec un type d'énergie électrique. « *Vous avez raison là-dessus* » fut la réponse. J'ai également demandé si l'expérimentateur pouvait aussi détenir une énergie de type magnétique. Quelqu'un répondit : « *Non.* »

Le matin du 6 septembre, je leur ai demandé de bien vouloir confirmer le message du 4 à propos de l'énergie électrique que je dégage. Une voix masculine grave déclara : « *Une bonne chose.* » Pendant la même session, j'ai demandé si le terme « ectoplasme » a aussi un rapport avec une forme d'énergie électrique. Une voix de classe A répondit : « *Expansion probablement* » et deux repères plus loin, « *C'est exact* ».

Je voulais éclaircir ce point de l'utilisation de nos énergies et, vingt-quatre heures plus tard, j'ai demandé à parler à quelqu'un qui pourrait répondre à mes questions.

A quelques repères de compteur, j'avais l'indication que ma requête avait été transmise. J'ai alors demandé quel type d'énergie électrique se dégage des expérimentateurs. La réponse, nette, fut : « *Meela* ». J'ignore le sens de cette réponse, qui reste obscure. Peut-être s'agit-il d'une forme d'énergie connue dans l'au-delà mais totalement inconnue sur terre.

Au printemps dernier, quand j'ai demandé comment les esprits savent que je viens de m'installer devant mon magnétophone, quelqu'un a répondu : « *Nous stimuler.* »

Douze heures plus tard, quand j'ai vérifié si j'avais bien compris ce mot, une voix féminine acquiesca : « *Oui.* »

Comme je l'ai mentionné dans les chapitres précédents, Friedrich Jürgenson et Konstantin Raudive ont tous deux déclaré qu'il existe, dans l'autre dimension, une « agence centrale de transmission » et qu'on lui doit une quantité des voix les plus fortes et les plus nettes. Mes questions sur ce sujet ont reçu des réponses affirmatives. S'il semble que nombre de ceux qui me parlent viennent dans mon bureau, il semble bien aussi que d'autres communiquent depuis cette agence.

Au printemps, quand j'ai demandé si certains « communicants » allaient à l'agence de transmission pour nous parler, une voix forte et insistante affirma : « *Je le fais.* »

Dans l'enregistrement suivant, j'ai demandé pourquoi ils vont à l'agence. Deux voix différentes répondirent

– la première disant : « *Ils disent* » et la seconde terminant avec cette surprenante information : « *Cela nous porte chance.* »

Poursuivant mon enquête, j'ai demandé le mois suivant si les esprits vont à l'agence centrale de transmission pour écouter et prendre part aux enregistrements. On me répondit : « *Oui, celle-ci.* »

Le lendemain, j'ai voulu savoir s'il existe une seule ou plusieurs agences. Une voix répliqua : « *Il y en a beaucoup.* »

Cette réponse fut confirmée deux mois plus tard : j'interrogeais Styhe sur l'existence d'agences de transmission multiples dans le monde des esprits et il a répondu affirmativement.

Quand j'ai commencé à enregistrer, il m'est rapidement venu à l'esprit que l'expérimentateur pourrait faire en quelque sorte office d'antenne. Quand j'ai demandé si j'avais raison de le penser, la réponse, répétée deux fois d'une voix nette, fut : « *C'est ainsi.* »

Deux semaines plus tard, j'ai exploré cette question plus avant en demandant si l'expérimentateur agit à la manière d'une radio, d'une antenne de télévision ou d'une station réceptrice.

La réponse « *Exact !* » fut perceptible à la radio. J'ai immédiatement demandé si ce mot avait été prononcé par les esprits et quelqu'un m'assura : « *Il a été envoyé. De ainsi il fit.* » J'ai continué en demandant si la réponse signifiait que l'expérimentateur agit effectivement comme une antenne pour faciliter la transmission des messages de l'autre dimension. Une voix forte et puissante explosa : « *Je confirme* » et ajouta, deux repères de compteur plus loin : « *Je ne peux pas dire comment vous le faites.* »

C'est là un exemple d'une brève conversation bilatérale entre un expérimentateur et ceux de l'autre côté.

J'ai remarqué – et apprécié – la franchise de l'esprit qui, sachant que l'expérimentateur fonctionne comme une antenne ou une station réceptrice, admet ne pas savoir comment. Mes contacts ont témoigné maintes fois de cette honnêteté.

J'ai mentionné auparavant que dans l'au-delà, semble-t-il, des sortes de formateurs assistent ceux qui désirent parler. Le matin du 20 septembre, quand j'ai demandé si des amis étaient avec moi, cinq réponses se sont enregistrées en l'espace de cinq repères de compteur :

Première voix : « *Heu. Au revoir.* »

Seconde voix : « *Maintenant voulez-vous parler ?* »

Première voix : « *Heu. Hello.* »

Seconde voix : « *Formateur, n'interférez pas comme cela.* »

Première voix : « *Ainsi j'ai besoin de vous.* »

Dans le deuxième enregistrement de ce matin-là, j'ai demandé s'il y a dans l'autre dimension, des formateurs et des enseignants instruisant ceux qui désirent nous parler. « *Exact ! C'est exact !* » fut la réponse.

J'ai entendu maintes références à une phrase que les esprits utilisent pour faciliter la communication. Les messages suivants, tous de classe A, en sont des exemples :

« *Ne perdez pas la ligne de vue* », après que j'eus demandé à Styhe s'il était avec moi.

« *Une fois que j'ai sorti votre ligne, je les capte* », après que j'eus demandé si certains veulent parler mais n'y parviennent pas.

« *Rappelez-vous, je vous trouverai* », quand j'ai demandé s'ils avaient trouvé ma ligne.

« *Celles-ci sont ligne parfaite* » (*sic*), après que j'eus demandé ce qu'est ma ligne.

« *Nous parlons depuis la ligne* », après que j'eus demandé si un individu parlait depuis la ligne.

Il y a quelques années, j'ai fait une merveilleuse découverte. Certains expérimentateurs signalaient qu'ils recevaient des messages sur l'envers de leurs bandes magnétiques. J'ai commencé à écouter l'envers des miennes et découvert qu'en effet, de nombreux messages de bonne qualité s'y étaient enregistrés.

Pour lire ces messages, l'expérimentateur doit procéder normalement. En fin de bande, enlevez les deux bobines de leurs supports. Retournez-les et placez la droite à gauche et vice versa. Avant d'enfoncer la touche d'avance, tordez la bande une fois afin que la tête de lecture passe sur l'autre face. Vous entendrez alors des messages imperceptibles en lecture normale. Les questions de l'expérimentateur, de même que tous les messages terrestres captés pendant l'enregistrement y sont entendus à l'envers. En revanche, les voix paranormales, souvent de classe A, sont parfaitement normales et intelligibles. Bien que le volume de la voix soit légèrement réduit, le bruit blanc est presque éliminé, ce qui rend les voix inhabituellement claires.

Ce phénomène se produit aussi bien avec les cassettes, et les voix y sont aussi fortes et aussi nettes que celles de l'envers des bandes sur bobines. Faites une copie sur bande des enregistrements sur cassette. Si des voix paranormales se sont enregistrées sur l'envers, vous les entendrez en procédant comme décrit plus haut.

Deux semaines après cette découverte, j'ai demandé à ceux de l'au-delà si, pour eux, il y a une différence entre les deux faces des bandes magnétiques. « *Nous utilisons l'un ou l'autre* », répondit quelqu'un. Je crois que lorsqu'une entité d'une autre dimension nous parle par le truchement d'un magnétophone, elle n'est pas en mesure de contrôler où s'inscrit sa voix – tantôt sur l'une, tantôt sur l'autre face des bandes magnétiques.

Depuis son décès, Mercedes Shepanek s'est adressée à un certain nombre d'expérimentateurs. Clara Laughlin l'a interrogée un jour au sujet des voix enregistrées sur l'envers des bandes et Mercedes lui a répondu : « ***Nous ne savons pas cela*** », indiquant à Clara et à moi-même que les voix ne maîtrisent pas cet aspect de l'enregistrement.

Une question reste posée : lorsque les voix s'enregistrent sur l'envers de la bande, pourquoi, à la lecture, les messages ne sont-ils pas renversés comme toutes les autres voix et tous les bruits enregistrés en même temps qu'eux ? Personne n'a pu répondre à cette question. Mon impression est que, dans les autres dimensions, le temps et l'espace étant différents des nôtres, les « communicants » de l'au-delà utilisent indifféremment ce que nous appelons « l'endroit » ou « l'envers ». Une chose semble cependant certaine : seule une voix paranormale peut réaliser une telle performance.

Lorsque je pose mes questions, je sais que certaines réponses peuvent s'enregistrer sur l'envers de la bande. Parfois, des entités y entretiennent une brève conversation, tout en continuant à être conscientes de nous. La teneur et la qualité des messages ne diffèrent pas considérablement d'un côté à l'autre, mais il est intéressant de remarquer que, sur l'envers des bandes, tous les plans de réalité avec lesquels je suis entrée en contact se manifestent clairement. Il est rare que j'y reçoive moins de deux messages par journée d'enregistrement, et il s'en trouve parfois jusqu'à dix.

Tout bien considéré, nous n'avons pas appris tout ce que nous aimerions savoir sur la façon dont les entités autres que terrestres communiquent avec nous ; mais nous avons appris quelque chose. Nous allons dans la bonne direction et avec le temps, nous apprendrons davantage. Sans doute les transcommunications instrumentales doivent-elles progresser, subir une évolution, et c'est en acceptant de travailler dans les normes définies par les autres univers que tout ce domaine parviendra à se développer.

J'accepte volontiers toutes les conditions de nos « communicants » car je suis persuadée que nous finirons par trouver notre voie vers l'autre côté, avec certitude, sans hésitation ni faiblesse. Ceux d'entre nous qui veulent entreprendre ce voyage peuvent aussi « traverser la passerelle », qui n'est pas réservée à nos amis des autres royaumes. On ne peut plus douter qu'ils souhaitent que nous fassions la moitié du chemin. S'ils ne désiraient pas que nos mondes se rejoignent, ils n'auraient pas commencé à parler il y a trente ans.

J'ai demandé récemment à Styhe et ses amis pourquoi ils s'efforcent de contacter le plan terrestre. Son associée féminine répondit : « *Les aider.* » Dans l'enregistrement suivant, il a répondu : « *C'est vrai* » quand je lui ai demandé si nous avons raison de penser qu'ils veulent nous aider afin que nous sachions ce qui nous attend après la mort, quand nous gagnons le monde des esprits.

Il y a des mois, alors que je travaillais au troisième chapitre de mon livre *The voices on Death and Dying*, une voix nette m'a déclaré : « *Votre âme n'est pas vaincue* ». Sachant que j'écrivais sur la mort, nos amis de l'au-delà en ont profité m'assurer et nous assurer à tous que la vie ne se termine pas avec le décès. La vie est éternelle.

Pourquoi vouloir rencontrer, par l'intermédiaire d'un magnétophone, des êtres qui n'ont pas d'existence physique ? La conviction que l'âme, que la conscience individuelle est indestructible peut rendre plus profonde notre appréciation de toute vie. Sachant que notre essence particulière perdure avec nous dans l'outre-tombe, peut-être apprendrons-nous à vivre plus pleinement, à nous ouvrir davantage à toute existence sur le plan terrestre. Il est rassurant de savoir que nous continuons après la mort, mais cette certitude de survie est un triomphe vide de sens si elle n'engendre pas une vie meilleure.

Notre voyage ne fait que commencer. Je suis convaincue qu'il n'aura pas de fin.

BIBLIOGRAPHIE

Bander, Peter, *Voices from the Tapes*, New York, Drake Publishers, 1973

Beloff, John, « Voluntary Movement, Biofeedback Control and Psychokinesis » dans *Parapsychology Review,* juillet-août, 1979.

Ebon, Martin, *Communicating with the Dead,* New York, New American Library.

Geller, Uri, *Uri Geller : My Story,* New York, Praeger Publishers, 1975.

Kübler-Ross, Elisabeth, *La Mort est un nouveau soleil,* Ed. du Rocher. *La Mort, porte de la vie,* Ed. du Rocher.

Leichtman, Robert, *Edgar Cayce Returns,* Columbus, Ohio, Ariel Press, 1978.

Moody, Raymond, *La Vie après la vie,* J'ai Lu, Collection New Age.

Osis, Karlis & Erlandur Haraldsson, *Ce qu'ils ont vu au seuil de la mort,* Presses Pocket, Collection L'Age d'être.

Ostrander, Sheila & Lynn Schroeder, *Handbook of Psi Discoveries*, New York, Berkley Publishing Corp, 1974.

Peck, Scott, *Les Gens du mensonge,* J'ai Lu, Collection New Age.

Raudive, Konstantin, *Breakthrough,* New York, Taplinger Publishing Co., 1971.
Ring, Kenneth, *Sur la frontière de la vie,* Robert Laffont.
En route vers Oméga, Robert Laffont.
Roberts, Jane, *Le Livre de Seth,* J'ai Lu, Collection New Age.
Rogo, D. Scott & Raymond Bayless, *Phono Calls from the Dead,* Englewood Cliffs, N.J., Prentice Hall, 1979.
Simonet, Monique, *Images et messages de l'au-delà,* Ed. du Rocher.
Smith, E. Lester, « The Raudive Voices – Objective or Subjective ? A Discussion », *The Journal of the American Society for Psychical Research*, janvier, 1974.
Stevenson, Ian, *Cases Suggestive of Reincarnation,* Charlottesville, Va, University Press of Virginia, 1974.
Welch, William Addams, *Talks with the Dead,* New York, Pinnacle Books, 1975.
White, Stewart Edward, *The Unobstructed Universe,* New York, E P. Dutton & Co., 1940.
Sterling, Dr Mary, *Les morts sont toujours vivants*, Ed. Dangles.

TABLE

Préface de Monique Simonet 9
Avant-Propos de Harold Sherman 13

1. Est-ce possible ? 15
2. L'arrière-plan des transcommunications 24
3. Les voix parlent de la mort et du mourir 35
4. Les voix nous parlent de l'autre dimension 52
5. Les deux côtés de la médaille 66
6. Les voix parlent de leur vie 81
7. Quelques expériences 96
8. Les voix démontrent leurs dons de voyance, de clairaudition et de précognition 121
9. Les voix et la réincarnation 138
10. Les voix nous instruisent 146
11. Les voix des célébrités 168
12. Les voix de l'Egypte 183
13. Les voix et les autres mondes 192
14. Communications avec les autres mondes 204
15. Les travaux des autres expérimentateurs 224
16. Une visite au Luxembourg 239
17. Comment communiquer avec les voix 261
18. Les voix nous disent pourquoi et comment elles communiquent avec nous 281

Bibliographie 291

DANS LA MÊME COLLECTION

Déjà parus

C. Berlitz, *Le Triangle du Dragon.*
   Événements inexpliqués et personnages étranges du monde.
J. Bernard et B. Duboy, *Mehdi, l'initiation d'un soufi.*
J. Blum, *Mystère et Message des Cathares.*
   Rennes-le-Château, Wisigoths, Cathares, Templiers.
C. Darche, *Pratique du tarot de Marseille.*
P. Drouot, *Des vies antérieures aux vies futures.*
   Guérison spirituelle et immortalité.
   Nous sommes tous immortels.
   Réincarnations, mémoires d'un voyageur du temps.
Dr R. Fix, *L'Amour, clé du bien « être ».*
J.-C. de Fontbrune, *Nostradamus, historien et poète.*
H.S. Friedman, *Les Secrets de l'autoguérison.*
C. Griscom, *L'Éveil intérieur.*
G. Gruais et G. Mouny, *Le Grand Secret du Sphinx de Guizèh.*
C. Kisacanin, *Dialogues avec les morts.*
D. Koechlin de Bizemont, *Edgar Cayce : guérir par la musique.*
E. Kübler-Ross, *La Mort, dernière étape de la croissance.*
   La mort est un nouveau soleil.
   La Mort et l'enfant
H. Kurth, *Dictionnaire des rêves de A à Z.*
A. Le Kern, *La Géomancie, un art divinatoire.*
R. Le Lann, *Ces ondes qui nous soignent.*
A.-M. Lionnet et J.-P. Sermonte, *La Rencontre des anges.*
W.A. Mac Garey, *Les Remèdes d'Edgar Cayce.*
T. Moore, *Le Soin de l'âme.*
J. Mandorla, *Le Livre de vos énergies.*
J. Murphy, *Découvrir votre dimension cosmique.*
   Le Télépsychisme.
   Comment utiliser les pouvoirs de votre subconscient.
   Les Ressources infinies de votre esprit.
R. Réant, *La Parapsychologie et l'invisible.*
L. Renard, *La Médecine de l'âme du Dr Edward Bach.*
K. Ring, *Projet Omega, Expériences du troisième type, N.D.E.*
C.-G. Sarrazin, *L'Expérience de la réincarnation.*
J. Sider, *Ovnis : dossier secret.*
M. Simonet, *Images et Messages de l'Au-delà.*
   Réalité de l'Au-delà et transcommunication.
G. Sorgel, *La Bible à l'aube de l'ère du Verseau.*
J. Stiegler, *L'Avenir avant l'an 2000.*
M. Thurston et C. Fazel, *Créez votre propre futur avec Edgar Cayce.*
Y. Tywoniak, *Le Guide de la voyance par téléphone.*
J.-M. Weiss et M. Chavelli, *Se soigner et guérir par les couleurs.*

CET OUVRAGE A ÉTÉ REPRODUIT
ET ACHEVÉ D'IMPRIMER SUR ROTO-PAGE
PAR L'IMPRIMERIE FLOCH À MAYENNE
EN AOÛT 1994

Éditions du Rocher
28, rue Comte-Félix-Gastaldi
Monaco

Dépôt légal : septembre 1994.
N° d'édition : CNE section commerce et industrie
Monaco : 19023.
N° d'impression : 36324.

Imprimé en France